Beck-Wirtschaftsberater

Balanced Scorecard

dtv

Beck-Wirtschaftsberater

Balanced Scorecard

Ziele und Strategien messbar umsetzen

Von Prof. Dr. Germann Jossé

2., vollständig überarbeitete Auflage

www.dtv.de
www.beck.de

Originalausgabe

dtv Verlagsgesellschaft mbH & Co. KG,
Tumblingerstraße 21, 80337 München
© 2018. Redaktionelle Verantwortung: Verlag C.H. Beck oHG
Druck und Bindung: Druckerei C.H. Beck, Nördlingen
(Adresse der Druckerei: Wilhelmstraße 9, 80801 München)
Satz: ottomedien, Darmstadt
Umschlaggestaltung: Agentur 42, Bodenheim
unter Verwendung eines Fotos von Fotolia, v. Poth
ISBN 978-3-423-50961-9 (dtv)
ISBN 978-3-406-72649-1 (C. H. Beck)

Vorwort zur 2. Auflage

Eine Steuerung von Unternehmen ist ohne die Balanced Scorecard (BSC) kaum noch vorstellbar. Selbst in kirchlichen Institutionen, Vereinen, NPO's und Verwaltungen ist sie mittlerweile vielerorts im Einsatz und in Zukunft nicht mehr wegzudenken. Eine neue Auflage war daher sinnvoll.

Um die Lesbarkeit zu erhöhen und dem Leser eine einfache, aber solide Einführung in die BSC an die Hand zu geben, wurde das Buch gestrafft und beschränkt sich nun auf das Wesentliche – stellt das aber durchaus ausführlich dar, unterstützt von zahlreichen plastischen Beispielen.

Wir wünschen dem Leser mit diesem praktischen Helfer ein gutes Einarbeiten in die BSC und ein gelungenes Umsetzen aller BSC-Projekte.

Im Mai 2018   *Germann Jossé*

Vorwort zur 1. Auflage

Kaum ein Managementkonzept der letzten Jahre hat derart für Furore gesorgt wie die Balanced Scorecard (BSC) – und dies aus gutem Grund: Mit der BSC liegt (endlich!) ein solides Konzept vor, das nicht nur dazu zwingt, eine unternehmerische Vision und Strategie zu formulieren oder zu überdenken, sondern diese Strategie auch in Ziele transferiert und hilft, daraus Maßnahmen schlüssig abzuleiten. Plausible Kennzahlen (Indikatoren) sind auf allen Ebenen der Unternehmung nachvollziehbar, sodass Ursache-Wirkungs-Beziehungen zwischen den einzelnen Perspektiven transparent und die Auswirkungen des eigenen Handelns bewusst werden.

Durch eine ganzheitliche Sicht werden Unternehmensstrategie, Ziele, Kennzahlen, Maßnahmen und Wirkungsbeziehungen – wie nie zuvor – in ein gemeinsames, unternehmensweites Konzept eingebunden. Die ersten Praxiserfolge in Großunternehmen lassen eine weitere starke Umsetzung – auch in mittleren Unternehmen erwarten.

Dieser Band richtet sich an Studenten, Team- und Projektleiter und all jene, die sich mit der Balanced Scorecard beschäftigen und ein praxisnahes, umsetzungsorientiertes Buch im Sinne einer Handlungsempfehlung benötigen. Es nennt Ansätze und Hintergründe, es zeigt Zusammenhänge auf und veranschaulicht Instrumente, es erklärt den Prozess der Entwicklung von Scorecards und deren Implementierung – neben der grundsätzlichen Vorgehensweise werden speziell auch funktionsspezifische Scorecards und Variationen durch zusätzliche Perspektiven diskutiert.

Eine Fülle von Beispielen und viele Abbildungen unterstützen die Textaussagen und verdeutlichen Konzept und Vorgehensweise einer BSC.

Zur Abrundung dienen zahlreiche Praxisfälle quer durch die Branchen – vom Industrieunternehmen über Einzelhandel und E-Commerce bis hin zum Fußballclub und öffentlichen Verwaltungen.

Ein umfangreiches Glossar klärt kurz und prägnant die wesentlichen Begriffe. Das Stichwortverzeichnis am Ende des Buches dient der raschen Orientierung.

Mit diesem Buch wünschen wir dem Leser einen unverzichtbaren Helfer, der bei der Entwicklung und Umsetzung einer BSC stets zuverlässig zur Seite steht.

Im Herbst 2004   *Germann Jossé*

Zur Kurzorientierung:

- In **Kap. 1 (Grundlagen)** erfolgt eine Einführung in das BSC-Konzept und dessen wesentliche Merkmale.
- Der genaue Aufbau einer BSC, die Vorgehensweise und die dazu einzusetzenden Instrumente werden in **Kap. 2 (Architektur)** und **Kap. 3 (Entwicklung)** detailliert dargestellt. In diesen beiden Kapiteln liegt sozusagen das Herzstück, also die Funktionsweise einer BSC und wie sie zu entwickeln ist.
- Ab Kap. 4 werden vertiefende Aspekte diskutiert: In **Kap. 4 (Bereichs-Scorecards)** werden ausgewählte Organisationseinheiten und deren Scorecards beispielhaft vorgestellt, in **Kap. 5 (Zusatzperspektiven und Weiterentwicklungen)** werden ergänzende Optionen zur BSC-Gestaltung aufgezeigt, in **Kap. 6 (Praxisanwendungen)** werden die behandelten Aspekte anhand ausgewählter Beispiele aus der Praxis verdeutlicht.
- Das abschließende Glossar erklärt alle wesentliche Begriffe und dient als kleines Nachschlagewerk.

Inhaltsverzeichnis

Abkürzungsverzeichnis

AfA	Absetzung für Abnutzung (Abschreibung)
AG	Aktiengesellschaft
B2B	Business to Business
B2C	Business to Customer
BEP	Break-Even-Point (Gewinnschwelle)
BET	Break-even-Time
BSC	Balanced Scorecard
BCR	Balanced Chance and Risk Management
BFuP	Betriebswirtschaftliche Forschung und Praxis (Zeitschrift)
BVW	betriebliches Vorschlagswesen
BWA	Betriebswirtschaftliche Analyse
CFROI	Cashflow-Return on Investment
CLV	Customer Lifetime Value
CM	controller magazin (Zeitschrift)
CRM	Customer Relationship Management
db	Stück-Deckungsbeitrag
DB	Datenbank; Deckungsbeitrag
DBU	Deckungsbeitragsintensität (in % vom Umsatz)
DCF	Discounted Cashflow
DL	Dienstleistung
DLZ	Durchlaufzeit
DV	Datenverarbeitung
EBIT	Earnings before Interest and Taxes
ECI	Employee Commitment Index
ECR	Efficient Consumer Response
EDI	Electronic Data Interface
EKR	Eigenkapitalrentabilität
EMAS	Eco-Management and Audit Scheme
EVA	Economic Value Added
F&E	Forschung und Entwicklung
FYP	First Yield Pass
GF	Geschäftsführer/-ung

GH	Großhandel
GKR	Gesamtkapitalrentabilität
GmbH	Gesellschaft mit beschränkter Haftung
H.	Heft
HCI	Happy Customer Index
HEI	Happy Employee Index
HR	Human Resources
IA	Internal Audit
IfH	Institut für Handelsforschung (an der Universität zu Köln)
IKT	Informations- und Kommunikationstechnologie
ISO	International Standards Organization
IT	Informationstechnologie
JIT	Just-in-time
KA	Key Account(s)
KAM	Key-Account-Management
Kap.	Kapitel
KG	Kommanditgesellschaft
krp	Kostenrechnungspraxis (Zeitschrift)
LUG	Lagerumschlagsgeschwindigkeit
MA	Mitarbeiter
m.a.W.	mit anderen Worten
MbO	Management by Objectives
MCE	Manufacturing Cycle Effectiveness
MIS	Management-Informationssystem
NOPAT	Net Operating Profit after Taxes
NOA	Net Operating Assets
ODP	Order Delivery Performance
OHG	Offene Handelsgesellschaft
OLAP	Online Analytical Processing
OTD	On-Time-Delivery
p. a.	pro Jahr
POS	Point of Sale
PP	Prozentpunkte
PPM	Parts per Million
PPS	Produktionsplanung und -steuerung

PuK .... Planung und Kontrolle
PV .... Produktionsvolumen
ROCE................. Return on Capital Employed
ROI.................... Return on Investment
RONA .... Return on Net Assets
Σ .... Summe
SBS .... Sustainable Balanced Scorecard
SC...................... Supply Chain; Scorecard
SCBSC................ Supply-Chain-BSC
SCM .... Supply-Chain-Management
SGE .... Strategische Geschäfteinheit
StO .... Standort
TQM.................. Total Quality Management
UWF.................. UmweltWirtschaftsForum (Zeitschrift)
vol. .... Volume (Band)
WWS .... Warenwirtschaftssystem
ZfCM .... Zeitschrift für Controlling und Management
zfo .... Zeitschrift für Führung und Organisation

1. Kapitel

Grundlagen der Balanced Scorecard

1.1 Zum Auftakt: Ein Alltagsbeispiel

Stellen Sie sich einen Samstagabend in einem gut besuchten Restaurant vor, das die Gäste aufgrund seiner guten Küche gerne frequentieren.

Im Laufe eines Abends geschieht vieles, was zum Gelingen beiträgt, sodass sich die Gäste wohl fühlen und gerne wiederkehren und das Restaurant weiterempfehlen. Umgekehrt kann genauso viel dazu beitragen, dass die Gäste unzufrieden sind und zukünftig eher ausbleiben. Dadurch sinken die Umsätze, die Erfolgssituation verschlechtert sich. Wenn der Besitzer des Restaurants nur auf die Umsatzzahlen am Ende eines Tages oder Monats achtet, wird er erst relativ spät feststellen, dass in seinem Betrieb „der Wurm steckt". Besser wäre es daher, schon vorher Indizien für die (negative) Erlösentwicklung zu erkennen, damit frühzeitig gegengesteuert werden kann.

Und tatsächlich gibt es eine Reihe von Bestimmungsfaktoren, die den Erfolg des Restaurants ausmachen: So z. B. die Qualität der Speisen und die Freundlichkeit des Servicepersonals. Würde während des Abends auf diese geachtet werden, könnte manches Ärgernis vermieden und der Umsatz auf dem gewünschten Niveau gehalten oder gar gesteigert werden. Aber damit nicht genug: Hinter der Qualität der Speisen und der Servicefreundlichkeit liegen weitere

Faktoren, nochmals zeitlich vorgelagert, die eine frühzeitige Steuerung im gewünschten Sinne ermöglichen: So z. B. die Lern- und Experimentierfreude des Koches, ein positives Betriebsklima, effiziente Abläufe und anderes mehr. Der Koch, der in seinem Bereich die Übersicht bewahrt und seine Mitarbeiter zu Höchstleistungen anspornt, oder der Chefkellner, der das Servicepersonal koordiniert, kleine Fehler erkennt und ausbügeln hilft, übernehmen eine Steuerungsfunktion während der Betrieb läuft und helfen so, dass sich mögliche Mängel nicht in der Kasse und beim Trinkgeld auswirken.

Zwar will jede Unternehmung am Ende einer Abrechnungsperiode einen monetären Erfolg erzielt haben, das Beispiel aber zeigt, dass die Steuerung *während* der Periode eher durch nicht-monetäre Faktoren erfolgt, wie z. B. das Verkürzen von Wartezeiten oder der Umgang der Personals untereinander und mit den Gästen. Ebenso zeigt das Beispiel, dass der Erfolg das Resultat vieler Faktoren ist und sich Mängel bei einem Faktor (z. B. Betriebsklima) auf andere Faktoren (z. B. Freundlichkeit) auswirken können. Damit haben einige der Einflussfaktoren auf das gesamte Gelingen mehr den Charakter von (vorgelagerten) *Ursachen,* andere mehr jenen von (nachgelagerten) *Folgen* – je früher der Hebel zur Verbesserung angesetzt wird, umso leichter wird das Restaurant erfolgreich bestehen können.

Eine solch ganzheitliche Sicht verfolgt das Konzept der Balanced Scorecard (BSC), in der Ursache-Wirkungs-Zusammenhänge untersucht und erkannt werden, wobei speziell Steuerungsgrößen für verschiedene Bereiche bestimmt und in ihrem Wirkungszusammenhang dargestellt werden. Einige dieser Größen sind monetärer Natur (vor allem auf der Finanz- und Ergebnisperspektive), die meisten allerdings sind nicht in Geld ausdrückbar: dabei handelt es sich um vorgelagerte Größen, die ein frühzeitiges Eingreifen ermöglichen (z. B. auf der Kundenperspektive, der Prozessperspektive und der Mitarbeiterperspektive).

Wenn im obigen Beispiel Besitzer, Chefkoch und Chefkellner ihre Bereiche ständig im Blick haben und bei Abweichungen Maßnahmen ergreifen, wenn sie außerdem ihre Mitarbeiter dahingehend fördern, Fehler selbst zu erkennen, zu vermeiden und Verbesserungen zu initiieren, so folgen sie intuitiv dem Grundgedanken des

BSC-Konzepts. Ab einer gewissen Betriebsgröße reicht Intuition allerdings nicht mehr aus – hier bedarf es einer systematischen Untersuchung der Zusammenhänge, einer ebenso systematischen Ableitung von Zielen aus der Strategie und Entwicklung von Kennzahlen und Maßnahmen, wie es die BSC handhabt.

1.2 Einordnung des BSC-Konzepts

Kaum ein Management-Konzept bzw. -Instrument[1] hat in den letzten Jahrzehnten in der Betriebswirtschaftslehre derart für Furore gesorgt wie die Balanced Scorecard seit ihrer Entwicklung und Veröffentlichung durch *Kaplan* und *Norton* im Jahre 1992: Nicht nur zeigen unzählige Veröffentlichungen – auch im deutschen Sprachraum – das breite Interesse, das diesem Management-Tool entgegengebracht wird. Die Umsetzung in einer Vielzahl von Unternehmen sowie die Fokussierung auf die BSC seitens Berater und Consulting-Unternehmen kann zudem als Indiz dafür genommen werden, dass mit der BSC ein tatsächlich praxisnaher und -tauglicher Ansatz vorliegt.

Damit unterscheidet sich die BSC von vielen Ansätzen, wie z. B. Business Reengineering, Lean Management oder Total Quality Management, die zuvor breit propagiert, aber selten plausibel oder gar ganzheitlich umgesetzt wurden.

In der Tat liegt mit der BSC ein Konzept vor, das wesentliche Pluspunkte aufweist:

- Es verbindet viele betriebswirtschaftliche Entwicklungen der letzten Jahre miteinander und unterstützt deren Umsetzung,[2] wie z. B. Kundenbindungskonzepte, Wissensmanagement bzw. lernende Organisation oder Ansätze zur Prozessorientierung und -optimierung.[3] Während diese i. d. R. einzelne Aspekte fokussierten, liegt mit der BSC ein gemeinsames, integratives Dach vor, das solche Ansätze verknüpft.

- Mit der BSC werden nicht nur Strategien formuliert, sondern gleichermaßen wird deren Umsetzung auf operativer Ebene verfolgt. Es kommt nicht zu losgelösten Ideen und Strategien, son-

3

dern zu einer Verknüpfung, indem Strategien über Ziele hin zu operativen Maßnahmen heruntergebrochen werden.

■ Informationen sind in Unternehmungen vielfältig vorhanden. Allerdings bleiben diese durch Bereichs- und Abteilungsegoismus (Wissen ist Macht!) – oft streng gehütet und werden nicht weitergegeben. Wissensinseln sind an der Tagesordnung.[4] Mit der BSC liegt ein Instrument vor, dieses verteilte Wissen zu verknüpfen und zu demokratisieren, sprich: anderen zugängig zu machen.

■ Zudem folgt die BSC dem Wunsch, eine Unternehmung über Kennzahlen abzubilden und zu steuern, wobei allerdings nicht nur auf monetäre Größen, sondern ebenso nicht-monetäre Kennzahlen einfließen und in einen plausiblen Kontext gestellt werden. Gerade die nicht-wertmäßigen Kennzahlen erlauben frühzeitig einsetzende und wirkende Maßnahmen.

■ Und schließlich fördert eine BSC das strategische Denken[5] und insgesamt eine ganzheitliche Sicht in der und auf die Unternehmung: Durch die Transparenz des Ursachen-Wirkungs-Gefüges aller Kennzahlen erkennt jeder Mitarbeiter bzw. jede Abteilung den Stellenwert und die Auswirkungen ihrer jeweiligen Arbeit im Rahmen der gemeinsamen Zielerreichung.

Damit ist die BSC mehr als ein neues Kennzahlenkonzept:[6] Sie unterstützt das Management bei ihrer Kernaufgabe der Planung, Steuerung und Kontrolle. Mit der BSC werden – ausgehend von der Vision einer Unternehmung – sukzessive Strategien abgeleitet, daraus Ziele formuliert und diesen Kennzahlen als Messgrößen der Zielerreichung zugeordnet. Schließlich werden Maßnahmen bestimmt, um die Umsetzung der Strategien und Ziele zu sichern.

Die BSC bietet damit eine integrative Lösung zur Steuerung der Unternehmung, und zwar quer durch die Hierarchien. Sie ist ein Ansatz, der nicht nur die Auswirkungen, sondern auch deren Ursachen und Querverbindungen aufzeigt und verständlich macht; ein Ansatz, der Zusammenhänge verdeutlicht und durch die Fokussierung auf die wesentlichen Bestimmungsgrößen gleichwohl überschaubar bleibt, jederzeit nachvollziehbar ist und – wie die weltweite Umsetzung zeigt – absolut praxistauglich ist.

Da mit Hilfe der BSC speziell auch Frühindikatoren abgebildet werden, die drohende Abweichungen mit teils deutlichem zeitlichen Vorlauf anzeigen und so einen Handlungsbedarf signalisieren, erfüllt die BSC gleichzeitig die Forderungen des KonTraG (Gesetz zur Kontrolle und Transparenz in der Unternehmung), wonach ein Risikomanagementsystem einzurichten ist. Innerhalb eines solchen kann die BSC *das* zentrale Steuerungsinstrument darstellen, wie auch innerhalb eines Strategischen Managements im Allgemeinen.

Mit einer BSC werden nicht nur Visionen, Strategien und Ziele entwickelt, sondern auch deren Umsetzung in ein gemeinsames „Gerüst" eingebunden. Außerdem vereint die BSC die Managementfunktionen (laufende) Steuerung, aber auch Planung und Kontrolle auf strategischer Ebene und deren „Übersetzung" auf die operative Ebene. Insgesamt liegt damit ein umfassendes, integratives Managementsystem vor, das über bestehende Kennzahlensysteme deutlich hinausgeht.[7]

Der **Begriff „Balanced Scorecard"** kann mit „ausgewogener Berichtskarte" übersetzt werden, was im Deutschen natürlich etwas hölzern klingt. Ein Blick auf die Begriffsbestandteile verdeutlicht die strategische, ganzheitliche Sichtweise:[8]

- balanced = ausgleichend, ausgewogen, integriert und integrierend
- score = zielgerichtet, langfristig, strategisch, ergebnisorientiert
- card = systematisierend, schriftlich verbindlich, einfach übersichtlich

Der Begriff „Scorecard" stammt aus dem Sport, speziell beim Golf werden Ergebnis- oder Zählkarten verwendet, die Teilergebnisse und Gesamtergebnis ausweisen. Als „Balanced Scorecard" beinhaltet jede Berichtskarte mehrere Blickwinkel (Perspektiven), die ausgewogen berücksichtigt sind und die Unternehmung bzw. deren wesentlichen Erfolgspotentiale abbilden.

1.3 Kennzahlen und Kennzahlenkonzepte

Historisch gesehen war das Rechnungswesen schon immer ein Kernstück der Betriebswirtschaftslehre. Folgerichtig ist das Bestreben, eine Unternehmung über Kennzahlen zu steuern, nicht neu. In der Tat wurden in den letzten Jahren viele „neue" Kennzahlen als jeweils *die* Mega-Kennzahl propagiert, wie z.B. Economic Value Added (EVA), Discounted Cashflow (DCF) oder verschiedene Ergebnis- und Rentabilitätsvarianten wie Return on Capital Employed (ROCE) oder Earnings before Interest and Taxes (EBIT).

All diese Kennzahlen sehen sich zwei grundsätzlichen Kritikpunkten ausgesetzt:[9] Sie fokussieren bei der Erfolgsbeurteilung jeweils *eine einzige* Größe. Außerdem ist diese Größe monetär, also eine Geldgröße. Es ist aber Tatsache, dass nicht-monetäre Größen für den Erfolg einer Unternehmung ebenso wichtig sind, wie z.B. das Knowhow und die Zufriedenheit der Mitarbeiter, deren Leistungsbereitschaft, die Kundenzufriedenheit und Kundenbindung und andere mehr.

Hinzu kommt, dass die meisten der genannten Kennzahlen zeitlich gesehen am Schluss einer Periode stehen und damit deren Ergebnis ausdrücken, nicht aber, wie dieses Ergebnis zustande kam oder beeinflusst werden kann. Zwar ist das Ergebnis einer Periode zweifelsohne von Bedeutung (z.B. aus Shareholdersicht), zur Steuerung *während* einer Periode werden aber gerade auch die nicht-monetären Größen benötigt; deren Vorteil: sie haben einen Vorlaufcharakter und zeigen spätere Ergebnisveränderungen frühzeitig an. So wird sich ohne Zweifel ein niedriges Commitment der Mitarbeiter auf die Prozesse der Unternehmung und damit auf die Zufriedenheit der Kunden auswirken. Umgekehrt wird eine hohe Lernbereitschaft auf Prozesse und Produkte wirken und damit eine höhere Kundenzufriedenheit und so letztlich höhere Umsätze bewirken. Und kürzere Durchlaufzeiten bspw. werden letztlich erlössteigernd und Kosten senkend wirken – in der nicht-monetären Größe „Durchlaufzeit" sind deren Veränderungen viel schneller und deutlicher zu erfassen (und taugen so eher zur Steuerung) als in den zeitversetzten

Auswirkungen auf monetärer Ebene. Damit stehen sich zwei grundsätzliche Kennzahlen-Arten gegenüber:

	monetäre Größen	nicht-monetäre Größen
Wesen:	▪ in € ausdrückbar	▪ keine Geldgröße
Beispiele:	▪ Gesamtergebnis ▪ Cashflow ▪ ROI ▪ EVA ▪ Eigenkapitalrentabilität	▪ Durchlaufzeit ▪ Auslastungsgrad ▪ Ausschussquote ▪ Innovationsquote ▪ Mitarbeiterzufriedenheit
Aggregationsgrad:	▪ hoch	▪ niedrig
Frühindikator:	▪ nein (lagging indicator)	▪ ja (leading indicator)
Steuerungsgröße:	▪ nein	▪ ja
Orientierung:	▪ zielorientiert (ergebnisorientiert)	▪ mittelorientiert (inputorientiert)
Generierung:	▪ vor allem branchenüblich	▪ vor allem unternehmensspezifisch

Tab. 1–1: Unterschiedliche Kennzahlen einer BSC

Monetäre oder wertmäßige Größen können absolute Zahlen (in €) oder Verhältniszahlen sein. Mit einer Beschränkung auf Gewinngrößen kann die Zielerreichung „Gewinn" einfach kontrolliert werden. Außerdem haben sie den Vorteil, dass sie als hochaggregierte Kennzahlen in ihre (monetären) Bestandteile zerlegt werden können, wie dies im klassischen DuPont-Schema deutlich wird. Allerdings sind sie bereits für Planungszwecke höchst fragwürdig, da hierzu das Management alle Handlungen hinsichtlich ihrer kurz-und langfristigen Auswirkungen auf den Gewinn abschätzen können muss.[10] Zudem spiegeln sie zwar auch nicht-monetäre Größen, aber ohne klaren Ursache-Wirkungszusammenhang: Dass sich z. B. die Kundenzufriedenheit oder die Reputation der Unternehmung letztlich auf den Gewinn auswirkt, ist zu vermuten; wie dieser Zusammenhang aber tatsächlich aussieht (und gesteuert werden kann!), erschließt sich allerdings nicht.

Nicht-monetäre Größen betrachten i. d. R. einen betrieblichen Teilaspekt, wie z. B. die Mitarbeiterzufriedenheit oder den Auslastungsgrad in der Produktion; sie bilden die dort betrachteten Problemausschnitte nachvollziehbar ab. Damit taugen sie zur Steuerung im jeweiligen (engen) Kontext. Darüber hinaus wirken sie mit einer Vorlaufzeit auf den (späteren) Gewinn und haben somit die Funktion von Frühindikatoren.

Dabei bergen sie allerdings die Gefahr, dass durch einen engen Blickwinkel (auf den Detailaspekt) der Gesamtzusammenhang aus den Augen verloren wird. Da sie jeweils höchst unterschiedlich gebildet werden und ebenso unterschiedliche Benennungen haben, sind sie nur schwer aggregierbar – der Versuch, sie zu einem komplexen Kennzahlensystem auszubauen, endet oft in „Kennzahlengräbern".[11]

An dieser Stelle muss die Frage erörtert werden, wie viele Kennzahlen eine Unternehmung braucht. Die bisherigen Ausführungen verdeutlichten bereits, dass eine Kennzahl allein kaum zur Steuerung taugt – höchstens zur Messung (im Nachhinein), inwieweit *ein* bestimmtes Ziel erreicht wurde.

Bei einer Autoreise wird der Fahrer auch nicht nur die Benzintankanzeige beobachten, denn ein ökonomischer Benzinverbrauch ist das Resultat vieler Faktoren, u. a. von Drehzahl, Reifendruck, Beladung oder Aufbauten. Werden diese vor und während der Fahrt kontrolliert, so wird das Ziel „niedriger Benzinverbrauch" erreicht werden.

Nicht anders ist es in einer Unternehmung als hochkomplexem System: Auch hier tragen viele Faktoren auf der operativen wie der strategischen Ebene im Zusammenspiel zur gemeinsamen Zielerreichung bei. Zur Steuerung sind jene Faktoren zu beobachten und ggf. durch geeignete Maßnahmen zu beeinflussen.

Kennzahlensysteme resultieren aus dem Bestreben, solch komplexe Zusammenhänge aufzuzeigen. In der Vergangenheit wurden zahlreiche Systeme entwickelt, von denen die bedeutsamsten hier kurz skizziert werden sollen:

Das **DuPont-Schema** wurde bereits 1919 entwickelt. Es geht vom Ziel der Gewinnmaximierung aus, was sich im Return on Invest-

ment (ROI) als Spitzenkennzahl ausdrückt;[12] wird dieser heruntergebrochen, zeigt sich, welche monetären Größen diesen bewirkt
haben. Das DuPont-Schema verwendet auf den obersten beiden
Ebenen relative Kennzahlen, darunter nur noch absolute Wertgrößen, worin ein weiterer Kritikpunkt liegt: Aus absoluten €-Größen
ist nicht direkt ersichtlich, inwieweit diese Größen sich unter- oder
überproportional zur Betriebsgröße bzw. Ausbringungsmenge verändert haben – relative Kennzahlen sind insofern aussagekräftiger.[13]
Das Schema zeigt Abb. 1–1.

Das **ROI-Cashflow-Kennzahlensystem** von *Hahn* ist im Kern damit
vergleichbar, allerdings ist es deutlich differenzierter. Es fokussiert
hauptsächlich auf ergebnis- und liquiditätsorientierte Wertgrößen,
wie z. B. dem ROI, der Eigenkapitalrentabilität, dem Cashflow, dem
CFROI und der Liquiditätsreserve.[14.]

Das **ZVEI-Kennzahlensystem** des Zentralverbandes der Elektro-
technischen Industrie soll die Effizienz einer Unternehmung ermitteln und Vergleiche innerhalb der Branche ermöglichen. Seine
Spitzenkennzahl ist die Eigenkapital-Rentabilität, darunter liegen
diverse Kennzahlengruppen (aus dem Rechnungswesen), auf deren
Basis rund 200 Kennzahlen gebildet werden können; davon wird
allerdings nur knapp die Hälfte gebraucht, der Rest dient nur als
mathematische Verknüpfungen.[15]

Das **RL-Kennzahlensystem** von *Reichmann* und *Lachnit* kommt
mit deutlich weniger Kennzahlen aus, wobei zum einen Rentabili-
täts- und Liquiditätsgrößen (und deren Zustandekommen) in den
Vordergrund gestellt werden, zum anderen maßgebliche Zusammenhänge zum Entstehen des Betriebserfolgs unternehmensindividuell abgebildet werden.[16]

Die skizzierten Kennzahlensysteme stellen im Wesentlichen auf monetäre Wertgrößen ab,[17] selbst wenn nicht nur Ergebnis- bzw. Ren-
tabilitäts- sondern auch Liquiditätsgrößen fokussiert werden. Diese
Eindimensionalität ist – trotz ihrer Überschaubarkeit – das Han-
dicap von Kennzahlensystemen mit rein finanzieller[18] Ausrichtung:
„Selbst wenn die Ziele eines Unternehmens mit finanziellen Kenngrößen treffend beschrieben werden könnten, würde die rein

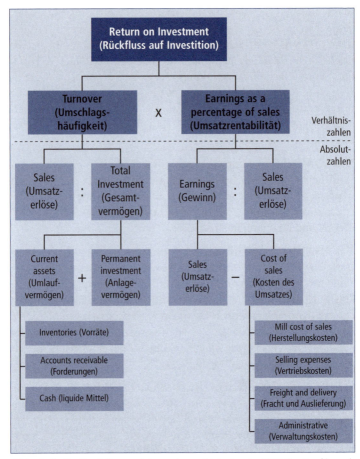

Abb. 1–1: DuPont-Kennzahlensystem (Vgl. Jossé (2004); Grafik vgl. Weber/Schäffer (2000a), S. 2)

finanzielle Abbildung des Unternehmens auf dem Weg der Zielerreichung kaum ausreichen, denn finanzieller Erfolg ist immer erst das Ergebnis vieler vorgelagerter Aktivitäten."[19] Mit anderen Worten: Ein aktueller Gewinn sagt nichts über *laufende* Aktivitäten, sondern nur etwas über *vergangene* Handlungen und Versäumnisse; oder umgekehrt: Um einen zukünftigen Gewinn zu erreichen, muss ein

Kennzahlensystem auf die aktuellen Ziele und Maßnahmen abstellen.

Zur Steuerung während einer Periode wäre daher ein Kennzahlensystem sinnvoll, das nicht nur Wertgrößen, sondern auch – zeitlich vorgelagert – andere quantitative (z. B. Auslastungsgrad) sowie qualitative Größen (also „soft factors" wie z. B. Motivation) abbildet. Die beiden letztgenannten Größenarten tragen als Leistungstreiber zum Ergebnis bei und beeinflussen dieses maßgeblich.[20] Solche Kennzahlen werden in der betrieblichen Praxis intensiv und in vielfältiger Weise eingesetzt, da sie sich hervorragend zur Steuerung eignen. Und dies nicht nur im Rahmen der operativen Führung, sondern – als strategische Erfolgsfaktoren – auch im Rahmen der strategischen Führung, wo sie als „Vorsteuergrößen des Gewinns" fungieren.[21] Den Zusammenhang verdeutlicht Abb. 1–2.

Mit der BSC liegt nun ein Zielsystem vor, das sich dieser Problematik nicht verschließt, sondern der zeitlichen Verzögerung zwischen betrieblichem Handeln und ökonomischem Erfolg Rechnung trägt. Damit überwindet es das Hauptproblem der klassischen, rein finanziell ausgerichteten Kennzahlensysteme. Und gleichzeitig bietet die BSC einen viel umfassenderen Überblick über die Unternehmung, die sie aus (i. d. R.) vier Perspektiven betrachtet.[22]

Zum Abschluss seien die Hauptkritikpunkte an klassischen Kennzahlensystemen zusammengefasst:[23]

- Ihnen fehlt eine plausible Verknüpfung zur Unternehmensstrategie.

- Sie sind operativ und damit vergangenheitsbezogen ausgerichtet.

- Sie fokussieren auf monetäre Größen (der Bilanz und der GuV-Rechnung) und vernachlässigen nicht-monetäre Größen.

- Sie knüpfen an Symptomen (z. B. Umsatzrückgänge) und nicht an Ursachen an (z. B. abnehmende Beratungsqualität, mangelnde Produktinnovationen).

- Deshalb taugen sie nicht zur Steuerung der Unternehmung.

- Ihre Einbindung in das Managementsystem bleibt ungeklärt, da eine systematische Erarbeitung, Verfolgung und Rückkoppelung der Kennzahlen unterbleibt.

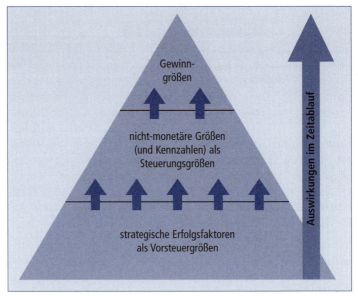

Abb. 1–2: Zusammenhang zwischen Steuerungs- und Ergebnisgrößen

1.4 Merkmale einer BSC

Die BSC schlechthin gibt es nicht. Stattdessen muss sie von jeder Unternehmung auf deren spezifische Situation und Bedürfnisse hin entwickelt werden. Deshalb werden i. d. R. die Art und Anzahl der gewählten Perspektiven und Kennzahlen voneinander abweichen. Trotzdem gelten gewisse Charakteristika allgemein für jede BSC:[24]

- Betrachtung der Unternehmung aus mehreren (klassisch: vier) Perspektiven[25] und damit ganzheitlich,

- Verknüpfung von monetären Kennzahlen und nicht-monetären Steuerungsgrößen,

- Beschreibung der spezifischen Strategie von strategischen Geschäftseinheiten (SGE),

- aufeinander Abstimmen der BSC für die gesamte Unternehmung, für jede SGE, für jeden Bereich und ggf. für jeden Mitarbeiter,

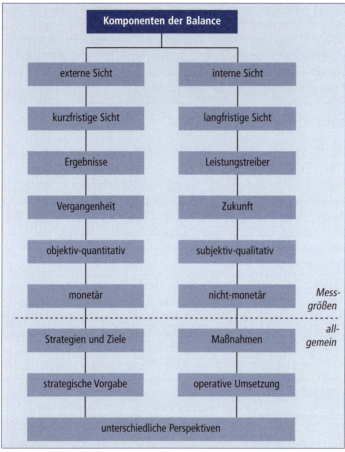

Abb. 1–3: Komponenten der Balance in einer BSC (Grafik unter Verwendung von Fitz (2003), Folie 11)

- Umsetzung von Strategien in Aktionen (Maßnahmen),
- Vereinen von Kurz- und Langfristzielen, zu erreichenden Ergebnissen, deren Leistungstreibern und deren Querverbindungen quer durch die Perspektiven mittels Ursache-Wirkungsbeziehungen; dabei werden nur solche Messgrößen einbezogen, die direkt oder indirekt auf die finanzwirtschaftlichen Ergebnisse wirken.

Da die einzelnen Perspektiven bei der Ableitung der strategischen Ziele gleichberechtigt betrachtet und monetäre als auch nicht-monetäre Kennzahlen ausgewogen berücksichtigt werden, entsteht so ein ausbalanciertes Zielsystem – eben eine „balanced scorecard".[26] Darüber hinaus besteht eine Balance bei Leistungsmessung und Kennzahlen, wie die Grafik zeigt (Abb. 1–3).

1.4.1 Grundkonzept der BSC

Die BSC verfolgt einen ganzheitlichen Ansatz: Klassische finanzwirtschaftliche Kennzahlen werden um nicht-monetäre Kennzahlen ergänzt; beide Messgrößen zusammen erfassen alle wesentlichen Erfolgsfaktoren entlang der Wertschöpfungskette einer Unternehmung, und zwar jeweils aus verschiedenen Blickwinkeln, den sog. Perspektiven. Die Kennzahlen einer Unternehmung sind miteinander vernetzt und messen, inwieweit die Ziele einer Perspektive erreicht wurden.

Gleichzeitig liegt damit eine konkrete Umsetzung der Vision und der Strategien einer Unternehmung vor – die Ziele werden direkt aus der Strategie abgeleitet und auf Interdependenzen geprüft. Sowohl Strategie als auch Ziele müssen kommuniziert werden, damit eine unternehmensweite Orientierung an diesen Vorgaben ermöglicht wird und (strategische) Lerneffekte eintreten. Nach *Kaplan* und *Norton* bietet die BSC so einen strategischen Handlungsrahmen (Abb. 1–4).

In diesem Sinne ist die BSC eher ein Managementprozess als ein Measurement-Ansatz; deshalb kann sie durchaus als Grundpfeiler eines strategischen Managementsystems bezeichnet werden.[27]

1.4.2 Prozess der BSC-Entwicklung

In Abb. 1–4 wird bereits der grundsätzliche **Prozess** der BSC-Entwicklung deutlich.[28] Die BSC ist Transport- und Umsetzungsmittel im vierstufigen Managementprozess aus:

1a **Die Formulierung der Vision einer Unternehmung** (z. B. „Wir wollen bis zum Jahr X die führende Unternehmung im Bereich

Y sein") ist der Ausgangspunkt. Hier geht es um eine Konsens-findung, auf deren Grundlage der normative Rahmen entwickelt bzw. angepasst wird. Außerdem bildet die Vision die verbind-liche Basis zur Ableitung von Strategien.

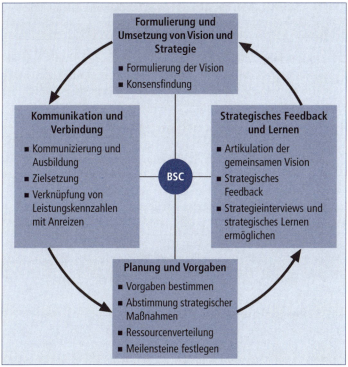

Abb. 1–4: Prozess der BSC (Grafik vgl. Kaplan/Norton (1997), S. 10)

1b Die Formulierung der Strategien ist der nächste Schritt; hier werden für einzelne strategische Geschäftseinheiten Strategien abgeleitet und beschrieben (z. B. „Wachstum durch Expansion im Markt Z"). Die Strategien müssen verbindlich sein und breit kommuniziert werden.

2a Ableitung von Zielen für jede Perspektive: Auf Basis der Strate-gien werden nunmehr für jede Perspektive konkrete Ziele definiert (z. B. „Wir müssen die Kundenbetreuung aktiver gestalten") und über Ursachen-Wirkungsketten miteinander verknüpft.

2b Messgrößen und Zielwerte definieren: Für jedes Ziel muss eine geeignete Kennzahl als Messgröße gefunden und ein anzupeilender Zielwert bestimmt werden (z. B. Wiederverkaufsquote von 80%).

3 Bestimmung von Maßnahmen: Für jedes Ziel und zur Erreichung der definierten Zielwerte werden strategische Maßnahmen festgelegt (z. B. Key Account-Management einführen; Kundenbindungsprogramm einführen).

4 Strategisches Feedback und strategisches Lernen: Diese Prozessphase dient einer kontinuierlichen Verbesserung und Anpassung der BSC sowie der Entwicklung von strategischer Kompetenz. Sie verdeutlicht, dass die BSC nicht – einmal entwickelt – als statisches Gebilde angesehen wird, sondern durch Rückkoppelungen und Erfahrungen ständig angepasst wird.[29]

Ebenfalls möglich ist, dass in Schritt 2a relevante Ziele gesucht werden, verwandte Ziele werden dann zu Perspektiven geclustert. Damit wird erreicht, dass individuelle Belange besser und ohne vorherige Perspektiv-Festlegung berücksichtigt werden.

1.4.3 Perspektiven der BSC

Die BSC betrachtet die Unternehmung aus mehreren Blickwinkeln (statt nur aus einer Ergebnissicht); dazu wird sie in verschiedene Perspektiven aufgebrochen. Jede Perspektive fokussiert einen bestimmten Teil der Unternehmung und gleichzeitig ein (strategisches) *Erfolgspotential,* das seinen Teil zum Erreichen des Gesamtergebnisses beiträgt. Die klassischen Perspektiven und deren Alternativbezeichnungen sind wie folgt:

Perspektive	Alternativbezeichnungen
Finanzperspektive	■ Finanz- und Ergebnisperspektive ■ Aktionärsperspektive ■ „financial"
Kundenperspektive	■ Kunden und Märkte ■ „customer"
Prozessperspektive	■ interne Geschäftsprozessperspektive ■ interne Perspektive
Potentialperspektive	■ „internal business process" ■ Mitarbeiterperspektive ■ Lern- und Entwicklungsperspektive ■ Innovationsperspektive ■ Neuausrichtung ■ „learning and growth"

Tab. 1–2: Mögliche Benennung der Perspektiven

Nachdem Vision und Strategie festgelegt und kommuniziert sind, werden die relevanten Perspektiven bestimmt, für die dann Ziele, Kennzahlen und Maßnahmen geklärt werden müssen. Neben den klassischen vier Perspektiven können weitere Perspektiven hinzukommen.[30]

1.4.4 Nutzen einer BSC

Generell bietet die BSC folgende Vorteile:[31]

■ sie fordert und fördert die ganzheitliche Betrachtung aus unterschiedlichen Blickwinkeln; damit ist sie geradezu Initiator zur inhaltlichen und strukturellen Neuausrichtung der Unternehmung (und fördert so die ggf. notwendige Organisationsentwicklung),

■ ihr gelingt eine Komplexitätsreduktion durch die Beschränkung auf die wesentlichen Zusammenhänge, d. h. die bestimmenden Erfolgsfaktoren,

- sie steuert eine optimale Ressourcenverteilung,

- sie zeigt Veränderungen durch Frühindikatoren frühzeitig an,

- sie ermöglicht Abteilungen und Mitarbeitern permanent ein Feedback, indem die Auswirkungen des eigenen Handelns im Kontext der SGE bzw. der Gesamtunternehmung transparent werden, und

- schließlich: sie ist ein einfaches und verständliches Konzept.

Außerdem ist sie ein integratives Dach zur Verknüpfung unterschiedlicher Ansätze, deren Umsetzung ohne sie kaum in einen Gesamtzusammenhang zu bringen ist; vgl. hierzu Abb. 1–5.

Mit der BSC lassen sich Konzepte miteinander verknüpfen, die ansonsten eher isoliert gefordert, aber kaum umfassend und integriert eingeführt wurden. Dies wird aus zwei Gründen möglich: Zum einen fließen die Gedanken solcher Ansätze bei der Formulierung in (nicht-monetäre) Kennzahlen ein, zum anderen generell dadurch, dass mit der BSC erstmals umfassend und plausibel eine flächendeckende Umsetzung strategischer Ansätze in operatives Handeln ermöglicht wird.

Die faktische Trennung von strategischen und operativen Plänen ist dabei ein zentraler Mangel bei der Steuerung einer Unternehmung: Nicht nur, dass die Umsetzung strategischer Pläne in der operativen Ebene problematisch ist; ebenso wird auf der operativen Ebene der Strategiehintergrund oft nicht verstanden und es fehlt ein klarer Strategiebezug bei operativen Änderungen. Um dieses Dilemma zu überwinden, wird ein ganzheitlicher, nachvollziehbarer und integrativer Ansatz benötigt. Deshalb liegt hier ein wesentlicher Ansatzpunkt für die Einführung einer BSC, in der u. a. eine Übersetzung der Strategie in konkrete Aktivitäten erfolgt.[32]

Darüber hinaus gibt die Entwicklung von Scorecards, die Orientierung an Kennzahlen im Gesamtzusammenhang und die Anpassung von Maßnahmen und Vorgaben nicht nur permanent Rückkoppelungen über das eigene Handeln, sondern erhöht außerdem das strategische Lernen und wirkt so insgesamt effizienzsteigernd.

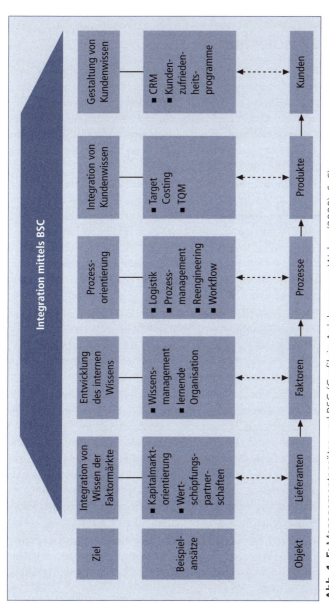

Abb. 1–5: Managementansätze und BSC (Grafik in Anlehnung an Weber (2000), S. 6)

1.5 Zwischenfazit

Die BSC ist ein ganzheitliches Konzept zur Strategiefindung und -umsetzung. Sie unterstützt das Management auf der strategischen und der operativen Ebene, die beide plausibel miteinander verknüpft werden. Damit liegt nicht nur eine Verzahnung der strategischen und der operativen Pläne, sondern auch eine Integration unterschiedlicher strategischer Ansätze zur besseren Nutzung der Erfolgspotentiale vor.

Die Unternehmung wird aus verschiedenen Blickwinkeln betrachtet (Perspektiven), für die Ziele formuliert und konkrete Maßnahmen definiert werden. Inwieweit diese im operativen Geschäft umgesetzt und erreicht werden, ist anhand von Kennzahlen und Zielwerten jederzeit überprüfbar. Die Kennzahlen sind nicht nur monetärer Natur; durch die Erweiterung um nicht-monetäre Messgrößen werden Auswirkungen auf das spätere Ergebnis (gedanklich) antizipiert. Auf diese Weise erst wird eine ganzheitliche und zukunftsgerichtete Steuerung der Unternehmung möglich (im Gegensatz zu herkömmlichen, vergangenheitsorientierten Kennzahlensystemen).

Zugleich steigt das Bewusstsein über das eigene betriebliche Handeln. Dies wirkt motivationsfördernd und erhöht die strategische Kompetenz der gesamten Organisation.

Im Übrigen gilt: Eine BSC setzt immer erst mit der Zielfindung bzw. ab der Ebene der Perspektiven an. Die BSC „übersetzt" lediglich die Strategien in strategische Aktionen. Von daher werden für eine BSC Vision, Mission und Strategie *als Grundlage vorausgesetzt*. Im Rahmen der BSC-Entwicklung wird allerdings zunächst überprüft, ob Vision, Mission und Strategie definiert sind; ggf. müssen diese neu bestimmt, angepasst oder zumindest verbindlich kommuniziert werden, damit die eigentliche BSC-Entwicklung immer in Befolgung der generellen Leitlinie der Unternehmung erfolgt.

Insofern werden mit der BSC weder Vision noch Strategie entwickelt, der BSC-Prozess fördert jedoch das ganzheitliche Bewusstsein, sodass auch Vision, Mission und Strategien hinterfragt und ggf. neu formuliert werden.

2. Kapitel

Architektur einer BSC

2.1 Gesamtüberblick

Dass die BSC ein ganzheitliches Konzept ist, wurde bereits dargestellt. Ausgehend von der Vision wird die Strategie (neu) bestimmt. Im Rahmen der Entwicklung der eigentlichen Scorecards werden Ziele abgeleitet, diesen Messgrößen und Zielwerte zugeordnet und strategische Maßnahmen (Aktionen) definiert, wie der Gesamtüberblick in Abb. 2–1 zeigt.

Dabei erfolgt die Entwicklung einer BSC als mehrstufiger Prozess; am Ende jeder Phase liegen Ergebnisse vor, die gleichzeitig die Inputs der nachfolgenden Prozessphase darstellen (vgl. Abb. 2–3).

Im Laufe der Entwicklung nimmt der Konkretisierungsgrad permanent zu – von der allgemeinen Vision über die Strategie hin zu den Zielen und deren Operationalisierung und Nachprüfbarkeit anhand von Messgrößen. Am konkretesten sind dann die den einzelnen Messgrößen zugeordneten (strategischen) Maßnahmen. Dabei werden mit jedem Prozessschritt mögliche strategische Alternativen eliminiert, sodass schließlich (rechts im Bild) konkrete Maßnahmen abgeleitet und entwickelt werden (vgl. Abb. 2–2).

Eine weitere Stoßrichtung einer zunehmenden Konkretisierung wird dann verwirklicht, wenn z. B. die Zielbestimmung und die Auswahl der Messgrößen auf einer (höheren) Hierarchieebene erfolgt, die Bestimmung der strategischen Maßnahmen jedoch den je-

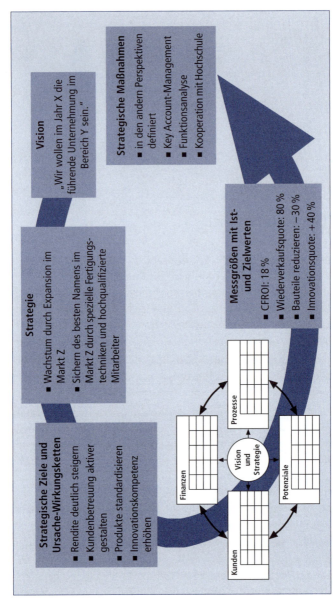

Abb. 2–1: Entwicklungskonzept der BSC (Vgl. Jossé (2004); Grafik vgl. Weber/Schäffer (2000a), S. 2)

Vision	Strategie	Bestimmung der strategischen Ziele	Auswahl der Messgrößen	Einigung über Zielwerte	Bestimmung der strategischen Maßnahmen
„Wir wollen im Jahr X die führende Unternehmung im Bereich Y sein."	„Wachstum durch Expansion im Markt Z"	Kundenbetreuung aktiver gestalten	Wieder-verkaufs-quote	80 %	Key Account-Management einführen
		Exzellenz im Hochpreis-segment	Markt-anteil im Hochpreis-segment	25 %	Marketing-offensive
		Mehr Neukunden gewinnen	Anzahl der Neukunden	+10 %	bessere Kunden-datenbank

zunehmende Konkretisierung

Abb. 2–2: Zunehmender Konkretisierungsgrad bei der BSC-Entwicklung (Grafik in Anlehnung an Horváth & Partner (2007), S. 50. Ab der Bestimmung der strategischen Ziele wurde hier die Kundenperspektive exemplarisch gezeigt.)

weils nachfolgenden Hierarchieebene überlassen wird bzw. aus den strategischen Vorgaben nachgelagert operative Ziele und Maßnahmen abgeleitet werden; ob allerdings eine BSC derart aufgebrochen wird, hängt von den individuellen Bedürfnissen und Vorgehensweisen ab.[1]

Bevor anschließend der Entwicklungsprozess einer BSC im Detail betrachtet wird, zeigt Abb. 2–3 den Gesamtprozess im Überblick.

Im Übrigen sei betont, dass die Entwicklung einer BSC kein einmaliger Prozess ist: Da die Unternehmung sich permanent in einer dynamischen Umwelt befindet, sind immer wieder Anpassungen nötig. Im Rahmen der Entwicklung als auch der Anwendung der BSC findet (im Sinne einer lernenden Organisation) ständiges Lernen statt, sodass die BSC immer weiter verbessert und angepasst werden kann. Notwendig ist dazu nicht nur das durch Rückkoppelungen ausgelöste „single-loop-Lernen", sondern auch die Bereitschaft zu „double-loop-Lernen"; mit letzterem hinterfragt der Manager die bestehenden Voraussetzungen und Annahmen immer wieder danach, ob sie unter den derzeitigen Bedingungen und aufgrund der gemachten Erfahrungen noch Gültigkeit haben.[2] Auf diese Weise werden nicht nur die Prämissen bestehender Strategien, sondern auch von Zielen, gewählten Kennzahlen und Maßnahmen permanent in Frage gestellt, womit ein wesentlicher Schritt in Richtung einer strategischen Überwachung getätigt wird.[3]

2.2 Vision und Strategie

Meist verfügen Unternehmungen über eine *Vision*, die allerdings nicht unbedingt explizit formuliert wurde. Damit daraus aber Strategien und Ziele abgeleitet werden können, muss sie definiert werden. Nur so kann sie als allgemein gültige Basis fungieren, auf die das gesamte unternehmerische Handeln ausgerichtet wird.

Eine Vision ist ziemlich abstrakt und kann damit über einen längeren Zeitraum als Leitmaxime bestehen. Sie zeichnet sich durch folgende Charakteristika aus:[4]

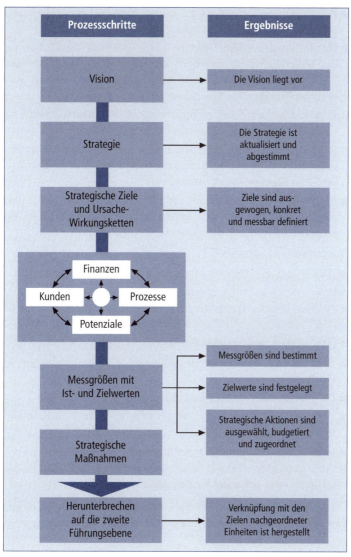

Abb. 2–3: Prozessschritte und deren Ergebnisse (Grafik nach Horvàth & Partner (2007), S. 10)

- **Zukunftsorientierung:** Visionen sind Fernziele; sie sollen auch unter veränderten Rahmenbedingungen Bestand haben.

- **Integrationsfunktion:** Visionen berücksichtigen die Globalziele der Unternehmung, aber auch die langfristigen Interessen der Mitarbeiter, Anteilseigner und Kunden sowie ggf. weiterer Anspruchsgruppen.

- **Verständlichkeit:** Visionen müssen griffig und prägnant sein – sie müssen ohne lange Erläuterungen verstanden werden.

- **Emotionale Wirkung:** Durch die meist bildhafte Sprache spricht eine Vision nicht nur die Ratio an, sondern gerade auch die Wünsche und Emotionen der Beteiligten.

- **Motivationsfunktion:** Eine Vision liefert einen Sinn und damit eine Richtung, auf die das eigene Denken, Streben und Handeln ausgerichtet wird, um die Vision zu verwirklichen.

Beispiele einer Vision sind:

- „Wir wollen die Unternehmung mit der höchsten Produktqualität sein."

- „Wir wollen der kundenfreundlichste Anbieter unserer Branche sein."[5]

- „Wir wollen die führende Unternehmung im Bereich F&E sein."

- „Wir wollen der führende Anbieter von xy-Produkten in Deutschland sein."

- „Wir wollen die innovativste Unternehmung im Markt sein."

- „Wir wollen, dass jeder Nachfrager unsere Marke X als Synonym für das Produkt Y empfindet."

- „Wir wollen Allround-Anbieter im Bereich X sein."

- „Wir wollen der führende und profitabelste Automobilhersteller werden." (Damals: Daimler-Chrysler)

Da die Vision derart grundlegend eine Richtung aufzeigt, ist sie eng verknüpft mit der Unternehmenspolitik und der Unternehmenskultur, zu denen sie passen muss. Oft wird noch eine *Mission* (oder Leitbild) verbalisiert; hier ist eine Abgrenzung nicht einfach – i. d. R. beinhaltet die Mission den Auftrag im Sinne von Selbstverständnis der Unternehmung („Wie wollen wir von Kunden, Medien usw. gesehen werden?"). Dann stellt die Mission mehr das generelle Ziel dar, während die Vision den Weg – wenn auch allgemein gehalten – skizziert. Als bildhafte Variante kann daraus ein Slogan abgeleitet werden, wie z. B. „Wir verkaufen keine Häuser sondern Träume" oder „Lieber der Kunde kehrt zurück als unsere Produkte".

Die Vision wird von der obersten Unternehmensführung erarbeitet und verabschiedet. Damit liegt ein Bild vor, was letztlich erreicht werden soll, wo also die Unternehmung binnen eines bestimmten Zeitraumes stehen will. Im Sinne von Ganzheitlichkeit und Transparenz muss die Vision kommuniziert werden, damit sie sich nachvollziehbar als Leitgedanke im Bewusstsein aller verankert. Im Rahmen der BSC-Entwicklung und Anwendung bildet sie die Ausgangsbasis für alle nachfolgenden Schritte, bei denen auf Kongruenz zur Vision zu achten ist.

Die Formulierung der *Strategie* ist der nächste Schritt. Strategien können als Hypothesen über den wahrscheinlich erfolgreichsten Weg angesehen werden, wie die Vision erfüllt werden soll.[6] Strategien setzen die Unternehmung in Beziehung zur Umwelt. Mit Hilfe von Strategien sollen anhaltende Wettbewerbsvorteile bzw. ein langfristiger Erfolg erzielt werden; sie knüpfen deshalb an den *Erfolgspotentialen* einer Unternehmung (z. B. Märkte, Humankapital) an.

Grundsätzlich existiert eine Fülle von Ansichten zu Strategien und deren Entwicklung: Während früher Strategien eher als rational geplante Maßnahmenbündel angesehen wurden, herrscht heute eher die Sicht vor, dass Strategien Grundmuster im Strom von Entscheidungen und Handlungen sind.[7] Dies schließt ein, dass Strategien zum einen dynamischer Natur sind und zum anderen, dass sie implizit entstanden sein und intuitiv verfolgt werden können. Gerade die dynamische Komponente ist im Rahmen einer BSC zu beachten: Im Zeitablauf kann sich ein Anpassungs- oder Änderungsbedarf ergeben, weshalb Strategien immer wieder hinterfragt werden müssen.

Im Rahmen des BSC-Prozesses wird überprüft, inwieweit Strategien in ausreichend konkreter Form vorliegen bzw. es werden solche aus der Vision abgeleitet formuliert und verbindlich kommuniziert.

Dabei wird i. d. R. zunächst die *Gesamtunternehmensstrategie* (corporate strategy) definiert, die die Frage klärt, in welche Produktbereiche verstärkt investiert und welche eher restriktiv oder abschöpfend behandelt werden sollen, mit anderen Worten: welche Grundlinie soll in den einzelnen Märkten gefahren werden. Entsprechend können auf der Ebene einzelner strategischer Geschäftseinheiten (SGE) *Geschäftsbereichsstrategien* und, daraus abgeleitet, *Funktionsbereichsstrategien* für die einzelnen Funktionsbereiche formuliert werden.[8] Wird eine BSC top-down entwickelt, so liefert die Gesamtunternehmensstrategie die Basis für die nachfolgend definierten, konkreteren Geschäftsbereichs- und Funktionsbereichsstrategien. Auch aus diesem Grund zeigt sich die Bedeutung von verbindlich formulierten und kommunizierten Strategien.

Beispiele für Strategien sind:

- „Expansion im Markt X."

- „Abschöpfung im Markt Y."

- „Aufbau strategischer Partnerschaften zur Absatzsicherung."

- „Aufbau eines breiten F&E-Netzwerks als Innovationspool."

- „Prozesse kundengetrieben implementieren."

Die Ermittlung einer Strategie im Sinne eines „Wo wollen wir hin?" bzw. „Wie gehen wir das an?" setzt voraus, dass zunächst bekannt ist, wie die derzeitige und zukünftige Situation innerhalb und außerhalb der Unternehmung ist („Wo stehen wir heute?"). Dies zu ermitteln ist Aufgabe von Unternehmens- und Umweltanalyse – nur vor dem Hintergrund der weiteren Entwicklung von Umwelt und Unternehmung können stimmige Strategien entwickelt werden, die den zukünftigen Anforderungen entsprechen.

Mit dem Formulieren und Kommunizieren von Vision und Strategie sind sozusagen die Vorbereitungen für eine BSC abgeschlossen. Die eigentlichen Scorecards werden erst anschließend entwickelt.

2.3 Perspektiven

Aus der Strategie werden für einzelne Perspektiven Ziele abgeleitet und dafür Kennzahlen und Maßnahmen bestimmt; damit liegen die Inhalte der einzelnen Scorecards fest („strategischer Handlungsrahmen"). Mit diesen Perspektiven wird die Unternehmung aus verschiedenen Blickwinkeln betrachtet, die Erfolgspotentiale darstellen und strategisch bedeutsam sind, da über sie letztlich „das Geld verdient wird".

Von daher muss wohl überlegt sein, welche Perspektiven ausgewählt werden, um die bedeutsamen (Leistungs-)Faktoren zu erfassen und in der BSC abzubilden. Dafür gibt es keine generelle Vorgabe, da jede BSC immer unternehmensindividuell zu entwickeln ist.

Ausgangsbasis der nachfolgenden Ausführungen sind die klassischen vier Perspektiven, wie sie von *Kaplan* und *Norton* als Grundvarianten für viele Unternehmungen in Frage kommen.[9] Hierzu zunächst der Gesamtüberblick in Abb. 2–4.

In den Perspektiven wird die Umsetzung der Strategie aus den unterschiedlichen Blickwinkeln der jeweiligen Ebenen betrieben. Dazu ist es notwendig, dass die Strategie „übersetzt" wird, d. h., dass sie aus dem Fokus der einzelnen Perspektiven umformuliert wird[10] – bspw. so:

- **Finanzperspektive:** „Welche finanziellen bzw. ergebnisbezogenen Zielsetzungen leiten sich aus den Erwartungen unserer Teilhaber ab?"

- **Kundenperspektive:** „Welche Zielsetzungen leiten sich aus den Anforderungen unserer Kunden ab?"

- **Prozessperspektive:** „Wie müssen die Prozesse gestaltet sein, um die Ziele der Finanz- und Kundenperspektive zu erfüllen?"

- **Potentialperspektive:** „Wie können wir die Potentiale fördern, um zukünftigen Herausforderungen gewachsen zu sein?"

Mittels solcher Übersetzungen wird sichergestellt, dass die Gesamtstrategie nicht aus den Augen verloren wird, sondern auch aus dem engeren Blickwinkel der jeweiligen Perspektive verfolgt wird.

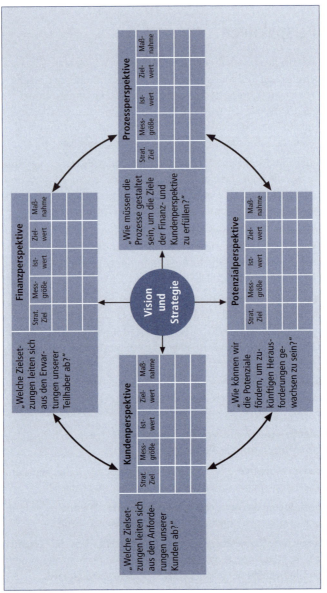

Abb. 2–4: Die klassischen vier Perspektiven einer BSC

2.3.1 Ergebnis- und Finanzperspektive

Die finanzwirtschaftliche Perspektive gilt meist als die wichtigste Perspektive, da hier hauptsächlich Resultate (z. B. Gewinn, Cashflow, ROCE) fokussiert werden. Es steht außer Frage, dass ein bestimmter Gewinn bzw. eine gewisse Verzinsung des eingesetzten Kapitals ein generelles Ziel einer Unternehmung ist; insofern ist auf diese zu achten – schon aus Gründen der Existenzsicherung und um die Erwartungen der Anteilseigner zu befriedigen.

Allerdings stellt diese Perspektive bzw. deren Ziele nur das *Ergebnis* der betrieblichen Tätigkeit dar, nicht aber dessen *Zustandekommen* (während der Periode), worüber die anderen Perspektiven etwas aussagen. Insofern sind finanzwirtschaftliche Ziele immer Endziele der übrigen Perspektiven. Dies schließt auch ein, dass eine Steuerung vornehmlich über die anderen Perspektiven erfolgt.

Die Bereiche, die in dieser Perspektive abgedeckt und für die Ziele formuliert werden müssen, sind nicht nur die Rentabilität bzw. ein bestimmtes Ergebnis, sondern auch jene ergebnis- und finanzwirtschaftlichen Dimensionen, die dazu direkt beitragen:[11]

- Ertragswachstum und Ertragsmix, speziell Umsatzraten und Marktanteile in einzelnen Märkten, wozu neben (neuen) Kunden und Märkten auch die Produktgestaltung, die Konditionenpolitik und die Preisstrategie gehören.

- Kosten- und Produktivitätsziele, insbesondere die Senkung der Kosten je Leistungseinheit bzw. die Erhöhung der Deckungsbeiträge je Stück und allgemein die Senkung direkter und indirekter Kosten. Letztere entstehen vornehmlich im Verwaltungsbereich.

- Vermögensverwendung und Investitionsstrategien mit dem Fokus auf eine effizientere Anlagennutzung, kürzere Amortisationsdauern und grundsätzlich der Frage von Eigenfertigung oder Fremdbezug – nicht nur bei Vorräten, sondern auch bei immateriellem Vermögen.

Für die Ergebnis- und Finanzperspektive können bspw. die folgenden Ziele formuliert werden:

- „Erhöhung des ROI auf 13%."
- „Eigenkapitalrendite von 18%."
- „Cashflow-Umsatzrendite auf 12% steigern."
- „Quartalsgewinn jeweils um 4% steigern."
- „Umsatz mit Endkunden auf einen Anteil von 30% steigern."
- „Stückdeckungsbeitrag bei XY-Produkten von 60% erreichen."
- „Auslastungsgrad der eingesetzten Sachanlagen auf 90% steigern."

Die genannten Beispiele sind schon ziemlich präzise und beinhalten bereits die Kennzahlen, mit denen die Zielerreichung gemessen werden soll. Dies muss nicht so sein: Tatsächlich reichen hier auch allgemeiner formulierte Ziele, wie etwa:

- „Deutliche Steigerung der Profitabilität."
- „Höherer Gewinnzuwachs als im Durchschnitt der DAX-Unternehmen."
- „Kostenstruktur verbessern".
- „Umsatzwachstum vorantreiben."
- „Sachanlagen effizienter nutzen."

In jedem Fall müssen anschließend Kennzahlen festgelegt werden, anhand derer die Erreichung der Ziele überprüft werden kann. Außerdem sind – neben den aktuellen Ist-Werten – auch die Zielwerte zu bestimmen, die innerhalb definierter Zeiträume zu erreichen sind. Mögliche Messgrößen oder Kennzahlen der Finanzperspektive sind:

- ROI (Return on Investment)
- ROCE (Return on Capital Employed)
- CFROI (Cashflow-ROI)
- Eigenkapitalrentabilität
- EVA (Economic Value Added)
- Cashflow
- Gesamtumsatz
- Fertigungskosten in % vom Umsatz
- Deckungsbeitragsintensität (DBU)
- Auslastungsgrad[12]

Diese *nachlaufenden Indikatoren* (lagging indicators) zeigen Ergebnisse im Nachhinein an und dienen z. B. dazu, Rechenschaft abzulegen. Im Gegensatz zu Frühindikatoren oder Leistungstreibern (leading indicators) sind sie jedoch nur zum geringen Teil zur Steuerung geeignet.

Sind die Ziele und die zu erreichenden Zielwerte bekannt, so erfolgt als Nächstes die Festlegung von strategischen Aktionen bzw. Maßnahmen, um diese Ziele zu erreichen. Im Falle der Finanzperspektive sind die Maßnahmen jedoch hauptsächlich in den anderen Perspektiven zu definieren; so sind z. B. ein bestimmter Umsatz und erst recht eine angestrebte Rendite u. a. das Ergebnis der Bemühungen auf der Ebene der Kundenperspektive (z. B. durch Neukundengewinnung), der Prozessperspektive (Durchlaufzeiten senken, günstiger produzieren) sowie der Mitarbeiterperspektive.

Als Maßnahmen, die trotzdem auf dieser Ebene ansetzen, sind jene zu nennen, die z. B. direkt auf die Art der Finanzierung abzielen: So wirkt sich z. B. eine Umfinanzierung von Eigen- zu Fremdkapital verbessernd auf die Eigenkapitalrendite aus (im Falle eines positiven Leverage-Effekts). Ebenso hier anzusiedeln sind alle liquiditätsorientierten Maßnahmen zur Sicherstellung der Zahlungsfähigkeit.

Mit diesem sukzessiven Vorgehen – Ziele, Kennzahlen, Zielwerte und Maßnahmen definieren – liegt ein strategischer Handlungsrahmen der Perspektive vor, dessen visualisierte Form die Scorecard einer Perspektive ist. Für die Finanz- und Ertragsperspektive könnte diese bspw. wie folgt aussehen (s. Tab. 2–1).

Die definierten Zielwerte sollten ehrgeizig, aber trotzdem erreichbar sein. Ggf. können für die nächsten zwei bis drei Jahre abgestufte Wertvorgaben festgelegt werden, z. B. „Eigenkapitalrendite von 15% binnen eines Jahres, von 18% nach zwei und von mind. 20% nach drei Jahren."[13]

Ziel	Messgröße	Istwert	Zielwert	Maßnahmen
Jede SGE soll stärker als d. Wettbewerb wachsen	Umsatzwachstum je SGE	100%	> 100%	…
Mindestmargen pro SGE erhalten	Umsatzrendite	7%	≥ 7%	…
Gesellschafterrendite steigern	EKR	12%	18%	…

Ziel	Messgröße	Istwert	Zielwert	Maßnahmen
Selbstfinanzierungskraft steigern	Selbstfin.-grad	40%	100%	...
Umsatzwachstum in Segmenten	Umsatzanteils-index	1	1,2	...
Stück-DB-bei XY-Produkten erhöhen	DBU	25%	35%	...

Tab. 2–1: Beispiele für Ziele, Messgrößen und Wertangaben

Da die auf dieser Ebene definierten Zielgrößen i. d. R. den Charakter von Spätindikatoren haben, sind sie hauptsächlich Ergebnis der in den anderen Perspektiven definierten Maßnahmen. So wird z. B. die Erhöhung der Stück-DB auch dadurch erreicht, dass durch höhere Marktanteile bzw. erhöhten Absatz die Stückkosten sinken. Oder die Veränderungen von Umsatzanteilen sind zunächst auf Maßnahmen der Kundenperspektive zurückzuführen.

Trotzdem können auch in der Ergebnis- und Finanzperspektive Maßnahmen festgelegt werden, sofern sie auch auf dieser Ebene greifen, wie z. B. die Gewinnverwendungspolitik. Mögliche Maßnahmen zur Erreichung der Ziele und der vorgegebenen Zielwerte zeigt beispielhaft Tab. 2–2.

Wie für jede Scorecard gilt auch hier, dass sie unternehmensspezifisch zu entwickeln ist. Eine Publikums-AG wird sicher die Shareholder besonders berücksichtigen und hierbei eine kontinuierliche Gewinnausweis- und -ausschüttungspolitik verfolgen, während dies z. B. für eine OHG einen niedrigen Stellenwert hat. Ebenso ist der Reifegrad der Unternehmung bzw. der hauptsächlichen strategischen Geschäftsfelder zu beachten: In der Wachstumsphase spielen z. B. Umsatzwachstum und Neuinvestitionen eine tragende Rolle, während es in der Reifephase u. a. um Kostensenkungspotentiale und Auslastungsgrade geht und in der Erntephase z. B. um die Rentabilität einzelner Produkte und deren Stückkosten.[14]

Ziele	Maßnahmen
Eigenkapitalrendite erhöhen	▪ Umfinanzierung, um positiven Leverage-Effekt besser zu nutzen
Selbstfinanzierungsgrad erhöhen	▪ weniger Gewinn ausschütten ▪ mehr stille Rücklagen bilden
Überflüssig gebundenes Kapital abbauen	▪ Investitionspolitik überprüfen ▪ Make-or-buy-Entscheidungen durchrechnen
Stück-DB steigern	▪ Lagerbestände optimieren ▪ Kosten je Umsatz reduzieren ▪ Konditionenpolitik verbessern[15]

Tab. 2–2: Maßnahmen der Finanzperspektive

Es bietet sich an, aus der entwickelten Scorecard der Finanzperspektive zusätzlich eine weitere Darstellungsart zu wählen, in der die Ziele und der zu ihrer Erreichung definierten Kennzahlen dargestellt werden. Durch den Vergleich der Ist- mit den Zielwerten (ggf. gestaffelt nach Perioden) wird in einem Radardiagramm (oder Netzwerkdiagramm) besonders deutlich, wo (noch) Lücken bestehen und ehrgeizige Anstrengungen aller Beteiligten erfolgen müssen.[16]

Die Grafik zeigt ein Problem, das bei der Zielfindung berücksichtigt werden muss: Die Umsatzrendite ist als Zielgröße dem Stück-DB übergeordnet; betrachtet man nur die variablen Kosten, so wären sie beide auf derselben logischen Ebene anzusiedeln. Allerdings sagt ein (gesteigerter) Stück-DB noch nichts darüber aus, inwieweit diese Einsparung evtl. durch gestiegene Fixkosten kompensiert wurde. Werden jedoch sowohl fixe als auch variable Kosten gesenkt, so findet das seinen Niederschlag in einer verbesserten Umsatzrendite. Fazit: Möglicherweise sollte hier auf die Kennzahl „Stück-DB" verzichtet werden.[17]

Wenn nun aus den Zielen der Finanzperspektive Kennzahlen mit Ist- und Zielwerten festgelegt und die zu ergreifenden Maßnahmen bestimmt sind, so werden diese übersichtlich in einer Zielkarte (score card) zusammengefasst, um für alle Beteiligten transparent zu sein und als Orientierung zu dienen. Die Scorecard der Finanz- und Ergebnisperspektive sieht bspw. so aus:

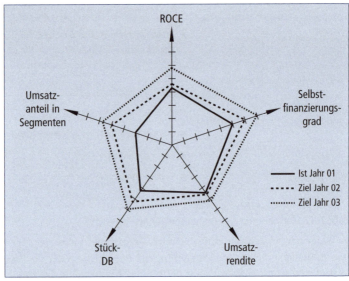

Abb. 2–5: Radardiagramm

Bestimmung der strategischen Ziele	Auswahl der Messgrößen	Ist-Werte	Einigung über Zielwerte	Bestimmung der strategischen Maßnahmen
■ Eigenkapital-rendite erhöhen	■ EKR	14%	20%	■ hin zu langfristigem FK umfinanzieren
■ mehr Unabhän-gigkeit von Außen-finanzierung	■ Selbstfinan-zierungs-grad	30%	80%	■ mehr Gewinn aus-weisen ■ weniger Gewinn ausschütten
■ Nettogewinne erhöhen	■ Stück-DB	25%	35%	■ Materialkosten senken ■ Einkaufsrabatte aus-handeln
■ Überflüssig gebundenes Kapital abbauen	■ Vorrats-quote	15%	9%	■ Fertigungstiefe verrin-gern
	■ Anlagen-intensität	40%	30%	■ Sale-and-Lease-back

Tab. 2–3: Scorecard: Finanzperspektive

2.3.2 Kundenperspektive

In dieser Perspektive werden Kunden- und Marktsegmente fokussiert, in denen die Unternehmung tätig sein möchte. Hintergrund ist, dass z. B. durch Marktanteile nicht nur Umsätze generiert, sondern auch die Stückkosten beeinflusst werden.

Mit der Kundenperspektive können *allgemeine* Ziele und Kennzahlen bestimmt werden, die segmentübergreifend sind und den Erfolg einer Strategie messen, aber auch *spezifische* Ziele und Kennzahlen, die für einzelne Segmente (z. B. SGE) gelten.[18]

Typische Dimensionen, die in der Kundenperspektive gespiegelt werden, sind:[19]

- Markt- und Kundenanteile, ggf. differenziert nach einzelnen Zielgruppen und anderen Marktsegmenten,

- die Kundentreue und Kundenbindung,

- die Neukundengewinnung,

- die Kundenzufriedenheit und

- die Kundenrentabilität, also die mit einzelnen Kunden oder in Marktsegmenten erzielten Nettogewinne.

Darüber hinaus zählen hierzu alle Wertangebote der Unternehmung an den Kunden, um bei diesem Treue und Zufriedenheit zu erreichen, wie Produkt- und Serviceeigenschaften (z. B. Produktqualität, Nachbestelldauer, „alles aus einer Hand"), die Gestaltung der Kundenbeziehungen sowie Image und Reputation als Fremdbilder, wozu speziell auch Bekanntheitsgrad und Assoziationskraft der eigenen Marken zählen.

Allgemeine Ziele der Kundenperspektive sind:

- „Bestimmten Marktanteil erreichen."

- „Kundenzufriedenheit steigern."

- „Kundenbindung erhöhen."

- „Neukunden akquirieren."

Zu den spezifischen Zielen der Kundenperspektive zählen:

- „Marktanteil im Bereich X verdoppeln."
- „Größte Sortimentsbreite im Markt Y anbieten."
- „Image für Produktgruppe Z steigern."
- „Markenwert steigern."

Kennzahlen der Kundenperspektive sind:

- Marktanteil in % des Gesamtmarktes
- Neukundenanteil in % der Gesamtkundenumsätze
- Reklamationsquote
- Wiederverkaufsquote
- Marktanteil in einem bestimmten Marktsegment
- Kundenzufriedenheit (Index oder Note)
- Kundenrentabilität
- Customer Lifetime Value
- Bekanntheitsgrad einer Marke

Die Kennzahlen der Kundenperspektive haben eine Vorlauffunktion, da sie – sinnvoll gebildet und verknüpft – spätere Auswirkungen auf der Finanzebene schon vorher anzeigen. So wird sich bspw. ein bestimmter Marktanteil auf die Umsätze und auf den Cashflow auswirken. Aber auch hier befinden sich nicht alle Kennzahlen tatsächlich auf einer Ebene: So ist z. B. eine Reklamationsquote oder ein Imageindex zeitlich vorversetzt vor dem Marktanteil in einem Segment anzusiedeln.[20] Deshalb sind jene Ziele und Kennzahlen auszuwählen, die im Gesamtkontext (d. h. dem gesamten Wirkungsgefüge) große Aussagekraft haben und ggf. andere Ziele und Kennzahlen einschließen.

Für die Kundenperspektive werden wiederum Ziele aus der Gesamtstrategie abgeleitet, diesen Kennzahlen Ist- und Zielwerte zugeordnet sowie Maßnahmen beschlossen, die der Zielerreichung dienen. Als Ergebnis liegt dann die Scorecard der Kundenperspektive vor:

Ziel	Messgröße	Istwert	Zielwert	Maßnahmen
Marktanteil vergrößern	Marktanteil am Gesamtmarkt	20%	30%	Marketing-Offensive
Neukunden gewinnen	Neukundenanteil	10%	20%	Neukunden-akquisition
Image verbessern	Imageindex	1	1,3	Imagekampagne
Kundenbindung erhöhen	Wiederverkaufs-quote	50%	80%	Kundenbindungs-programm
Kundenzufriedenheit sichern/erhöhen	Zufriedenheits-index	1	1,2	Kommunikation der Produktqualität
Kundenrentabilität steigern	Umsatzrendite für einzelne Kunden	14%	20%	Target Costing ein-führen
…	…	…	…	…

Tab. 2–4: Ziele, Messgrößen und Maßnahmen der Kundenperspektive

Die Kenngrößen der Kundenperspektive wirken auf die der Finanzperspektive, andererseits werden sie von jenen der Prozess- und der Potentialperspektive beeinflusst. So ist z. B. „Kundenzufriedenheit" auch Folge von Verbesserungen auf der Prozess- (z. B. Durchlaufzeitenverkürzung) und der Potentialebene (z. B. Beratungs-Know-how der Mitarbeiter).

Deshalb ist auch hier auf ein in sich stimmiges Kennzahlengefüge zu achten und sind nur solche Kennzahlen auszuwählen, die im Gesamtkontext Relevanz besitzen (auch bzgl. einer Steuerung!) und nicht in anderen Kenngrößen enthalten sind.

Die beispielhaft angeführten Maßnahmen sind teils sehr allgemein, teils schon ziemlich konkret. Das ist durchaus vertretbar, da manche Ziele mit einer treffenden Maßnahme erreicht werden können, während andere ein ganzes Maßnahmenbündel benötigen: So dient z. B. das Target Costing zur marktnahen Preisfindung und zur Kostensenkung sowie zur Funktionsüberprüfung der Produkte im Sinne des Kundennutzens, während z. B. die Einführung eines Kundenbindungsprogramms eine Fülle von Komponenten haben wird. Trotzdem handelt es sich hierbei immer noch um strategische Aktionen zur Erreichung der strategischen Ziele – die operative Umsetzung erfolgt erst in einem späteren Schritt (und wird aus den Scorecards abgeleitet).

Sind alle Ziele der Kundenperspektive definiert und wurden daraus die Messgrößen mit ihren Ist- und Zielwerten abgeleitet sowie die entsprechenden Maßnahmen ausgewählt, so liegt auch für diese Perspektive eine Scorecard vor, die alle beschlossenen Inhalte zusammenfasst; Beispiel s. Tab. 2–5.

2.3.3 Prozessperspektive

Die Prozessperspektive ist die dritte klassische Ebene, aus deren Blickwinkel die Gesamtunternehmensstrategie betrachtet und verdeutlicht werden soll. Gegenstand sind grundsätzlich alle betrieblichen Prozesse (einschließlich Beschaffung, Produktion und Absatz); besonderes Augenmerk liegt außerdem auf Innovationsprozessen und auf dem After-Sales-Bereich. Damit werden explizit die Bereiche Forschung & Entwicklung einbezogen sowie Garantiearbeiten, Reklamationsabwicklung, Zahlungswesen. Die genannten Bereiche bilden einen zusammenhängenden Kundenprozess.

Bestimmung der strategischen Ziele	Auswahl der Messgrößen	Ist-Werte	Einigung über Zielwerte	Bestimmung der strategischen Maßnahmen
■ Kundenbetreuung aktiver gestalten	■ Wiederverkaufsquote	45%	80%	■ Kundenbindungsprogramm einführen
■ Exzellenz im Hochpreissegment	■ Marktanteil im Hochpreissegment	15%	25%	■ Marketing-Offensive starten
■ Mehr Neukunden gewinnen	■ Neukundenanteil	17%	25%	■ Kundendatenbank ausbauen
■ Image verbessern	■ Image-Index	1	1,3	■ Imagekampagne durchführen
■ Kundenrendite erhöhen	■ Umsatzrendite für einzelne Kunden	6%	12%	■ Target Costing einführen

Tab. 2–5: Scorecard: Kundenperspektive

Damit Erkenntnisse aus einzelnen Tätigkeiten zur Verbesserung von Produkten und Service und damit zur Steigerung der Kundenzufriedenheit dienen, müssen sie quer durch die Prozesse kommuniziert werden: So wird ein Außendienstmitarbeiter mit speziellen Mängeln und Bedarfen konfrontiert werden, die er als Wissensinput an die Beteiligten an betrieblichen- und/oder Innovationsprozessen weitergeben muss, um nachhaltig die Kundenbedürfnisse zu befriedigen.

Bei den Zielen der Prozessperspektive geht es um die drei Dimensionen Zeit, Kosten und Qualität, die in enger Beziehung zueinander stehen – so braucht z. B. Ausschuss als Güter mit mangelhafter Qualität Zeit zur Nachbearbeitung bzw. Ersatzproduktion und verursacht zusätzliche Kosten. Ziel muss daher sein, ohne Verzögerung in der geforderten und konstanten Qualität zu produzieren, wobei Prozesskosten und Prozesszeiten zu minimieren sind.

Mögliche Ziele der Prozessperspektive sind:

- Senkung der Durchlaufzeiten
- Liegezeiten minimieren
- Null-Fehler-Produktion
- Angebotseffektivität
- Verbesserung der Prozessqualität
- Standardisierung/Modularisierung erreichen
- effizientes Projektmanagement

Auch hier sind die Ziele auszuwählen, die am besten geeignet sind, die Strategie zu verwirklichen. Außerdem ist darauf zu achten, dass die wesentlichen Ziele herausgefiltert werden, die ggf. andere inkludieren: so ist z. B. „Null-Fehler-Produktion" eine Unterausprägung von „Verbesserung der Prozessqualität"; trotzdem können ggf. beide ausgewählt werden, wenn dies den Belangen der Unternehmung entspricht.

Für die definierten Ziele sind anschließend geeignete Messgrößen festzulegen, anhand derer die Zielerreichung adäquat überprüft werden kann. In Frage kommen bspw.:

- Fehlerquote
- Ausschussquote
- Nachbearbeitungsquote

- Anzahl Reklamationen
- Angebotserfolgsrate
- durchschnittliche Durchlaufzeit (absolut)
- Bearbeitungszeit in % der Durchlaufzeit
- Bauteilegleichheitsanteil in % aller Teile
- Rüstzeitanteil je Losgröße (oder je Zeiteinheit)
- Ausfallgrad von Maschinen
- Time-to-Market

Gerade die letztgenannte Kennzahl wird immer bedeutsamer: In Zeiten von zunehmend verkürzten Marktzyklen müssen auch die Entwicklungszyklen kürzer werden, um schneller die Produkte bereitzustellen, die den Kundenwünschen entsprechen.

Auch hierzu sind wiederum strategische Aktionen zu benennen, die versprechen, die gewünschten Ziele und Zielwerte bestmöglich zu erreichen. Die daraufhin entwickelte Scorecard kann z. B. diese Inhalte aufweisen:

Ziel	Messgröße	Istwert	Zielwert	Maßnahmen
Null-Fehler-Produktion	Fehlerquote	6%	< 1%	- vorgelagerte Qualitätskontrollen
Durchlaufzeiten verkürzen	manufacturing cycle effectiveness (MCE)[21]	10%	70%	- Funktionsanalyse durchführen - Prozesse parallelisieren - Liegezeiten abbauen - Rüstzeiten minimieren
Standardisierung erhöhen	Bauteilegleichheitsanteil	25%	50%	- Fertigungstiefe verringern - Teilevarianten reduzieren
Time-to-Market	Break-Even-Time (BET)[22]	3 Jahre	1,5 Jahre	- Produktvariationen schneller anbieten - Entwicklungskooperationen
...	...	...		

Tab. 2–6: Scorecard: Prozessperspektive

In den vorangegangenen Beispielen wurden (industrielle) Entwicklungs- sowie Produktionsprozesse hervorgehoben, die aber durchaus auf den Dienstleistungsbereich übertragbar sind. Selbstredend sind auch Prozesse im indirekten Bereich zu überprüfen und können bei Relevanz in die Prozess-Scorecard aufgenommen werden. Ein Beispiel hierfür wären Kommunikationsprozesse, die es zu beschleunigen gilt; Workflow-Management und Abbau von (verzögernden) Schnittstellen wären dafür mögliche Maßnahmen.

Als Ergebnis der Ableitung der Ziele, der Definierung von Messgrößen und Zuordnung von Ist- und Zielwerten sowie der Bestimmung von Maßnahmen liegt eine übersichtliche Scorecard vor, die alle Eckdaten enthält:

Bestimmung der strategischen Ziele	Auswahl der Messgrößen	Ist-Werte	Einigung über Zielwerte	Bestimmung der strategischen Maßnahmen
■ Null-Fehler-Produktion	■ Fehlerquote	■ 45%	■ 80%	■ vorgelagerte Qualitätskontrollen
■ interne Logistik verbessern	■ MCE	■ 15%	■ 25%	■ Kanban-System einführen ■ Prozessanordnung effizienter gestalten
■ Kosten der Produktionsprozesse senken	■ Produktionskosten in % des Umsatzes	■ 17%	■ 25%	■ Prozesskostenrechnung einführen
■ Time-to-Market beschleunigen	■ Break-Even-Time	■ 1	■ 0,7	■ Modularisierung ■ Entwicklungspools

Tab. 2–7: Scorecard: Prozessperspektive

2.3.4 Mitarbeiterperspektive

Als vierte klassische Perspektive untersucht die Mitarbeiter-, Potential- oder Lern- und Entwicklungsperspektive die Unternehmung aus dem Blickwinkel der Humanressourcen sowie der Informationsversorgung. Sie bildet sozusagen die Basis für alle darüber stehenden Perspektiven: Ohne ein ausgeprägtes Commitment der

Mitarbeiter werden Prozesse suboptimal durchgeführt, ohne die Bereitschaft zum Lernen wird manches nötige Know-how nicht geschaffen und ohne gutes Betriebsklima können Fehltage (und damit Kosten) nicht abgebaut werden. Diese Beispiele skizzieren bereits die Dimensionen, um die es auf dieser Ebene geht. Auch hier sind sowohl allgemeine als auch spezielle Ziele formulierbar; so ist bspw. eine hohe Mitarbeiterzufriedenheit ein allgemeineres Ziel als z. B. die Senkung der Fluktuationsrate.

Mögliche Ziele der Mitarbeiterperspektive sind:

- Betriebsklima verbessern

- Fehlzeiten minimieren

- Mitarbeiter-Know-how erhöhen

- Personalkosten reduzieren

- Informationsabläufe und -nutzung verbessern

Messgrößen für die Mitarbeiterperspektive sind bspw.:[23]

- Fluktuationsrate

- Fehltage je Mitarbeiter

- Mitarbeiterproduktivität

- Deckungsbeitrag je Mitarbeiter

- Mitarbeiterzufriedenheitsindex

- Schulungstage je Mitarbeiter

- Weiterbildungsbedarf in Zeit je Mitarbeiter

- Verbesserungsvorschläge je Mitarbeiter oder je Team

- Anzahl der Teamprämien

- Anteil der Mitarbeiter mit kundenbezogenem Zugriff auf Informationssysteme

- erhältliche Informationen in % der benötigten Information

- DV-Nutzungsstunden der Geschäftsführung

- Verinnerlichungsgrad neuer Visionen/Strategien

- Unterstützungsgrad durch andere Geschäftseinheiten

Auch hier ist zu beachten, dass nicht alle Ziele bzw. Messgrößen auf derselben zeitlichen Ebene liegen – manche sind vorgelagert und damit tatsächliche Frühindikatoren (z. B. Weiterbildungsbedarf), andere wirken erst zeitversetzt (z. B. Mitarbeiterzufriedenheit) oder gar noch später (z. B. Kündigungsrate). Ähnlich verhält es sich mit „Anzahl der Teamprämien" und „Verbesserungsvorschläge je Team": Letztere ist zeitlich früher anzusiedeln. Insgesamt wirken speziell Messgrößen der Mitarbeiterzufriedenheit, der Mitarbeitertreue und der Mitarbeiterproduktivität relativ spät und langfristig[24] – man denke bspw. an den immensen Schaden, der durch „innere Kündigung" entstehen kann; deshalb ist hier ebenfalls eine besondere Sorgfalt bei der Auswahl geeigneter Kennzahlen nötig.

Nachstehend seien mögliche Ziele und Messgrößen sowie Ist- und Zielwerte exemplarisch zusammengefasst:

Ziel	Messgröße	Istwert	Zielwert	Maßnahmen
betriebliches Know-how erhöhen	Verbesserungsvorschläge je Mitarbeiter oder je Team	5 je Jahr	15 je Jahr	■ verstärkt Eigenkontrolle einfordern ■ teambezogene Schulungen
Informationsabläufe und -nutzung verbessern	DV-Nutzungsstunden der Geschäftsführung	8%	15%	■ gemeinsame Datenpools aufbauen ■ benutzerfreundliche Programme ■ Stelle eines Information-Broker schaffen
Personalkosten (relativ) reduzieren	Mitarbeiterproduktivität	1	1,2	■ leistungsbezogenes Anreizsystem einführen ■ Transparenz als Motivator
Betriebsklima verbessern	Mitarbeiterzufriedenheitsindex	1	1,4	■ Coaching ■ mehr Selbstverantwortung delegieren
…	…	…	…	■ …

Tab. 2–8: Ziele, Messgrößen und Maßnahmen der Mitarbeiterperspektive

Allerdings scheinen gerade Zielvorgabe und Einsatz von Kennzahlen auf der Potentialebene in der Praxis noch Mangelware zu sein.[25]

Dies lässt sich mit dem weit verbreiteten Hang zu Zahlen erklären[26] – Finanz- und Ergebnisgrößen liegen von vornherein als Zahlen vor, ebenfalls quantitativer Natur sind seit langem genutzte Beurteilungsgrößen der Kunden- sowie der Prozessperspektive. Von daher kann für die ersten drei Perspektiven vielfach auf bereits im Einsatz befindliche (und damit bekannte und erprobte) Kennzahlen zurückgegriffen werden.

Anders hingegen auf Ebene der Mitarbeiter und Potentiale: Dort handelt es sich vielfach um „weiche" Faktoren (z. B. Betriebsklima), die traditionell gerne vernachlässigt werden – obwohl zunächst qualitativer Natur und damit schwerer fassbar, sind die zu messenden Phänomene durchaus quantifizierbar. Allerdings spielen dabei zahlreiche Aspekte mit hinein (bspw. ist „Betriebsklima" das Ergebnis aus...?), die ggf. nur schwer mit einer Kennzahl erfasst werden. Von daher ist hier besonders darauf zu achten, dass die gewählte Messgröße den zu beobachtenden Aspekt widerspiegelt. Sofern noch keine geeignete Kennzahl entwickelt wurde, kann der abzubildende Sachverhalt zunächst auch in Textform beschrieben werden.[27]

Auf der Ebene der Potentiale kommt eine Fülle von Maßnahmen in Frage, um die gesteckten Ziele zu erreichen. Zum Teil betreffen diese die unterschiedlichsten Aspekte der Mitarbeiterführung (wie z. B. Motivation), der Personalentwicklung, ebenso aber auch die Steigerung des in der Unternehmung verfügbaren Know-hows, wozu neben gezielten Schulungen insbesondere auch der Zugriff auf vorhandenes Wissen zählt, wie es durch sinnvolle und benutzerfreundliche Nutzung der Informationssysteme ermöglicht wird.

Zu den möglichen Maßnahmen der Mitarbeiterperspektive zählen:

- leistungsbezogene Anreizsysteme
- Coaching-Kompetenz der Führungskräfte erhöhen
- Mehr Selbstverantwortung der Mitarbeiter
- Selbstlernende Organisation implementieren
- mitarbeiter- und teamspezifische Schulungen durchführen
- Mitarbeiter ihren (erreichbaren) Fähigkeiten entsprechend einsetzen

- Informationssysteme nutzergerecht gestalten
- internes Marketing der Ziele und Möglichkeiten
- regelmäßig Roundtable-Gespräche mit heterogen besetzen Mitarbeitern abhalten, um Schwachstellen zu erkennen

Die Scorecard der Mitarbeiterperspektive kann folgende Inhalte aufweisen:

Bestimmung der strategischen Ziele	Auswahl der Messgrößen	Ist-werte	Einigung über Ziel-werte	Bestimmung der strategischen Maßnahmen
■ Betriebsklima verbessern	■ MA-Zufrieden-heitsindex	1	1,4	■ Informelle Netz-werke nutzen
	■ Fluktuationsrate	15%	< 5%	■ Coaching verstärken
■ betriebliches Know-how ausbauen	■ Verbesserungs-vorschläge je Team	5 je Jahr	15 je Jahr	■ Schulungen inten-sivieren ■ Think-tanks etablieren
■ bessere Nutzung der Informations-ressourcen	■ Zugriffe je Monat auf be-stimmte Daten	180 x	300 x	■ benutzerfreund-liche Datenpools implementieren
■ Leistung der Mitarbeiter erhöhen	■ DB je Mitarbeiter	30%	40%	■ leistungsbezogene Entlohnung

Tab. 2–9: Scorecard: Mitarbeiterperspektive

2.3.5 Weitere Perspektiven

Bisher wurden die klassischen vier Perspektiven vorgestellt, wie sie von *Kaplan* und *Norton* als Basis formuliert und von rund 75% der deutschen Unternehmen mit einer BSC auch übernommen wurden.[28] Dass diese nicht ganz überschneidungsfrei sind, wurde bereits deutlich: So sind z. B. Informationsprozesse der Mitarbeiter- und Potentialperspektive zurechenbar (sofern sie der besseren Informationsversorgung und dem Wissensmanagement dienen; daher auch Lern- und Entwicklungsperspektive), andererseits auch der Prozessperspektive, da es um Informationsprozesse und deren Effizienzsteigerung geht. Ähnlich ist es mit Kosten: Diese spielen zwar wesentlich in Messgrößen der Finanzperspektive hinein, ebenfalls aber auf mögliche Kennzahlen aller anderen Ebenen. Letztlich spielt das aber keine Rolle, solange bei der Ermittlung der Kennzahlen und Ziele insgesamt ein logischer Ursache-Wirkungszusammenhang abgebildet wird[29] und Redundanzen vermieden werden.

Auch insofern sind die hier dargestellten Perspektiven mit ihren Zielen, Kennzahlen und Maßnahmen nur als Orientierung mit Vorschlagscharakter zu sehen – welche Zuordnung zu welcher Perspektive letztlich gewählt wird, muss jede Unternehmung für sich selbst entscheiden. Wichtig dabei ist nur, dass die Unternehmung tatsächlich aus verschiedenen Blickwinkeln (und nicht einseitig bspw. aus Kostensicht) betrachtet wird, dass die Ziele und Kennzahlen relevant zur Erfüllung der Gesamtstrategie sind und schließlich, dass alle ausgewählten Größen in einem plausiblen Zusammenhang stehen.

Als weitere Kritik kann angeführt werden, dass zwar Ergebnisse, Kunden und Märkte, Prozesse und Potentiale besonders fokussiert werden, nicht aber explizit die Kernleistung der Unternehmung: das Produkt. Zwar sind nach *Kaplan/Norton* diverse Produktziele in der Finanzperspektive enthalten,[30] aber dies vor allem aus Sicht der erzielten Erträge. Insofern liegen damit nur Spätindikatoren vor, die für eine frühzeitige Steuerung nicht taugen. Und schließlich ist „Kundenzufriedenheit" nicht nur ein Resultat von (Service-)Prozessen, sondern eben hauptsächlich auch vom Produkt mit seinen Eigenschaften abhängig. Von daher müsste eine Produktperspektive „unterhalb" der Kundenperspektive angesiedelt sein – ggf. zwischen Prozess- und Kundenperspektive, da die Produkte von der Mitarbeiter- als auch der Prozessperspektive beeinflusst werden (man denke bspw. an sog. Montagsautos).

Da jede Unternehmung ihre Balanced Scorecard unternehmungsspezifisch entwickeln sollte, ist zulässig, Perspektiven auszutauschen oder weitere Perspektiven einzuführen, wenn diese den Blick auf relevante Faktoren lenken. So kann z. B. für ein Handelsunternehmen eine Lieferantenperspektive durchaus bedeutsamer sein als die Kundenperspektive. Nachfolgend werden einige Perspektiven vorgestellt, die als Ersatz oder zusätzlich aufgenommen werden können. Es ist allerdings darauf zu achten, dass nicht zu viele, sondern nur die wesentlichen Blickwinkel eingenommen werden, um die Unternehmung mit Erfolgsfaktoren darzustellen. Und jedenfalls müssen die Ziele und Messgrößen der gewählten Perspektiven in sich schlüssig sein und nachvollziehbare Ursache-Wirkungszusammenhänge darstellen.

Weitere mögliche Perspektiven sind:[31]

- Lieferantenperspektive[32]

- Kreditgeberperspektive[33]

- öffentliche Perspektive (Staat)[34]

- Gesellschaftsperspektive[35]

- technische Perspektive[36]

- Partnerperspektive (Lieferanten, Kooperationspartner, Konzern usw.)[37]

- Kooperationsperspektive[38]

- Umweltperspektive(n), ggf. differenziert nach aufgabenspezifischer und nach allgemeiner Umwelt[39]

Deutlich ist auch hier zu sehen, dass die genannten Perspektiven nicht überschneidungsfrei sind, sondern aus unternehmungsspezifischen Belangen unterschiedlich akzentuiert werden: So ist bspw. die Kooperationsperspektive einmal gesondert formuliert, ein anderes Mal in der Partnerperspektive enthalten. Ähnlich verhält es sich bspw. bei *Infineon,* wo als fünfte Betrachtungsebene eine Innovations- und Technologieperspektive gewählt wurde, womit der Innovationsaspekt aus der Potentialperspektive herausgelöst wurde, die damit folgerichtig „Human-Resources-Perspektive" heißt.[40]

Welche Perspektiven letztlich auch gewählt werden, in jedem Fall müssen die einzelnen Ziele nicht nur der Erfüllung der Strategie dienen, sondern auch in sich ein stimmiges Ganzes bilden. Ebenso müssen die Kennzahlen tatsächlicher Gradmesser für die Zielerreichung sein und die Maßnahmen zur Erfüllung der gesteckten Zielwerte passen. Diese Elemente werden in den nächsten Kapiteln beleuchtet.

2.4 Zielfindung und Maßnahmen

Ausgangspunkt jeder einzelnen Scorecard sind die strategischen Ziele dieser Perspektive, die aus der Strategie abgeleitet werden. Es gibt vielfältige Möglichkeiten, Ziele zu kategorisieren, z. B. in Ober- und Unterziele, Gesamt- und Funktionsbereichsziele usw.[41] Nach ihrem Inhalt reicht hier eine Differenzierung in:[42]

■ **Sachziele**: Dieses sind zunächst nicht-monetäre Ziele, wie z. B. ein bestimmtes Produktprogramm in einer bestimmten Qualität oder ein angestrebter Marktanteil (Leistungsziele).

■ **Wertziele** sind monetärer Natur und lassen sich damit in Geldeinheiten ausdrücken, wie z. B. Umsatzziele, Liquiditätssicherung, Renditeziele.

■ **Sozialziele** haben einen qualitativen Charakter und sind ursächlich nicht in Geldgrößen ermittelbar. Hierzu gehören Imageziele, Wertsteigerungsziele, gesellschaftliche Ziele, Humanziele, Umweltschutz und dgl. mehr.

Zur Zielfindung im Rahmen der BSC müssen zwei Fragen geklärt werden:

(1) Wie viele Ziele (und entsprechend Kennzahlen) werden benötigt, um die Unternehmung abzubilden?

(2) Wie ist der Zusammenhang zwischen den einzelnen Zielen bzw. wie wird gewährleistet, dass diese logisch verknüpft werden?

Zunächst einmal gilt, dass die Menge der Ziele und Kennzahlen überschaubar bleiben soll. Flapsig-amerikanisch wird z. B. mit „twenty is plenty" gefordert, bei vier Perspektiven maximal je fünf Ziele zu definieren. Obwohl in der Praxis gelegentlich auch mehr festgelegt werden, sollte die BSC nicht wieder zu einem Kennzahlenfriedhof verkommen. Außerdem ergibt sich die Beschränkung auf wenige Ziele und Kennzahlen aus zwei weiteren Gründen: So viele, tatsächlich *strategischen* Ziele existieren in einer Unternehmung i. d. R. nicht; da aber in der BSC keine operativen Ziele postuliert werden sollen, ergibt sich insofern schon eine beschränkte Anzahl. Außerdem soll über die Ziele und ihre entsprechenden

Kennzahlen eine Steuerung erfolgen; damit diese nachvollziehbar bleibt, ist wiederum eine Beschränkung auf die wesentlichen erfolgswirksamen Messgrößen nötig.

Wir fassen zusammen: Für jede Perspektive sind zwischen drei und fünf Ziele und Kennzahlen zu bestimmen – bei den Maßnahmen können es dann etwas mehr sein.

Zum zweiten Aspekt, dem plausiblen Ableiten der Perspektivziele aus der Gesamtstrategie: Tatsächlich kann eine Fülle von Zielen formuliert werden. Allerdings sind einige davon zu grundlegend (Basisziele), andere viel zu konkret (Maßnahmen). Nur der Rest dazwischen taugt als strategisches Ziel einer Perspektive:

- **Basisziele** sind grundlegender Natur, wie z. B. Existenzsicherung der Unternehmung, Liquidität sicherstellen, Möbel herstellen, Mitarbeiter fair zu behandeln usw.

- **Maßnahmen** sind sehr konkret und haben einen Detailaspekt im Visier, wie z. B. Kundendatenbank erstellen, Imagekampagne fahren, Callcenter einrichten, Mitarbeiter in Kundenservice schulen usw. Bei einem ersten Brainstorming werden gerne solche Maßnahmen genannt, die aber den Blick für den Gesamtzusammenhang vermissen lassen.

- **Strategische Ziele** stehen in der Mitte zwischen Basiszielen und Maßnahmen. Von ihnen hängt der Erfolg der Strategie ab. Damit haben sie eine hohe Wettbewerbsrelevanz sowie einen hohen Handlungsbedarf.[43] Was genau als strategische Ziele definiert wird, hängt von den Gegebenheiten und Bedürfnissen der Unternehmung ab. Jedenfalls betrachten sie einen Gesamtkomplex und sind damit konkreter als Basisziele, aber auch umfassender und allgemeiner als Maßnahmen.[44]

Es gilt also, die richtigen Ziele herauszufiltern. Damit sie nicht zu konkret, aber auch nicht zu allgemein definiert werden, kommt es sozusagen „auf die richtige Flughöhe" an. Anders ausgedrückt: Ob etwas Ziel oder Maßnahme ist, hängt vom Betrachtungswinkel ab: Strategische Ziele sind für eine Perspektive allgemeinverbindlich und decken einen Themenkomplex ab (z. B. „Kundenbindung erhöhen"), während Maßnahmen für ein bestimmtes Ziel konkrete Hebel zur Umsetzung sind (z. B. „Callcenter einrichten"). Ohne

Zweifel gibt es auch Fälle, bei denen ein Ansatzpunkt einerseits Maßnahme, andererseits Ziel sein kann (dann mit entsprechenden Detailmaßnahmen als Folge). So mag z. B. die Einführung der Prozesskostenrechnung ein Ziel, aber auch eine Maßnahme sein.

Aus der Fülle der ermittelten strategischen Ziele sind jene wenigen auszuwählen, die Relevanz besitzen und in die BSC aufgenommen werden sollen. Dazu werden Filter benötigt, um die Relevanz zu beurteilen. Als Kriterien zur **Filterung strategischer Ziele** kommen bspw. in Frage:[45]

- vorhandene Kernkompetenzen,
- Anforderungen und Erwartungen der Markt- und Kundensegmente,
- relevante Kernprozesse der Unternehmung,
- Verfügbarkeit finanzieller, technologischer und personeller Ressourcen,
- der „Fit" zur Unternehmenskultur sowie
- die Potentiale aus Partnerschaften, Allianzen und Netzwerken.

Vereinfachend bzw. exemplarisch kann zur Ableitung strategischer Ziele eine Beurteilung bzgl. der beiden Kriterien „Wettbewerbsrelevanz" und „Handlungsnotwendigkeit" herangezogen werden. Der Fokus der BSC liegt auf jenen Zielen, die in beiden Kriterien eine hohe Ausprägung besitzen.

Als weiteres Dilemma bei der Zielformulierung ist zu nennen, dass nicht jedes Ziel auch ausschließlich von der betrachteten Einheit beeinflusst wird, z. B. weil diese keinen Zugriff auf bestimmte Ressourcen hat. Deshalb sollten in jeder Perspektive nur solche Ziele aufgenommen werden, die auch in der „zone of influence" liegen, d. h., dass sie von den entsprechenden Einheiten (der Perspektive) – z. B. dem Marketing für die Imagepflege oder die Produktion für Durchlaufzeitziele – beeinflusst werden. Nur dann kann über die entsprechenden Kennzahlen eine Steuerung erfolgen und machen an die Messgrößen gekoppelte Anreizsysteme Sinn.

Bei der Auswahl der Ziele ist darauf zu achten, dass sie einen logischen *Ursache-Wirkungszusammenhang* bilden, d. h., dass Ziele einer Perspektive (maßgeblich) auf solche einer übergeordneten

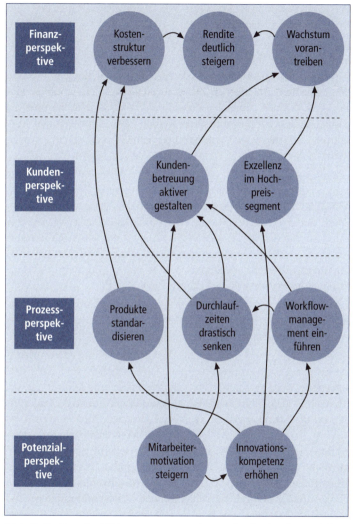

Abb. 2–6: Ursache-Wirkungszusammenhang durch vier Perspektiven (Grafik vgl. Jossé (2003), S. 142)

Perspektive wirken – im Sinne von Wenn-Dann-Aussagen. Dies wird beispielhaft dargestellt (Abb. 2–6).

In einem Ursache-Wirkungsdiagramm sind nicht sämtliche denkbaren, sondern nur die wesentlichen und direkt beeinflussenden Verbindungen abzubilden. Die dargestellten Beziehungen zwischen den einzelnen strategischen Zielen werden damit zwar nicht bewiesen, aber in einen plausiblen Zusammenhang gebracht, der über die Visualisierung gut kommuniziert werden kann. Im folgenden Ausschnitt soll dies noch einmal beispielhaft verdeutlicht werden (Abb. 2–7).

Erläuterung: ein erhöhtes Fachwissen der Mitarbeiter (Kennzahl: z. B. Schulungsquote oder Team-Schulungsbedarf) wirkt verbessernd auf die Prozessqualität und senkt die Prozessdurchlaufzeit. Diese wiederum ermöglichen eine pünktliche Lieferung, die zur Kundentreue beiträgt. Eine stärkere Kundentreue wird sich in stabilen bzw. erhöhten Umsätzen auswirken (dieser Zwischenschritt ist im Ausschnitt nicht abgebildet), was wiederum die Rendite beeinflusst – hier im Sinne einer Erhöhung des ROCE.

Damit wird für jeden der auf einer Perspektive betroffenen Bereiche, Abteilungen bzw. Mitarbeiter der eigene Beitrag zur gesamten Zielerreichung und damit der eigene Stellenwert deutlich.

Bleibt die Frage, wie die Ursache-Wirkungsbeziehungen von Kennzahlen im Detail ermittelt werden. Grundsätzlich sind dazu verschiedene Wege möglich:[46] Eine *logische Herleitung* kommt ggf. bei monetären Größen in Frage, hat aufgrund ihrer hohen Anforderungen an die Strukturiertheit aber klare Grenzen. Eine *empirisch-induktive Herleitung* basiert letztlich auf Vergangenheitswissen (Istwerten), und ist somit nur bedingt zur Umsetzung neuer Strategien tauglich. Außerdem unterliegt der strategische Bereich insgesamt einer hohen Unsicherheit (z. B. bzgl. Umweltveränderungen und dem Auftauchen neuartiger Phänomene = Diskontinuitäten) und schließlich bestehen zwischen den einzelnen Zielen vielfach Interdependenzen, sodass Kausalitäten kaum darstellbar sind[47] (Was ist letztlich ursächlich für eine Umsatzsteigerung verantwortlich?).

Die *Intuition und das Erfahrungswissen* von Managern sollten bei der Zielformulierung unbedingt genutzt werden. Dies geschieht

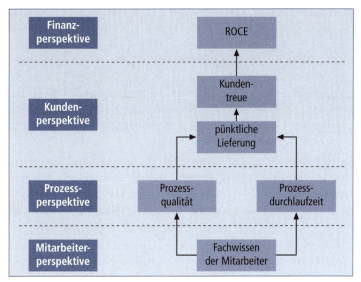

Abb. 2–7: Grundmuster von Ursache-Wirkungsbeziehungen (Grafik vgl. Kaplan/Norton (1997), S. 29)

auch bei der empirisch-theoretischen Herleitung: Mit der Entwicklung der BSC soll gerade ein Diskurs angeregt werden, d. h. ein Austausch über Erfahrungswissen stattfinden. So kann überprüft werden, ob bestimmte Annahmen tatsächlich plausibel sind, ob sie Ausnahmeerscheinungen oder mehrheitlich gültig sind. Da Hinterfragen und Überprüfen sozusagen immanenter Bestandteil des BSC-Konzeptes ist, wäre demnach die empirisch-theoretische Herleitung am besten geeignet, um Ziele und Kennzahlen in einen plausiblen, also Kausalzusammenhang zu stellen.[48]

Ob dieser Zusammenhang allerdings immer konsistent, d. h. für alle Situationen gültig ist, ist nicht immer gegeben: Es existieren durchaus Mehrdeutigkeiten und Gegenläufigkeiten zwischen einzelnen Zielen bzw. Kennzahlen – nur selten werden eindeutige, monokausale Beziehungen bestehen.

Ein Beispiel soll dies illustrieren: In der letzten Grafik wurde ein Zusammenhang zwischen Fachwissen der Mitarbeiter, Prozessqualität

55

und -durchlaufzeit, Kundentreue und ROCE dargestellt. Das mag durchaus plausibel sein, ob es sich aber (als Hypothese) uneingeschränkt halten lässt, müsste erst geklärt werden. Die Darstellung unterstellt einen Automatismus, nämlich, dass u. a. mit einer höheren Prozessdurchlaufzeit „automatisch" die Kundentreue und die Kapitalrendite steigen – möglicherweise ist dem Kunden (aufgrund bestimmter Präferenzen) die Prozessdurchlaufzeit jedoch ziemlich gleichgültig. Oder es sind weitere Wirkungen möglich, die erst in einer Detailbetrachtung deutlich werden.

Es fällt also oft schwer, Eins-zu-eins-Kausalitäten zu bestimmen. Aus der Not eine Tugend machend kann deshalb festgehalten werden, dass die Beziehungen zwischen Zielen bzw. Kennzahlen sorgfältig überprüft werden müssen, wobei die Hinterfragung und Diskussion von Erfahrungswissen sicher wertvolle Beiträge liefert.

In diesem Sinne (und zur Lösung des obigen Dilemmas!) dient die nachfolgend vorgestellte Zielmatrix dazu, die Wirkungen einzelner Ziele auf andere zu überprüfen. Dazu werden alle (möglichen) Ziele der einzelnen Perspektiven aufgelistet und dahingehend überprüft, inwieweit sie andere (gesammelten) Ziele beeinflussen bzw. von diesen beeinflusst werden:[49]

Die Beeinflussung jedes Zieles wird bspw. mit Werten von 0 bis 3 bewertet und in die Zielmatrix eingetragen. Dabei bedeutet:[50]

- „3": eine leichte Veränderung von Ziel X wirkt sich überproportional auf Ziel Y aus,

- „2": die Veränderung ist ungefähr proportional, d. h. eine gewisse Veränderung von Ziel X wirkt sich ungefähr gleich stark auf Ziel Y aus,

- „1": eine starke Veränderung von Ziel X wirkt auf Ziel Y nur schwach, also unterproportional, und

- „0": es besteht kein Zusammenhang zwischen den Zielen.

		Finanzen			Kunden			Prozesse			Potentiale			Aktiv-summe	Produkt
		A	B	C	D	E	F	G	H	I	J	K	L		
Finanzen	A														
	B														
	C														
Kunden	D														
	E														
	F														
Prozesse	G														
	H														
	I														
Potentiale	J														
	K														
	L														
Passivsumme															
Quotient															

Tab. 2–10: Zielmatrix

Nachdem alle Zielbeziehungen überprüft und bewertet sind, werden durch Addition der Zeilen- bzw. Spaltenwerte die Aktiv- und die Passivsummen gebildet. Eine hohe *Aktivsumme* drückt aus, dass ein Ziel andere stark beeinflusst, eine hohe *Passivsumme* hingegen, dass dieses Ziel stark durch andere beeinflusst wird. Beispiel: Die Ziele „hohe Rendite" und „Verkürzung der DLZ" wirken (möglicherweise) so, dass die Verkürzung der DLZ Kosten einspart und die Attraktivität für den Kunden steigert, und beide letztlich Ursachen für eine Renditeerhöhung sind. Da eine umgekehrte Wirkung jedoch nicht feststellbar ist, wird insofern das Ziel „hohe Rendite" eine niedrige Aktiv- und eine hohe Passivsumme aufweisen, das Ziel „Senken der DLZ" eine hohe Aktiv- und eine eher niedrige Passivsumme (hier fließen noch die Auswirkungen der vorgelagerten Ziele der Potentialperspektive ein, wie z. B. das Fachwissen der Mitarbeiter).[51]

Zusätzlich kann für jedes Ziel das *Produkt* aus Aktiv- mal Passivsumme gebildet werden: ein hohes Produkt kennzeichnet ein Ziel, das in hohem Maße selbst beeinflusst als auch von anderen beeinflusst wird; damit hat es als *kritisches* Ziel eine hervorragende Bedeutung im Systemzusammenhang. Ziele mit kleinem Produkt weisen dagegen auf eine eher untergeordnete Bedeutung hin und wirken puffernd.

Dividiert man die Aktiv- durch die Passivsumme eines Zieles, so erhält man dessen *Quotient:* bei einem Quotienten > 1 nimmt das Ziel eine eher aktive Rolle im Zielsystem ein, ein Quotient < 1 kennzeichnet eine eher passive Rolle.[52]

Diese Ergebnisse können anschließend in einer Matrix visualisiert werden (siehe Abb. 2–8) und zeigen so deutlich die kritischen Ziele, aber auch jene, die eher aktiv, reaktiv oder puffernd wirken. Dabei stellt sich ggf. heraus, dass vorher als wichtig angenommene Ziele eine nur sehr geringe Wirkung im Gesamtzusammenhang haben und daher vielleicht durch Ziele mit höherer Relevanz ersetzt werden sollten.

Zwischenbemerkung: Wenn diese Methodik auch mit viel Intuition und Erfahrungswissen arbeitet (anstelle von definitionslogischen Herleitungen), so wird doch sichergestellt, dass ein hohes Diskussionsmoment institutionalisiert wird und die bisherigen Annahmen hinterfragt werden. Auf diese Weise wird die Tragweite der BSC deutlich kommuniziert und insgesamt das vernetzte Denken gefördert. Durch die relativ einfache Beurteilung der Zielwirkungen wird außerdem sichergestellt, dass tatsächlich jene Ziele formuliert und in der Umsetzung verfolgt werden, die bzgl. der Gesamtstrategie von besonderer Bedeutung sind.

Ein verkürztes Beispiel soll die Vorgehensweise verdeutlichen. Für ein Unternehmen wurden folgende Ziele identifiziert:

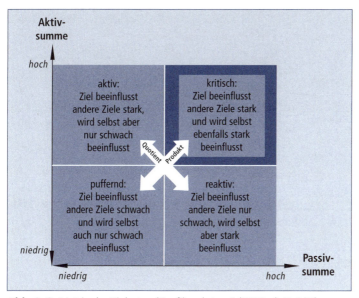

Abb. 2–8: Matrix der Zielarten (Grafik vgl. Jossé (2003 a), S. 147)

■ Finanzperspektive:	(A)	„Wachstum vorantreiben"
	(B)	„Rendite deutlich steigern"
■ Kundenperspektive:	(C)	„Kundenbindung aktiver gestalten"
	(D)	„Marktanteil deutlich erhöhen"
■ Prozessperspektive:	(E)	„Bauteile standardisieren"
	(F)	„Durchlaufzeiten halbieren"
■ Potentialperspektive:	(G)	„Informationsnutzung deutlich verbessern"
	(H)	„Fachwissen der Mitarbeiter steigern"

Tab. 2–11: Perspektivziele

Die Ziele werden anschließend bzgl. ihrer Einflusswirkung bewertet; dies ergibt folgende Ergebnisse:

◇ wirkt auf ◇		Finanzen		Kunden		Prozesse		Potentiale		Aktiv-summe	Pro-dukt
		A	B	C	D	E	F	G	H		
Finanzen	A		2	1	1	0	0	2	1	7	126
	B	3		0	1	0	0	0	0	4	56
Kunden	C	3	2		3	1	0	2	1	12	120
	D	3	3	2		1	1	1	0	11	154
Prozesse	E	3	3	1	2		3	1	0	13	65
	F	2	3	2	3	0		0	0	10	80
Potentiale	G	2	1	2	3	2	3		3	16	128
	H	2	0	2	1	1	1	2		9	63
Passivsumme		18	14	10	14	5	8	8	7		
Quotient		0,4	0,3	1,2	0,8	2,6	1,3	2,0	1,3		

Tab. 2–12: Zielmatrix (Cross-Impact-Analyse)

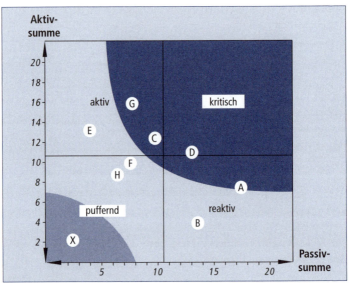

Abb. 2–9: Zielmatrix (Zielportfolio)

Bei einem Zeilen- bzw. Spaltenmaximum von jeweils 21 (7 mal Wert 3) ergibt sich Folgendes:

Eine hohe *Aktivsumme* und damit eine starke Auswirkung auf andere Ziele haben die Ziele C, D, E und vor allem G – gerade letzteres (die verbesserte Nutzung von Informationen) wirkt auf alle anderen Ziele, teils sogar sehr stark. Ziel H hat mit einem Gesamtwert von 9 eine insgesamt niedrige Aktivsumme, was insofern erstaunt, als sich das gesteigerte Fachwissen doch auf die Ziele der anderen Perspektiven auswirken sollte.

Eine hohe Passivsumme und damit Zeichen dafür, dass sie selbst stark beeinflusst werden, haben vor allem die Ziele A, B und D; dies war im Wesentlichen zu erwarten, da sie mehr den Charakter von Folgen denn von Ursachen haben. Entsprechend liegen für A und B auch niedrige Aktivsummen vor.

Ein Blick auf die Produkte aus Aktiv- mal Passivsumme zeigt folgendes: Maximal möglich wäre theoretisch ein Wert von $21 \cdot 21 = 441$, der Durchschnittswert wäre $10,5 \cdot 10,5 = 110$. Besonders kritisch sind hier die Ziele D, G, A und C (in der Reihenfolge ihrer Produktwerte); damit ist speziell „Marktanteil erhöhen" ein Ziel, das selbst stark beeinflusst, aber auch beeinflusst wird – das erklärt sich mit seinem Stellenwert zwischen Potential- und Prozessperspektive einerseits und der Finanzperspektive andererseits, für deren Ziele es offensichtlich von zentraler Bedeutung ist. Aber auch die „verbesserte Informationsnutzung" hat eine hohe Bedeutung im Gesamtkontext.

Der mittlere Quotient liegt bei $(21 : 21 =)$ 1. Die Ziele A, B und D liegen darunter; sie haben also eine eher passive Funktion inne; speziell bei A und B als Zielen der Finanzperspektive wundert das nicht, da sie kaum die anderen Ziele beeinflussen. Die übrigen Ziele sind eher Akteure im Wirkungsgefüge, vor allem trifft dies auf Ziel E („Bauteile standardisieren") und Ziel G („Informationsnutzung verbessern") zu. Die Ergebnisse seien in einer Zielmatrix zusammengefasst (Abb. 2–9).

Die besonders kritischen Ziele (in der grauen Fläche rechts oben) seien zusammenfassend kommentiert: A hat im Gesamtkontext eher eine Ergebnisfunktion – auf dieses Ziel wirken viele andere

Größen. G und C haben eine relativ hohe Einflussfunktion und eine mittlere Ergebnisfunktion. Ebenso wichtig ist Ziel D, das ziemlich stark beeinflusst wird, selbst aber auch relativ stark beeinflusst. Bzgl. der Beurteilung der Ziele muss deutlich sein, dass (im Beispiel) eine 21-zu-21-Ausprägung (Aktiv zu Passiv) kaum möglich ist: hier würde ein Ziel vorliegen, das auf sämtliche anderen überproportional wirkt und ebenso überproportional von allen anderen beeinflusst wird. Daher haben Werte mit einer 11-zu-11-Ausprägung (wie hier Ziel C) bereits eine zentrale Bedeutung.

Ziele, die sich im Bereich der grauen Fläche links unten befinden (hier: zusätzliches Ziel X), wirken extrem pullernd, d. h., sie haben insgesamt nur eine äußerst geringe Bedeutung. Sie sollten ggf. überdacht, neu formuliert oder ersetzt werden. Zum Abschluss des Beispiels seien die wesentlichen Zielbeziehungen in einer Strategy Map zusammengefasst (Abb. 2–10). Sind die Ziele schlüssig festgelegt, werden dafür Messgrößen[53] und Maßnahmen zur Zielerreichung bestimmt. Für die Maßnahmen gilt, dass sie deutlich konkreter sind als die (strategischen) Ziele und dabei einen detaillierten Blickwinkel verfolgen, wie z. B. die Maßnahme „Mitarbeiter fachspezifisch schulen", um das Ziel „Betriebs-Know-how erhöhen" zu erreichen.

Auch die Maßnahmen sollen natürlich dazu dienen, die gesteckten Ziele und damit die Gesamtstrategie zu erfüllen. Daher ist eine Überprüfung anzuraten, die mittels einer *Cross-Impact-Analyse* erfolgen kann (analog zur vorherigen Zielmatrix). Darin können verstärkende, gegenläufige und neutrale Wirkungen auf andere Maßnahmen, aber auch auf einzelne Ziele überprüft werden, wie der folgende Abschnitt zeigt:

Die Maßnahmen M1 bis M3 wirken zumindest auf ein Ziel besonders stark und sind deshalb geeignete Maßnahmen. Außerdem fördern sie andere Maßnahmen. M4 wirkt auf kein Ziel, auch eine indirekte Wirkung (über andere Maßnahmen) ist schwach; sie sollte durch eine effizientere Maßnahme ausgetauscht werden. Hingegen wirkt M5 zwar ebenfalls schwach auf Ziele, dafür aber wirkt sie sehr stark auf andere Maßnahmen; sie ist daher eine wichtige und sinnvolle Maßnahme.

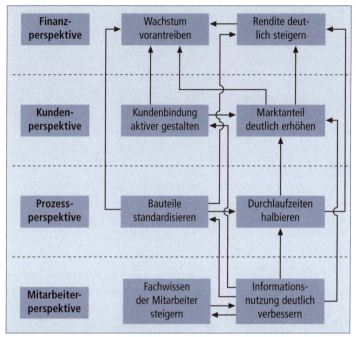

Abb. 2–10: Strategy Map (vgl. ähnlich Jossé (2006), S. 27)

Bei dieser Darstellung kann eine differenziertere Skalierung gewählt werden, z. B.:[54]

+2: Die Maßnahme fördert andere Maßnahmen bzw. Ziele sehr stark,

+1: die Maßnahme fördert andere Maßnahmen/Ziele in gewissem Maße,

±0: die Maßnahme ist indifferent, d. h., sie hat weder eine positive noch eine negative Wirkung auf andere Maßnahmen oder Ziele,

–1: die Maßnahme wirkt störend auf andere Maßnahmen oder Ziele,

–2: die Maßnahme stört die Umsetzung anderer Maßnahmen und Ziele in besonderem Maße.

Schließlich können Maßnahmen mehrfach auftreten, d. h. für unterschiedliche Ziele definiert worden sein. Um hier Doppelungen bzw. Redundanzen zu vermeiden, müssen die einzelnen Maßnahmen zusammengeführt werden – eine matrixartige Übersicht der Ziele und Zuordnung der Maßnahmen hilft dabei.[55]

↶ wirkt auf ↷		Maßnahmen						Ziele		Aktiv-summe	Pro-dukt
		M1	M2	M3	M4	M5	…	Z1	Z2		
Maß-nah-men	M1		0	3	2	2	0	1	3	11	…
	M2	1		2	1	1	0	3	0	8	…
	M3	1	2		3	1	2	2	3	14	…
	M4	1	2	0		1	1	0	0	5	…
	M5	0	3	2	2		3	1	1	12	…
	…	…	…	…	…	…		…	…	…	…
Passivsumme		…	…	…	…	…	…	…	…		
Quotient		…	…	…	…	…	…	…	…		

Tab. 2–13: Cross-Impact-Analyse

Sind die Maßnahmen überprüft und konsistente Maßnahmen für jedes Ziel bestimmt worden, ergibt sich so ein prägnanter Gesamtzusammenhang von Vision und Strategie sowie – auf Ebene der Perspektiven – von Zielen und den dafür definierten Maßnahmen (Abb. 2–11).

Als Nächstes muss festgelegt werden, was bis wann von wem umzusetzen ist. Für jede Maßnahme sind Ressourcen bereitzustellen, die Aufgaben zu verteilen und Meilensteine zu definieren. Die betroffenen Fachabteilungen sind an der Maßnahmenplanung zu beteiligen. Die Durchführung einer Maßnahme hat Projektcharakter und ist als solches durchzuführen: jede Maßnahme löst also ein Projekt aus. Zur Überprüfung der Umsetzung dienen einerseits die definierten Kennzahlen mit ihren Zielwerten, zum anderen (auf Projektebene) die Kriterien Kosten, Zeit und Qualität.

Manche Maßnahmen können mit den vorhandenen Potentialen sofort umgesetzt werden (quick shots) und haben ggf. eine *Signalfunktion*, andere müssen längerfristig eingeführt werden, wie z. B. die Einführung eines Target Costing; hier sind keine schnellen Erfolge zu erwarten.

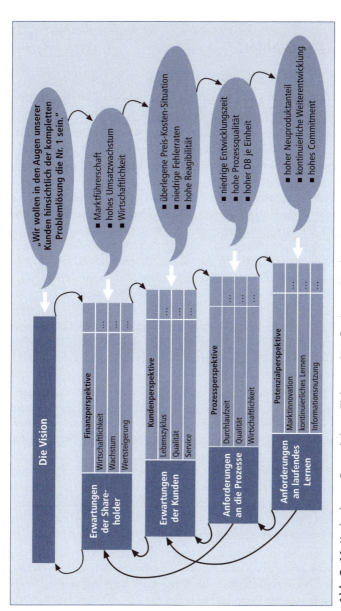

Abb. 2–11: Kaskade aus Perspektiven, Zielen und Maßnahmen (Grafik vgl. Weigand (1998), Folie 9;

2.5 Kennzahlen

Ein Zwischenschritt muss noch genauer untersucht werden, nämlich die Ermittlung von geeigneten Messgrößen als Bindeglied zwischen strategischen Zielen und Maßnahmen.

Kennzahlen können als *absolute Werte* (= **Grundzahlen,** z. B. Fehltage, Unfallhäufigkeit, Durchlaufzeit, Umsatz in €, Materialkosten in €) oder als *relative Messgrößen* gebildet werden. Letztere unterteilen sich in drei Arten:

- **Gliederungszahlen** setzen einen Teil zum Ganzen ins Verhältnis, wie z. B. die Anlagenintensität (Anlagevermögen: Gesamtvermögen), die Personalkostenquote (Personalkosten: Umsatz), die Ausschussquote (Fehlerstücke: Gesamtstückzahl) oder die Umsatzerlöse in einem Markt (dividiert durch Gesamtumsatz). Das Ergebnis ist immer ein Prozentwert mit einem Maximum von 100%.

- **Beziehungszahlen** setzen zwei wesensverschieden Größen zueinander in Beziehung (ebenfalls als Prozentausdruck); Beispiele: Umsatz je Mitarbeiter, Wirtschaftlichkeit (z. B. Sollkosten: Istkosten), Produktivität (z. B. Stückzahl je Mannstunde), Liquidität (z. B. Umlaufvermögen: kurzfristiges Fremdkapital) oder Rendite (z. B. Gewinn: Kapital).

- **Indexzahlen** nehmen gleichartige Größen, aber in zeitlicher oder räumlicher Folge; dabei zeigen sie insbesondere Veränderungen im Zeitablauf im Verhältnis zu einem Basiswert 1 zum Ausgangszeitpunkt der Erfassung. Beispiele hierfür sind der Happy Customer Index (HCI), die Teuerungsrate, die Kaufkraft, ein Index der Mitarbeitermotivation oder der Kundenzufriedenheit. Ein Istwert von z. B. 1,3 bedeutet, dass die untersuchte Größe um 30% (im Vergleich zum Referenzzeitpunkt) zugenommen hat. Ein Durchlaufzeitindex von 0,5 bedeutet, dass die Durchlaufzeit (gegenüber vorher) halbiert werden konnte.

Die ersten beiden Varianten werden in der betrieblichen Praxis zahlreich eingesetzt, z. B. im Rahmen der Bilanzanalyse. Indexzahlen werden oft im volkswirtschaftlichen Zusammenhang, aber auch zur Messung weicher Faktoren gebildet.

Grundsätzlich müssen Kennzahlen dahingehend überprüft werden, ob sie auch tatsächlich das messen, was gemessen werden soll. Diese simple Aussage ist nicht zu unterschätzen. Zum einen mag es andere Kennzahlen geben, die besser geeignet sind, die Zielerreichung zu überprüfen – nimmt man bspw. als Rendite-Kennzahl den ROI oder den CFROI? Und drückt nicht der DB je Mitarbeiter besser die Leistung der Beschäftigten aus als die Mitarbeiterproduktivität?

Sofern nicht auf Standardkennzahlen zurückgegriffen wird, ist bei relativen Kennzahlen zu überlegen, welche Größe im Nenner und welche im Zähler stehen sollen. Zwar ist die eine Variante nur der Kehrwert der anderen, aber Kennzahlen sollen auch eine Signalwirkung haben. Ob z. B., „Umsatz je Mitarbeiter" oder „Mitarbeiter je 1 Mio. Umsatz" gewählt wird, ist ein Unterschied – letztere mag plakativer sein, erstere gerade zur eigenen Leistungsmessung vorzuziehen sein. Speziell bei solchen Messgrößen, deren Wert möglichst nahe 1 bzw. 100% (z. B. bei der MCE) oder möglichst darüber sein soll (z. B. bei Wirtschaftlichkeitskennzahlen), hat der Abstand zu 100% eine klare Aussagekraft.

Für die Ergebnis- und Finanzperspektive sind viele in Frage kommende Kennzahlen z. B. aus der Bilanzanalyse bekannt (z. B. Kennzahlen bzgl. Kosten, Umsätzen oder Ergebnisgrößen). Ebenso liegen sie i. d. R. für Produktionsprozesse vor (z. B. Wirtschaftlichkeit) und gehören dort zum betrieblichen Alltag (trotzdem müssen sie natürlich auf ihre Eignung im Zielkontext überprüft werden!).

Für die Kundenperspektive wird speziell das Marketing einige Kennzahlen bereitstellen können, die dort im Einsatz (und damit vertraut!) sind. Für die Potentialperspektive wird eine Unternehmung ebenfalls bereits über diverse Kennzahlen verfügen, allerdings liegt hier möglicherweise der größte Bedarf zur Bildung neuer Kennzahlen,[56] da es sich in erster Linie um weiche Faktoren handelt, die im klassischen Controlling weniger stark beachtet werden.

Jedenfalls müssen auch die bereits vorhandenen Kennzahlen analysiert werden, ob sie taugliche Gradmesser für die Erreichung der jeweiligen Ziele (und Maßnahmen) sind. Dabei sind grundsätzlich outputorientierte Kennzahlen vorzuziehen, die das Erreichen eines

Zieles (als Ergebnis) messen, wie z. B. eine Durchlaufzeitensenkung per Prozentwert oder in Stunden (als Grundzahl). Nur in Ausnahmefällen sind auch inputorientierte Kennzahlen zulässig (z. B. „Schulungstage je Mitarbeiter"), wobei hier z. B. „Verbesserungsvorschläge je Team" als Output-Kennzahl vorzuziehen wäre.

Und schließlich muss auch bei der späteren Kennzahlenerhebung das ökonomische Prinzip befolgt werden, d. h., dass der Aufwand der Erhebung in vernünftiger Relation zum Nutzen stehen sollte[57] – ggf. ist auf eine leichter ermittelbare und nur unwesentlich weniger treffende Kennzahl zurückzugreifen.

Die grundsätzliche **Vorgehensweise** zur Bildung bzw. Ermittlung von Kennzahlen im Rahmen einer BSC ist, dass aufgrund der definierten Ziele nunmehr im BSC-Team mögliche Kennzahlen generiert werden. Dies ist ein hochkreativer Prozess, der durch den Einsatz von gängigen Kreativitätstechniken[58] unterstützt wird. Die im ersten Schritt ermittelte (große) Menge an Kennzahlen, muss anschließend auf eine handhabbare, überschaubare Menge der *relevanten* Kennzahlen reduziert werden[59] – *Kaplan/Norton* erachten rund zwei Dutzend Kennzahlen als ausreichend[60] – damit liegt eine überschaubare, aber auch umfassende Informationsbasis zur Steuerung der Unternehmung hinsichtlich der Zielerreichung und Strategieerfüllung vor.

Um die Kennzahlen auf diese Anzahl zu reduzieren, müssen sie in diesem zweiten Schritt der Reihe nach analysiert werden, inwieweit sie tatsächlich Relevanz besitzen und den Grad der Zielerreichung messen. Als Instrumente der Beurteilung kommt eine Reihe von Methoden in Frage, die zum Teil bereits bei der Zielfindung diskutiert wurden. So kann z. B. mittels eines **Bewertungsfilters** jede Kennzahl nach zwei wesentlichen Kriterien beurteilt werden:[61]

(1) Welchen Einfluss hat die Kennzahl auf den Erfolg (insgesamt bzw. auf den einzelner Ziele)?

(2) In welchem Maße ist die Kennzahl durch das Management beeinflussbar?

Die Beeinflussbarkeit und der Erfolgseinfluss können jeweils durch eine Skalierung von „gering" bis „hoch" dargestellt werden. *Weber/*

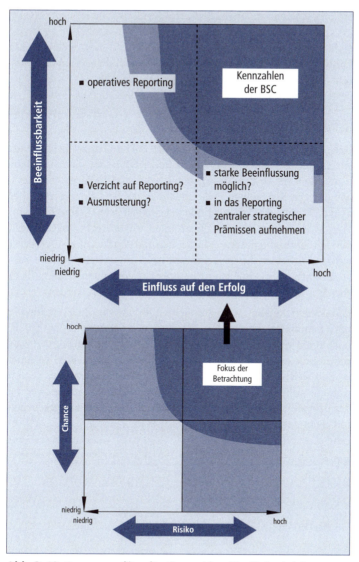

Abb. 2–12: Bewegungsfilter für Kennzahlen (Grafik in Anlehnung an Weber/Schäffer (2000a), S. 24 ff.)

Schäffer schlagen zuvor für den Erfolgseinfluss eine Kategorisierung in „Chance" und „Risiko" vor,[62] was insofern plausibel ist, als damit nicht nur fördernde, sondern auch schädliche bzw. verhindernde Einflüsse abbildbar sind: nur jene Kennzahlen, die ein hohes Chancen- und/oder Risikopotential bergen (in der Abb. 2–12 die schraffierte bzw. besonders die graue Fläche rechts oben in der unteren Matrix), werden anschließend (obere Matrix) weiter untersucht (s. Tab. 2–13).

Dabei ergeben sich die im Rahmen der BSC fokussierten Kennzahlen als jene, bei denen sowohl der Erfolgseinfluss als auch die Beeinflussbarkeit durch das Management hoch sind (Feld rechts oben). Die übrigen Kennzahlen fließen nicht in die BSC ein, können aber in das Reporting Eingang finden. Lediglich jene Kennzahlen mit Werten im linken unteren Quadranten werden ggf. ausgemustert. Bei den Kennzahlen mit niedriger Beeinflussbarkeit muss überprüft werden, inwieweit durch geeignete Maßnahmen vielleicht eine starke Beeinflussung möglich wäre; diese Kennzahlen sollten dann ebenfalls fokussiert und dafür Maßnahmen definiert werden.

Kennzahlen müssen verfügbar sein: Ein gewisser Teil der für die BSC benötigten Messgrößen wird in der Unternehmung i. d. R. noch nicht verwendet.[63] Für diese muss genau überlegt werden, was gemessen werden soll, welche Kennzahl dafür am meisten geeignet ist und welche Größen dabei ggf. zueinander ins Verhältnis gesetzt werden. Außerdem muss für jede Kennzahl geklärt werden, wer die dazu benötigten Daten liefert und wie und wie oft dies geschehen soll. Dies sollte in einer Tabelle festgehalten werden, wie nachfolgend skizziert:

- Perspektive: ....
- Ziel: ....
- Kennzahl: ....
  – Beschreibung der Kennzahl: ....
- Istwert: ....
- Zielwert: ....
- Datenherkunft: ....

  – verantwortlich: ....

■ Ermittlungsturnus: ....

■ Maßnahme A: ....

  – Beschreibung der Maßnahme: ....

  – Terminierung: ....

  – verantwortlich: ....

■ Maßnahme B: ....

  – Beschreibung der Maßnahme: ....

  – Terminierung: ....

  – verantwortlich: ....

■ … ....

Tab. 2–14: Kennzahlenblatt

In jedem Fall sollten die Kennzahlen ein ausgewogenes, in sich schlüssiges System ergeben, das die wesentlichen „Eckpunkte" der Unternehmung widerspiegelt. Eine besondere Relevanz besitzen **Wert-** oder **Leistungstreiber** mit der Funktion von *Frühindikatoren,* die mit einem gewissen Vorlauf auf die Strategie wirken (z. B. Informationsnutzungsquote oder Durchlaufzeitverkürzung). Ebenfalls enthalten sind **Ergebnisgrößen** als *Spätindikatoren* – hauptsächlich auf der Finanzperspektive – wie z. B. Umsatzwerte, ROCE oder dg1.[64]

Abschließend sei darauf hingewiesen, dass die Art des Kennzahlensystems auch durch die Art und das Umfeld der Unternehmung sowie die verfolgte Strategie determiniert wird:

Unternehmen mit einer stabilen Umweltsituation (wie z. B. Grundnahrungsmittelindustrie) können die BSC-Kennzahlen wie beschrieben ermitteln. Unternehmen, die mit rasch wechselnden Umweltsituationen konfrontiert sind, benötigen – neben einem hohen Grad an Flexibilität – verstärkt Kennzahlen zur Messung von Innovation, Flexibilität, Prozessgeschwindigkeiten und Marktveränderungen (z. B. Kundengeschmack). Dabei sind die Kennzahlen der BSC ggf. durch Indikatoren und/oder sog. „schwache Signale" (die zukünftige Veränderungen bereits anzeigen, bevor sie allgemein wahrgenommen werden) zu ergänzen (bzw. zusätzlich zu benutzen). Ebenso ist hier die Qualität der Frühindikatoren besonders ausschlaggebend, die als Steuerungsgrößen Veränderungen möglichst frühzeitig erkennen lassen müssen, damit genügend Handlungsspielraum gewonnen wird.

Strategie und bediente Märkte sind ein weiteres Kriterium, das bei der Wahl der Kennzahlen zu berücksichtigen ist: So kann es zweckdienlich sein, sich auf bestimmte Märkte (vielleicht sogar nur einen), ggf. sogar auf einen Konkurrenten zu fokussieren, wie im Falle von Pepsi bzw. Coca-Cola oder – mit Einschränkungen – *LIDL* und *ALDI*. Für andere Unternehmen hingegen wäre eine solche Fokussierung kontraproduktiv; diese müssen die Kennzahlen so anlegen, dass sie möglichst breit alle relevanten Bereiche erfassen.[65]

2.6 Zwischenfazit

Genereller Ausgangspunkt einer BSC ist die Vision der Unternehmung, auf der die Strategie fußt. Sofern nicht explizit vorhanden, müssen beide vorab geklärt und kommuniziert werden. Von der BSC allerdings nicht abgedeckt werden und deshalb vor der eigentlichen BSC-Entwicklung zu klären sind:[66]

■ Die strategische Analyse von Stärken und Schwächen (Unternehmensanalyse) und von Chancen und Risiken (Umweltanalyse), der Lebenszyklusphasen und der kritischen Erfolgsfaktoren sowie der Erfolgspotentiale, und

■ die Bestimmung der grundsätzlichen Stoßrichtung auf Basis der strategischen Analyse, also z. B. in welchen SGE die Unternehmung mit welcher Strategie (Nischenstrategie? Kostenführerschaft? usw.) arbeiten möchte.

Jede Unternehmung muss ihre individuelle BSC entwickeln, wozu sie aus verschiedenen Blickwinkeln betrachtet und analysiert wird – die Perspektiven. Für jede Perspektive wird zunächst die Strategie übersetzt, d. h., aus dem Blickwinkel der Perspektive neu formuliert. Daraufhin müssen je drei bis fünf Ziele formuliert werden, die einen relevanten Beitrag zur Erfüllung der Strategie leisten. Jedem Ziel wird eine Kennzahl zugeordnet (ggf. auch mal zwei), die den Grad der Zielerreichung optimal misst. Damit liegen insgesamt ca. 12 bis 20 Ziele und 20 bis 25 Kennzahlen vor.

Sowohl bei der Ziel- als auch der Kennzahlenbildung ist auf ein ausgewogenes Verhältnis zu achten, z. B. zwischen Kurz- und Langfristzielen, monetären und nicht-monetären Zielen bzw. Größen, (gewünschten) Ergebnisgrößen (als Spätindikatoren) als auch Werttreibern (als Frühindikatoren).[67] Ziele und Kennzahlen müssen sorgfältig erwogen werden und sind stets bzgl. ihrer gegenseitigen Wirkungen zu untersuchen; plausible Ursache-Wirkungszusammenhänge quer durch die gewählten Perspektiven müssen z. B. mittels Cross-Impact-Analysen analysiert werden.

Zu jeder Kennzahl sind Ist- als auch die Zielwerte anzugeben, letztere ggf. gestaffelt nach Zeithorizont. Um diese Werte zu erreichen, müssen strategische Aktionen (Maßnahmen) geplant und ergriffen werden, die in Form von Projekten durchgeführt werden.

Die in dynamischen Umfeldern benötigte strategische Prämissenkontrolle wird durch die BSC vorangetrieben:[68] Einerseits fordert ihr Prinzip der Kennzahlenverknüpfung die Manager auf, ihr implizites Wissen in der „Strategy Map" (und ergänzenden Erläuterungen) explizit zu machen, also darzustellen, zu diskutieren und zu überprüfen. Andererseits ermöglichen die Ursache-Wirkungsbeziehungen eine Zurechnung von Planabweichungen auf die Unternehmensstrategie: Dadurch, dass vorlaufende Indikatoren (Leistungstreiber) und nachlaufende Indikatoren (Ergebnisgrößen) ausgewogen im Kontext abgebildet werden, wird erst eine Steuerung möglich – wenn bspw. die Vorgabe eines Frühindikators erfüllt wird, die eines (angeblich) beeinflussten Spätindikators aber verfehlt wird, so liegt nahe, dass die angenommenen Prämissen der Ursache-Wirkungsbeziehungen nicht stimmig waren. Auch insofern wird die BSC in der realen Anwendung ständig überprüft und verbessert.

3. Kapitel

Entwicklung einer BSC

3.1 Grundsätzliche Überlegungen

Die Entwicklung einer BSC ist ein **Planungsprozess**, für den grundsätzlich folgende Planungswege möglich sind:[1]

- **Top-down-Planung:** Die obere Führungsebene definiert Zielvorstellungen und Rahmenbedingungen, die als Vorgaben für die nachgeordneten Hierarchieebenen verbindlich sind. Vorteil dieser Vorgehensweise ist, dass zeitraubende Abstimmungsprozesse entfallen. Als Nachteile anzusehen sind, dass einerseits Akzeptanzbarrieren seitens der untergeordneten Ebenen gegenüber den „von oben" entschiedenen Vorgaben entstehen können und andererseits, dass wichtige Informationen und Erfahrungswissen von unteren Ebenen unberücksichtigt bleiben. Daher sollte eine Top-down-Planung nur für generelle, unternehmensweite Planungsaufgaben gewählt werden, wie z. B. für Vision, Mission, Gesamtstrategie und normative Vorgaben.

- **Bottom-up-Planung** geht umgekehrt den Weg „von unten nach oben", d. h., dass der Planungsprozess auf einer unteren Hierarchieebene startet und von Stufe zu Stufe von den übergeordneten Ebenen weiter ausgebaut wird, wobei der Aggregationsgrad ständig zunimmt. So werden operative Pläne zu strategischen gebündelt (und erweitert), Abteilungspläne werden zu Bereichsplänen und diese zu Unternehmensplänen. Vorteil hier ist die Motivationsfunktion durch die starke Einbindung der betroffenen Ebenen. Nachteile können daraus erwachsen, dass jede Ebene ihre eigenen Interessen sieht und die Pläne nicht zu einer optimalen Erfüllung der Unternehmensbedürfnisse beitragen. Dies wird auch verfehlt, wenn auf jeder Planungsebene zu große Sicherheitszonen eingebaut werden.

■ **Planung nach dem Gegenstromverfahren** stellt ein Bindeglied zwischen den beiden Varianten dar und versucht, deren Nachteile zu eliminieren. Dazu liegt der Planungsstart bei der oberen Führungsebene, die Grundsatzentscheidungen fällt und vorläufige Ziel- und Maßnahmenpläne (grob) absteckt. Diese stellen den Planrahmen für die nächste (untergeordnete) Ebene dar, auf der eine Konkretisierung der Vorgaben erfolgt. Dies setzt sich von Stufe zu Stufe fort, sodass auf jeder Hierarchieebene die dort relevanten Ausgestaltungen vorgenommen werden. Damit liegt eine Vielzahl sehr konkreter Teilpläne vor. Im nächsten Planungsschritt werden diese nun wieder „von unten nach oben" verdichtet, auf jeder Stufe hinsichtlich der gemeinsamen Zielerreichung überprüft und ggf. korrigiert. Bei Ziel- bzw. Planungskonflikten erfolgt eine Lösung in der Diskussion mit der übergeordneten Ebene (die einen weiter gefassten Blickwinkel hat). Wird eine Maßnahme auf einer höheren Ebene verworfen, so erfolgt ein Rückgriff auf die entsprechende niedrigere Ebene mit der Maßgabe, alternative Pläne vorzulegen, die im Gesamtkontext besser geeignet sind. Auf diese Weise existieren im Gegenstromverfahren permanent Rückkoppelungen und ein hohes Maß an Diskussion auf dem Weg, optimale Pläne zu entwickeln. Außerdem wirkt die starke Einbindung aller Ebenen in hohem Maße motivationsfördernd.

Die Formulierung von Vision, Mission und Strategie ist eine generelle Rahmenvorgabe der obersten Unternehmensführung und erfolgt daher top-down. Sofern diese noch nicht formuliert sind, kann diese Aufgabe auch vom BSC-Projektteam vorab übernommen werden, wobei dazu entsprechend Mitglieder der obersten Führungsebene zu beteiligen sind.

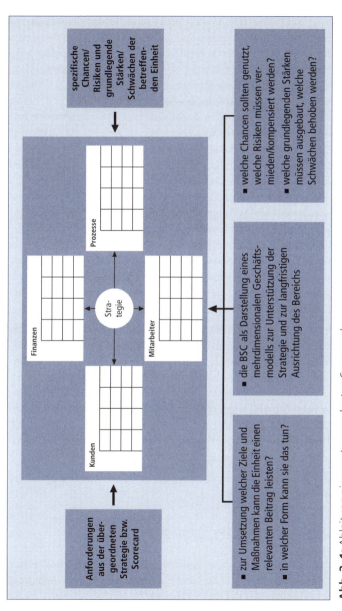

Abb. 3–1: Ableitung einer untergeordneten Scorecard

Für den eigentlichen BSC-Prozess muss zunächst das **Grundkonzept** entwickelt werden, d. h., es müssen die Perspektiven und für diese die aus der Strategie abgeleiteten Ziele festgelegt werden; außerdem werden Kennzahlen und Maßnahmen definiert. Diese Aufgabe muss von einem interdisziplinär besetzten Projektteam, das direkt der Unternehmensführung unterstellt ist, bewältigt werden. Allerdings ist damit noch nicht eine vollständige BSC entwickelt (wie es zunächst den Anschein haben mag): In einem zweiten Schritt müssen die Scorecards der einzelnen Perspektiven auf die nachgelagerten Bereiche (z. B. Produktion, Marketing, F&E) heruntergebrochen werden. Diese werden anschließend auf einzelne Funktionen oder Prozesse, danach ggf. noch auf einzelne Mitarbeiter heruntergebrochen. Auf jeder Ebene wird die BSC mit jeweils 15–25 Kontrolldimensionen (Kennzahlen und Maßnahmen) konkretisiert. Daraus ergibt sich eine regelrechte Hierarchie von Scorecards, die miteinander verknüpft sind. Das **Herunterbrechen** bzw. der **Roll-out** erfolgen dabei grundsätzlich in zwei Richtungen: einerseits vertikal von einer Ebene zur nächsten nachgeordneten, aber auch horizontal, d. h. von einer Organisationseinheit zu den nächsten der gleichen Ebene (z. B. von einer Filiale auf andere).[2]

Hierzu bietet sich grundsätzlich das Gegenstromverfahren[3] an, da beim Herunterbrechen von Strategie auf Ziele und von Perspektivzielen auf Bereichszielen (bis hin zu persönlichen Zielen) im Rahmen der jeweils übergeordneten Vorgaben eine Konkretisierung erfolgt, diese aber im Zuge der Aggregation (von unten nach oben) auch überprüft wird – ggf. müssen per Rückkoppelung Maßnahmen abgeändert und Kennzahlen verfeinert werden. Ebenso kann sich aufgrund der bottom-up erfolgten Performance-Messungen ein Änderungsbedarf von Zielen und Maßnahmen ergeben.[4]

Für das **Herunterbrechen** auf die nächste Ebene existieren mehrere Methoden:[5]

(1) Unter Berücksichtigung des strategischen Handlungsrahmens und der Vorgaben der vorgelagerten Ebene werden Strategie und Ziele *eigenständig* formuliert. Als Ergebnis liegt eine eigenständige aber kompatible Scorecard für den betrachteten Bereich vor. Dies kommt z. B. in einer Holding oder (relativ autarken) heterogenen SGE in Frage (Abb. 3–1).

Die nächsten Varianten sind anwendbar, wenn die Einheiten große Ähnlichkeiten aufweisen:

(2) *Strikte Zielableitung:* Aus der übergeordneten Scorecard werden für jede Perspektive der nachgeordneten Ebene die einzelnen Ziele auf mögliche Unterstützungsleistungen überprüft und für diese Ebene neu formuliert. Damit findet eine Transformation der Ziele statt.

(3) Standard-BSC mit *perspektivenspezifischer Anpassung* der Zielwerte und/oder der Maßnahmen: Hier enthält eine Scorecard grundsätzlich die gleichen Ziele, lediglich die Zielwerte und Maßnahmen werden individuell festgelegt (flexible Zonen).

(4) Es erfolgt eine *Kombination* von Standardzielen und individuellen Zielen. Aus der übergeordneten Scorecard werden jene Ziele ausgewählt, die vom betrachteten Bereich unterstützt werden können. Zusätzlich werden solche Ziele aufgenommen, die für diesen Bereich von strategischer Bedeutung sind, sich aber nicht aus der übergeordneten Scorecard ableiten lassen. Damit besteht eine untergeordnete BSC immer aus fest vorgegebenen Feldern als auch aus individuell gestaltbaren.

(5) Bei der *direkten Ableitung* von strategischen Aktionen werden nur jene Ziele der übergeordneten Scorecard übernommen, die vom betrachteten Bereich unterstützt werden können, und dafür Maßnahmen definiert, um an der Zielerreichung mitzuwirken. Im Gegensatz zur zweiten Variante findet keine Zielformulierung statt, sondern nur eine individuelle Maßnahmenbestimmung.

(6) Anstelle von Ziel- bzw. Maßnahmenvereinbarung findet die Ausrichtung der Beteiligten mittels *reiner Kommunikation* statt, also z. B. durch Runde Tische, Broschüren, Informationsveranstaltungen.

Die genannten Methoden sind in einer logischen Reihenfolge skizziert mit Variante 1 und Variante 6 als Methoden für die beiden Extremausprägungen von Unternehmenssituationen: Die erste Variante ist zu empfehlen, wenn die Bereichsgröße eher groß, die zukünftige strategische Bedeutung hoch und die Unabhängigkeit innerhalb der Unternehmung groß ist, die Geschäfte heterogen sind und eher flache Hierarchien bestehen. Im Umkehrfall ist die reine Kommunikation vorzuziehen. Die restlichen Methoden kommen in Frage, wenn die Unternehmenssituation dazwischen liegt.

Ebenfalls eine grundsätzliche Überlegung ist die **Breite der Einführung** einer BSC – sie kann von Anfang an unternehmensweit, stattdessen auch zunächst für eine Tochter, einzelne SGE, Filialen oder dgl. entwickelt (und weiter verbessert) werden, bevor sie in einem zweiten Schritt auf die anderen Unternehmensbereiche bzw. die Mutter/den Konzern übertragen wird. Vorteile der zweiten Variante liegen darin, dass Erkenntnisse aus den ersten Entwicklungen auf die anderen übertragen und dort dann zügig eingebaut werden können. Ebenfalls ist der Koordinationsaufwand gering, wenn ein kleines BSC-Team die Prozesse begleitet und ggf. bisher geschultes Personal nach dem „Schneeballsystem" als Multiplikatoren[6] in die weiteren Entwicklungen eingebunden wird. Allerdings macht diese Variante nur bei relativ homogenen Bereichen – etwas bei einer Handelskette[7] – Sinn.

Bei den *Real*-Märkten wurde ein sog. „Gewächshaus"-Konzept verfolgt, bei dem zunächst in zwei (sehr unterschiedlichen) Märkten von einem Projektteam unter Einbeziehung von Mitarbeitern dieser Märkte, der Zentrale sowie externer Consultants alle Prozesse durchleuchtet wurden, um eine optimale Prozessstruktur durch einen Kennzahlen-Kompass[8] zu führen, in dem alle relevanten Messgrößen enthalten sind. Anschließend sollte durch Multiplikation des Gewächshaus-Konzepts die BSC auf das gesamte Filialnetz übertragen werden. Als Vorteile dieses „kontrollierten Experiments" wurden gesehen:

■ Chance der schnelleren Identifizierung von Verbesserungspotentialen in einem Markt, Interdependenzen zwischen Verhaltensweisen und Prozessen werden berücksichtigt und zusammen verändert,

■ alle Veränderungen werden mit bzw. durch die Mitarbeiter entwickelt und umgesetzt,

■ nach dem Motto „was würde *wirklich* passieren, wenn wir…" werden neue Arbeitsweisen getestet,

■ da nur geringe Einflüsse bzw. (Ziel-)Vorgaben bestanden, konnte jeder Markt individuelle Ziele formulieren und eine eigene Leistungsmessung festlegen.

■ Insgesamt wurde so mehr Raum für neue Ideen und Prozesse geschaffen, die in einer kontrollierten Umgebung getestet werden konnten.

Egal ob diese oder eine andere Variante gewählt wird, in allen Fällen ist wichtig, einerseits viele Mitarbeiter (wenn auch nur punktuell) in den Entwicklungsprozess einzubeziehen und andererseits, die BSC einschließlich der Vision, der Strategie, ihrer Ziele und Maßnahmen intensiv zu kommunizieren. Dies fördert nicht nur die Akzeptanz gegenüber der Neuerung, sondern insgesamt auch das strategische Denken. Deshalb trifft auch die Aussage zu, dass die Entwicklung der BSC als Prozess mindestens genauso wichtig sei wie die Scorecards als Resultat.[9]

Der **Prozess der BSC-Entwicklung** soll nun gezeigt werden. Auch hierzu gibt es keine allgemein verbindliche Schrittfolge, vielmehr Empfehlungen, wobei Art und Umfang der BSC variierende Determinanten sind.

In Kap. 1.4.2 wurde dieser Prozess bereits kurz skizziert (Phasen 2a, 2b und 3). In Abb. 3–2 wird eine etwas differenziertere Schrittfolge von *Horvàth & Partner* vorgestellt.

Liegt die Pilot-Scorecard (bzw. mehrere) für die gesamte Unternehmung bzw. eine Organisationseinheit vor, muss sie für die übrigen Organisationseinheiten ebenfalls entwickelt werden, wozu die bisherigen Erfahrungen wesentliche Hilfe geben. Dieser **Roll-out** findet vertikal (durch die Hierarchieebenen) und/oder horizontal (auf gleichgeordneten Ebenen) statt.

Bleibt die Frage nach dem **Zeitplan.** Er sollte realistisch angesetzt werden. *Kaplan/Norton*[10] setzen 16 Wochen[11] für die Entwicklung einer ersten Scorecard an, *Horvàth & Partner* drei bis vier Monate.[12] Dieser extrem kurze Zeitraum kann nur eingehalten werden, wenn a) die Strategie schon in ausreichend konkretisierter Form vorliegt und b) die eigentliche Umsetzung nicht eingeschlossen wird. Für eine unternehmensweite BSC-Entwicklung und -Einführung sind erfahrungsgemäß mindestens 12 Monate zu veranschlagen, zumal die BSC teils tief greifende Veränderungen in der Unternehmung auslöst und einer Organisationsentwicklung bedarf; dabei sind Ein-

6 Schritte zur Einführung der BSC:	verant- wortlich:
1. Bestimmung der Architekten und der Projektziele 1.1 Klarstellen der Rolle des Architekten 1.2 Festlegen der Projektziele 1.3 Aktionsplan, BSC-Richtlinie *UE*	Top- Manage- ment
2. Festlegen der Grundarchitektur 2.1 Motivation der Top-Management-Ebene 2.2 Bestimmen der Pilot-Einheiten 2.3 Bestimmen der Perspektiven 2.4 Bestimmen der Beziehungen zwischen Unternehmensebene und Piloteinheiten *UE*	Architekt und Top- Manage- ment

**3. Übereinstimmung bei strategischen Zielen
     erreichen**
3.1 Interviews mit den Geschäftsverantwortlichen
3.2 Workshop I: Klärung der Strategie → strategische
     Ziele → Ursache-Wirkungsbeziehungen   *PE*
	BSC-Team

4. Festlegen der Maßgrößen und operationaler Ziele 4.1 Festlegen von Maßgrößen und Zielen 4.2 Workshop II: Maßgrößen, operationale Ziele *PE*	Subteams je Perspektive BSC-Team
5. Bestimmen von Aktionsprogrammen 5.1 Überprüfen der aktuellen Projektliste 5.2 Workshop III: Aktionsprogramm 5.3 Zuteilen von Verantwortlichkeiten für Aktions- programme und ggf. für strategische Ziele *PE*	BSC-Team
6. Festlegen Implementierungsplan und Roll-out 6.1 Verabschieden der Ergebnisse der Piloteinheit BSC	Leiter der Piloteinheit/ Top-Mgmt.

6.2 Einführung des strategischen Managementprozesses
     innerhalb der Piloteinheiten
6.3 Einbeziehen der BSC-Maßgrößen in das
     Berichtssystem
	Pilotleiter

6.4 Workshop IV	BSC-Team
6.5 Roll-out	

Abb. 3–2: Prozess der BSC-Entwicklung (Grafik vgl. Weigand (1998), S. 34 f.); UE = Unternehmensebene, PE = Pilotebene. In anderen Darstellungen wird ein Vorgehen aus fünf Schritten vorgestellt, wobei dann die einzelnen Schritte ggf. noch einmal zu unterteilen sind; vgl. bspw. Weigand (1999), S. 151; Horvàth & Partner (2007), S. 55 ff.

stellungen zu ändern, Widerstände abzubauen, Motivation aufzubauen, strategisches Denken zu verankern.[13]

Inklusive kompletter Implementierung und Ausfächerung sind also
ein bis zwei Jahre zu veranschlagen.[14] Selbstredend ist damit die BSC
noch nicht abgeschlossen – das ist sie nie! Durch den Einsatz im betrieblichen Alltag wird immer wieder ein Verbesserungs- und Er-
gänzungsbedarf ersichtlich werden, den es wiederum zu analysieren
gilt und der ggf. eine Anpassung der BSC bewirkt.

Zusätzlich zur Entwicklungs- und Implementierungszeit der BSC
selbst werden – je nach Unternehmenssituation – Zeit und Ressourcen (!) für Veränderungsprozesse benötigt. Flankierend muss also
ein Change-Management erfolgen, das Einstellungsänderungen bis
hin zu einer neuen Unternehmenskultur plant, umsetzt und sicher-
stellt. Wie hoch der Bedarf dafür ist, hängt im Einzelnen vom Grad
der Veränderung ab, der durch die BSC hervorgerufen (bzw. gefordert) wird.

Außerdem wurde bereits betont, dass die Entwicklung von Vision
und Strategie zwar kein Teil der BSC-Entwicklung an sich ist, selbst-
verständlich aber vorgeschaltet werden muss, sofern sie nicht in
ausreichend konkreter Form bereits existieren. Von diesem Fall geht
der nachfolgend dargestellte Zeitplan aus, der allerdings nur die
Entwicklung der Pilot-Scorecard(s) enthält, nicht aber den Roll-out
der weiteren Scorecards.

Es versteht sich von selbst, dass der tatsächliche Zeitbedarf auch davon
abhängt, wie oft bzw. in welchen Abständen sich das BSC-Team und
die anderen Gremien treffen. Hier also ein *Grundmuster für den Zeitplan* (und wesentliche Aufgaben) einer BSC-Entwicklung (Abb. 3–3).

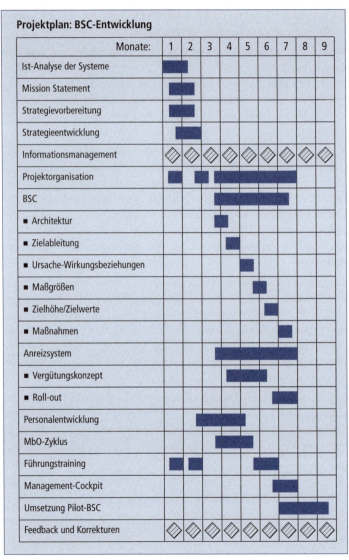

Projektplan: BSC-Entwicklung

Monate:	1	2	3	4	5	6	7	8	9
Ist-Analyse der Systeme	■								
Mission Statement	■								
Strategievorbereitung	■								
Strategieentwicklung		■							
Informationsmanagement	◇	◇	◇	◇	◇	◇	◇	◇	◇
Projektorganisation	■	■	■	■	■	■	■		
BSC				■	■	■	■		
■ Architektur			■						
■ Zielableitung				■					
■ Ursache-Wirkungsbeziehungen					■				
■ Maßgrößen						■			
■ Zielhöhe/Zielwerte							■		
■ Maßnahmen							■		
Anreizsystem				■	■	■			
■ Vergütungskonzept					■				
■ Roll-out							■		
Personalentwicklung				■	■				
MbO-Zyklus				■	■				
Führungstraining	■	■				■			
Management-Cockpit							■		
Umsetzung Pilot-BSC							■	■	
Feedback und Korrekturen	◇	◇	◇	◇	◇	◇	◇	◇	◇

Abb. 3–3: Zeitplan für die BSC-Entwicklung (Grafik vgl. Kumpf (2001), S. 56)

3.2 Tipps zur BSC-Entwicklung

Das Vorgehen wurde bereits in Kap. 3.1 diskutiert. Hier werden ergänzend Punkte genannt, die für ein erfolgreiches BSC-Projekt zu beachten sind.[15]

Erster Schritt: Konzeption und Rahmen schaffen

- Vor Beginn des Projektes sicherstellen, dass BSC-Team und ggf. der Lenkungsausschuss das Konzept und die damit verfolgte Intention verstehen.

- Begeisterung und Spaß schaffen! Evtl. Ängste offensiv abbauen!

- Ebenfalls zu Anfang klären, für welche Organisationseinheiten die BSC (zunächst) entwickelt werden soll, ob top-down, bottom-up oder per Gegenstromverfahren vorgegangen werden soll, ob externe Berater hinzugezogen werden sollen und in welchem Zeitraum das Projekt durchgeführt werden soll. Ebenfalls klären, ob mit der BSC ein fundamentaler Veränderungsprozess eingeleitet wird; falls ja, flankierend Change-Management-Projekt starten!

- Interne Kommunikation planen: Nicht die BSC als Instrument, sondern ihre Inhalte bewerben!

- Commitment der Führungsverantwortlichen sicherstellen, Projektleiter („Architekten") benennen und eine Piloteinheit auswählen.

- Mindestens halb-, möglichst ganztägige Workshops anberaumen und dabei vom Tagesgeschäft abschotten. Keine langen Abstände zwischen den Workshops!

- Beim ersten Workshop Konzept detailliert vorstellen und offene Fragen klären. Wissen um die Strategie überprüfen und eindeutig formulieren!

Zweiter Schritt: Strategie und Ziele formulieren

- Strategie hinterfragen: existiert eine? Welche? Ist sie schriftlich fixiert? Ist sie noch zutreffend? Ist sie präzise? Muss sie überarbeitet werden? Eine klare und prägnante Strategieformulierung ist der Input für jede BSC!

- Ggf. vorab Interviews über mögliche Ziele mit dem Top-Management führen. Diese vertiefen den Diskussions- und Bewusstseinsprozess und decken mögliche Konflikte über Strategie- oder Zielansichten auf.

- Für die Zielsammlung z. B. mittels Metaplan alle als wichtig erachtete Ziele notieren und dann auf ca. 12–24 Ziele reduzieren. Die Ziele müssen ausgewogen auf die einzelnen Perspektiven verteilt werden. Ggf. sind mehrere Ziele zu einem gemeinsamen Oberziel zu bündeln. Einwände wegen problematischer Messbarkeit sind zu vermeiden – es geht nur um die strategische Relevanz des vorgeschlagenen Ziels!

- Auf die richtige „Flughöhe" achten! Basisziele sind zu allgemein, Maßnahmen zu konkret; strategische Ziele herausfiltern!

- Immer wieder überprüfen, ob mit den ausgewählten Zielen die Strategie ausgedrückt wird. Die strategischen Stoßrichtungen müssen in jeder Perspektive berücksichtigt bzw. verfolgt werden. Einzelstrategien für eine Perspektive sind nicht erlaubt!

- Hauptverbindungen zwischen den Zielen innerhalb einer sowie zwischen den Perspektiven identifizieren! Dabei nur auf die wenigen, wirklich relevanten Ursache-Wirkungsbeziehungen fokussieren!

- Mit Metaplan und anderen Visualisierungstechniken arbeiten! Das kreative Potential heterogener Mitarbeiter nutzen!

- Keine hochkomplexen, mathematischen Modelle für Kausalitäten ansetzen, sondern eher qualitative, aber plausible Ursache-Wirkungsbeziehungen aufzeigen!

- Erst anschließend die Kennzahlen definieren, damit nicht von vornherein eine Dominanz (bereits verwendeter) Kennzahlen entsteht! Nur solche Kennzahlen definieren, die die Zielerreichung am besten messen!

Dritter Schritt: Leistungstreiber und Kennzahlen bestimmen

- Je schwammiger das Ziel desto schwieriger die Messung! Deshalb Klarheit und Verständnis der Ziele überprüfen!

- Kreativ bei der Auswahl der Kennzahlen sein! Mut zeigen bei der Bildung neuer, innovativer Kennzahlen!

- Anzahl der Kennzahlen beschränken: 25 Maßgrößen reichen völlig aus! Für jedes Ziel ca. eine bis zwei Kennzahlen!

- Kennzahlen strikt auf die formulierten Ziele ausrichten, nicht auf mögliche Industriestandards!

- Stark aggregierte Kennzahlen vermeiden!

- Mögliche Datenquellen für die Kennzahlen identifizieren und Maßnahmen benennen, um diese verfügbar zu machen!

- Selbst wenn für ein Ziel derzeit noch keine Kennzahl geeignet scheint, kann die BSC bereits eingesetzt werden; in diesem Fall sollte statt der Kennzahl eine Textbeschreibung erfolgen, die als Wegweiser dient.

- Bei der Bestimmung von Maßnahmen stets Zielwerte festlegen, anhand derer die Maßnahmen gemessen und gesteuert werden können!

- Ehrgeizige Zielwerte definieren, die aber realistisch sein müssen! Unerreichbare Ziele schaden dem Erfolg der BSC.

Vierter Schritt: Maßnahmen und Verantwortlichkeiten festlegen

- Sicherstellen, dass hinter jedem Ziel und jeder Maßnahme ein Verantwortlicher („Pate") steht!

- Maßnahmen müssen aktionsorientiert und präzise formuliert sein.

- Alle Maßnahmen intensiv auf der Mitarbeiterebene kommunizieren!

- Weniger ist manchmal mehr: Auch für die Maßnahmen gilt, dass nur jene zu beschließen sind, die tatsächlich erfolgversprechend im Sinne der Zielerreichung und Strategieerfüllung sind.

- Damit nicht unnötig Ressourcen gebunden werden, andere Maßnahmen dahingehend überprüfen, ob sie zielkompatibel im Sinne der BSC oder (anderweitig) notwendig sind, und sie ggf. einstellen. So findet eine effiziente Ressourcenallokation statt.

- Der Fokus liegt auf *strategischen* Maßnahmen, nicht auf dem operativen Tagesgeschäft!

Fünfter Schritt: BSC-Steuerung mit den Regelprozessen verzahnen

■ Der Umsetzungsplan muss enthalten, wie die Kennzahlen mit Datenbanken und anderen Informationsquellen verknüpft werden,

■ ebenso, wie die Scorecard mit anderen Elementen des Managementsystems verbunden wird, wie z. B. mit Anreizsystemen.

■ Der Umsetzungsplan zeigt außerdem, wie die Ziele und strategischen Aktionen konsequent in den untergeordneten Scorecards heruntergebrochen und verknüpft werden. Die Leitfrage für die Scorecard einer Ebene lautet dabei: „Welchen messbaren und beeinflussbaren Beitrag müssen und können wir auf unserer Ebene leisten, damit die Ziele der übergeordneten Ebene (bzw. der gesamten Unternehmung) erreicht werden, und welche Maßnahmen bringen uns dorthin?"

■ Schließlich enthält der Umsetzungsplan noch Empfehlungen, wie die Ziele und Maßnahmen gleichgeordneter Organisationseinheiten besser aufeinander abgestimmt werden können.

■ Verknüpfungen mit bestehenden Managementprozessen schaffen: deren Inhalte müssen mit der BSC koordiniert werden.

■ Zielvereinbarungen mit BSC-Bezug verbindlich gestalten!

■ Die BSC nicht in die Ecke eines neuen Kennzahlensystems stellen! Sie ist mehr als ein Reporting-Instrument, nämlich ein Hebel zur breiten Verankerung strategischen Denkens und Handelns.

Sechster Schritt: Feedback- und Lernprozesse verankern

Nicht auf den Lorbeeren ausruhen – eine BSC ist nie abgeschlossen! Nach der Implementierung sind ständig Anpassungen möglich und bei Bedarf durchzuführen. Das wachsende strategische Denken der Mitarbeiter spielt dabei eine unverzichtbare Unterstützungsrolle.

■ Dazu regelmäßig Reviews durchführen, um die Zielerreichung zu hinterfragen und die Ursache-Wirkunghypothesen zu überprüfen.

■ Die BSC bereichsübergreifend/unternehmensweit kommunizieren und einsetzen!

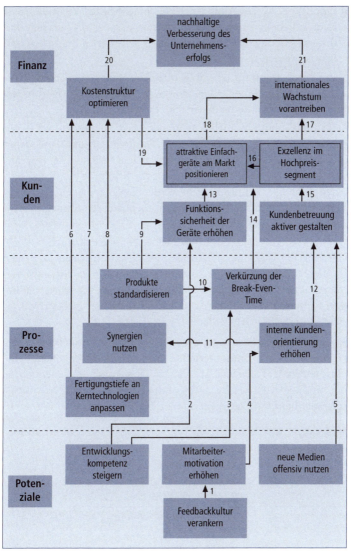

Abb. 3–4: Strategy Map (Grafik in Anlehnung an Gräf (2003), Folie 17. Dargestellt ist eine Strategy Map von Hewlett-Packard).

- Eine völlige Verankerung einer BSC braucht Zeit! Viel Geduld ist erforderlich, eine permanente Optimierung der BSC an sich und der Anwendung, das Hinterfragen der getroffenen Prämissen und der definierten Inhalte.

Diese Tipps gelten für jede Scorecard. Nun folgen vertiefende Hinweise zu ausgewählten Aspekten sowie verschiedene Instrumente für den Einsatz im Rahmen der BSC-Entwicklung:

Steht die Gesamtunternehmensstrategie fest, so werden auf dieser Basis Strategien für die einzelnen SGE entwickelt und diese weiter in Funktionsbereichsstrategien aufgebrochen. Wichtig ist, dass untergeordnete Strategien und Ziele stets zur Erfüllung der übergeordneten Strategie beitragen. Zur Verdeutlichung dienen „**Strategy Maps**", die den hierarchischen Zusammenhang der Strategien bzw. Ziele aufzeigen (Abb. 3–4).

Damit werden die wesentlichen Zielbeziehungen deutlich – wobei jede einzelne Verknüpfung auf Plausibilität und Relevanz zu prüfen ist; diese können in einer ergänzenden Liste kommentiert sowie mit Messgrößen, Zielwerten und Maßnahmen versehen werden. Bei Bedarf kann dies für jede Perspektive und jedes Ziel in einer Mikrosicht weiter verfeinert werden.

Zusätzlich bietet es sich an, die Ziele bzw. deren Haupteinflussbeziehungen durchzunummerieren, um daraus anschließend eine entsprechende Übersicht abzuleiten; eine kurze Kommentierung der Einflussbeziehungen („Story of the Strategy" oder „BSC-Story") dient der besseren Klarheit:[16]

Perspektive	Ziel		wirkt auf Ziel
Potentiale	1	Feedbackkultur verankern	4
	2/3	Entwicklungskompetenz	13, 14
	4	Mitarbeitermotivation	11/12
	5	Nutzung neuer Medien	15
Prozesse	6	Fertigungstiefe anpassen	19/20
	7	Synergien nutzen	19/20
	8/9/10	Produkte standardisieren	19/20, 13, 14
	11/12	interne Kundenorientierung	7, 15
	14	Verkürzung der BET	16/17, 18

Kunden	13	Funktionssicherheit	16/17, 18
	15	Kundenbetreuung	16/17, 18
	16/17	Exzellenz/Hochpreissegment	21
	18	attraktive Einfachgeräte	21
Finanz	19/20	Kostenstruktur	22, 18
	21	internationales Wachstum	22
	22	Unternehmenserfolg	–

Tab. 3–1: BSC-Story

Ein wichtiger Schritt bei der Zielfindung ist, die wirklich *relevanten* Ziele zu definieren und aus der Fülle der in Frage kommenden Ziele herauszufiltern. Von den vielen Nennungen, die z. B. über Brainstorming erfolgen, ist ein Großteil wegzustreichen, da er entweder zu pauschal oder zu konkret ist. Nur ein kleiner Rest taugt als Ziele der jeweiligen Perspektiven. Zu pauschale Ziele (Basisziele) haben u. a. als Folge, dass sie unterschiedlich interpretiert werden können und damit als allgemein verbindliche Vereinbarung untauglich sind.[17] Zu konkrete Ziele (mit dem Charakter von Maßnahmen) hingegen verstellen den Blick auf den Gesamtzusammenhang und fördern eher ein operatives, aktionistisches Denken.

Gesammelte Zielvorschläge sind dahingehend zu überprüfen, ob sie ggf. zu einem übergeordneten Ziel als *Oberbegriff* zusammengefasst werden können. Alle Ziele und Maßnahmen müssen geprüft werden. Klassisches Hilfsmittel hierzu sind Matrizen (speziell auch die Cross-Impact-Analyse),[18] in der die Einflusswirkungen beurteilt werden. Nur solche Ziele und Maßnahmen sind aufzunehmen, die auch tatsächlich eine entsprechende Wirkung im Sinne der Gesamtstrategie haben und damit wirkungsvolle Hebel darstellen.

Für die Ermittlung der **Kennzahlen** (Messgrößen) gilt, dass mit ihnen nicht nur die Erreichung der Ziele, sondern auch die Güte und Eignung der Maßnahmen gemessen werden soll. Es muss also eine Kausalität zwischen Zielen bzw. Maßnahmen und den Größen der Kennzahl bestehen. Daher muss jede ausgewählte Kennzahl wohl erwogen sein. Des Weiteren ergibt sich daraus, dass im Idealfall je Ziel eine Kennzahl festgelegt wird – ggf. dürfen es auch einmal zwei oder drei sein.

Folgende Überlegungen helfen bei der Auswahl geeigneter Kennzahlen:[19]

- Kann an der Kennzahl tatsächlich das Erreichen des Zieles abgelesen werden? Im Zweifelsfall nicht fragen, wie ein Ziel sich messen lässt, sondern woran man erkennen würde, dass ein Ziel erreicht wurde.

- Wie gut bildet die Kennzahl das betreffende Ziel ab? Reicht eine Kennzahl oder wird zusätzlich eine zweite für das Ziel gebraucht?

- Outputgrößen sind grundsätzlich vorzuziehen, z. B. zur Messung der Know-how-Steigerung also lieber die Outputgröße „Verbesserungsvorschläge je Team" statt der Inputgröße „Schulungstage je Team".

- Ist die Kennzahl eindeutig oder kann sie verschieden interpretiert werden? Kennzahlen müssen eindeutig sein.

- Wird die ausgewählte Kennzahl bereits verwendet oder muss sie neu entwickelt werden?

- Gibt es für die Kennzahl Vergangenheitswerte und/oder Benchmarks?

- Kann die Kennzahl (zumindest grundsätzlich) überhaupt erhoben werden? Sind die Daten dazu verfügbar? Ist die Erhebung in der gewünschten Häufigkeit machbar? Kundenbefragungen z. B. können i. d. R. nicht wöchentlich durchgeführt werden.

- Liegt die Kennzahl (überwiegend) im Einflussbereich des Zielverantwortlichen und kann von diesem tatsächlich beeinflusst werden?

- Ist die Kennzahl kurzfristig oder nur langfristig beeinflussbar?

- Wird mit der Kennzahl das Verhalten der Mitarbeiter in die gewünschte Richtung beeinflusst? Kann sie in das Anreizsystem Eingang finden?

- Welche (ehrgeizigen) Zielwerte werden der Kennzahl zugeordnet, also gewünschte Zielwerte z. B. nach einem Jahr, nach zwei Jahren, nach drei Jahren?

- Wirken die Zielwerte auch nicht demotivierend, weil sie illusorisch hoch angesetzt sind?

■ Wie können die Kennzahlen und Zielwerte kommuniziert werden, damit sie zur gängigen Orientierung aller Mitarbeiter werden?

Eine wesentliche Aufgabe von Kennzahlen besteht darin, den Grad
der Zielerfüllung zu messen und durch Signalisierung von Abweichungen ggf. Lücken aufzudecken. Im Rahmen der BSC muss dazu
geklärt werden, wer die Kennzahlen auf Basis welcher Daten wie oft
erhebt und Abweichungsanalysen durchführt, außerdem, wer für
die Erreichung verantwortlich ist.

Neben Ist- und Zielwerten (letztere ggf. für mehrere Perioden definiert) können dazwischen zusätzlich Schwellenwerte festgelegt werden, deren Erreichen bestimmte Aktionen auslöst: Einige Unternehmen haben für ihre Kennzahlen **Toleranzbereiche** definiert, innerhalb deren die Werte schwanken dürfen; dazu müssen untere und
obere Grenzwerte festgelegt werden – droht eine Über-/Unterschrei-
tung, wird „Alarm" ausgelöst, etwa durch Zuordnung von Signalfarben wie bei einer Ampel. Bei der *Real SB-Warenhaus GmbH* gelten
z. B. folgende Signalfarben (Abb. 3–5).

Natürlich haben diese Farben und die zugrunde gelegten Grenzwerte nur plakativen Charakter; grundsätzlich sind Abweichungen stets
zu analysieren – und zwar in beiden Richtungen: So sind Unterschreitungen von Zeit- und Kostengrößen zwar begrüßenswert,
wichtig ist aber, die Ursachen dafür zu erkennen, um ggf. diese Ein-
sparungen auch zukünftig einplanen zu können. Umgekehrt sind
z. B. Überschreitungen von Kosten und Zeit bzw. Unterschreitungen
von Umsatzgrößen ebenfalls auf ihre Ursachen zu überprüfen, um
zukünftig Fehlerquellen auszuschließen.

Anzumerken ist, dass es Kennzahlen gibt, für die nur ein (oberer
bzw. unterer) Schwellenwert existiert, da in der anderen Richtung
entweder ein natürlicher Grenzwert liegt (z. B. tatsächlich null Fehler) oder zumindest theoretisch unendlich ist (z. B. Rendite).

Nicht alle Kennzahlen sind gleichrangig bzw. von gleicher **Bedeutung,** wie es bspw. mittels Cross-Impact-Analyse festgestellt werden
kann. Dies gilt für die gleichen Kennzahlen unterschiedlicher Score-
card-Ebenen ebenso wie grundsätzlich für unterschiedliche Unternehmungen: So mag bspw. der Ausbildungsstand der Mitarbeiter

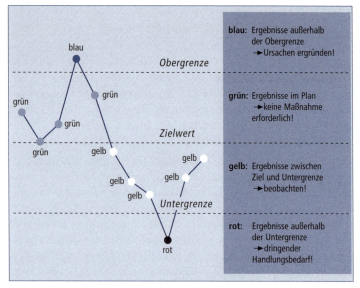

Abb. 3–5: Ampelsystem mit Schwellenwerten (Grafik vgl. Feuerstein (2001), Folie 69)

für den F&E-Bereich bzw. generell für ein Hightech-Unternehmen von größerer Bedeutung sein als für z. B. das Verkaufspersonal in einem SB-Warenhaus.[20] Daher kann bei der Bestimmung der Kennzahlen – falls nicht bereits bei der Bestimmung der Ziele eingeflossen eine *Priorisierung* erfolgen, indem die jeweiligen Kennzahlen entsprechend ihrer Bedeutung gewichtet werden. Diese Priorisierung muss dann auch entsprechend ins Reporting einfließen. Im Übrigen zeigt dieser Aspekt, dass die BSC-Entwicklung keinem starren Muster folgt, sondern individuell und gemäß der einzelnen Bedürfnisse (nicht nur der ganzen Unternehmung, sondern auch der einzelnen Organisationseinheiten) entwickelt werden muss.

3.3 Probleme

Abschließend sollen typische Probleme skizziert werden, die bei der Entwicklung und Implementierung einer BSC auftreten können. Dies sind zum einen klassische Projektprobleme, zum anderen spezifische, BSC-bezogene Knackpunkte, die über das Gelingen der BSC entscheiden:[21]

Problem: Scheinbare Einfachheit bzw. unterschätzte Komplexität der BSC

Das Grundmodell mit den vier Perspektiven ist einfach zu verstehen, das gilt auch für den Prozess aus Ableitung der Ziele aus der Strategie, Formulierung von Messgrößen und Zuordnung von Ist- und Zielwerten sowie der Bestimmung strategischer Aktionen. Die einzelnen Scorecards als Ergebnis dieses Prozesses sind ebenfalls leicht verständlich und die Wirkungsbeziehungen nachvollziehbar.

Aufgrund dieser Einfachheit kann leicht übersehen werden, dass die dahinter stehenden Zusammenhänge durchaus komplex sind und schließlich das gesamte Unternehmensgeschehen anhand relevanter (Erfolgs-)Faktoren abbilden. Um die wirklich wesentlichen Zusammenhänge zu erkennen, maßgebliche Einflussgrößen herauszufiltern, plausible Wirkungsbeziehungen zu ermitteln, die richtigen Kennzahlen und geeigneten Maßnahmen zu bestimmen, wird viel Zeit, Manpower und Sorgfalt benötigt. Im Sinne der Ausgewogenheit müssen unterschiedliche Personengruppen beteiligt werden, ohne eine davon (und deren Sichtweisen) zu bevorzugen. Hier ist viel Klärungs- und Abstimmungsbedarf nötig. Strittige Diskussionen sind ein notwendiger Weg zur konsistenten BSC.

Zusätzlich kann sich mit der BSC-Entwicklung der Bedarf zur Entwicklung bzw. Formulierung von Vision und Strategie ergeben, wodurch Mehrarbeiten anfallen. Darüber hinaus können mit der BSC die gesamte Unternehmensstrategie, Strukturen und Prozesse sowie Ressourcen in Frage gestellt werden. In diesem Sinne wirkt die BSC als Auslöser mit vielfältigen Folgearbeiten.

Schließlich ist die BSC nur dann nutzbringend anwendbar, wenn ihre Integration in bestehende Managementprozesse gesichert wird.

Auch hierdurch fallen ggf. umfassende Anpassungs- und Neuentwicklungsarbeiten an (z. B. bzgl. des Berichtswesens, der Planung oder informationstechnischer und vergütungsbezogener Art).

Problem: Der Zeitaufwand wird unterschätzt

Eine komplette Entwicklung und Einführung einer BSC dauert ca. ein bis zwei Jahre – auch abhängig davon, inwieweit Vision und Strategie schon geklärt sind und inwieweit die BSC-Teams fürs Projekt freigestellt werden.

Als Praxiswert für Vorbereitungszeit, Pilotprojekt und Roll-out können jeweils sechs Monate veranschlagt werden – insgesamt also rund eineinhalb Jahre. „Gut Ding braucht also Weile" – Schnellschüsse und schludrige Entwicklungen dienen keinem, sondern verbrauchen nur Ressourcen und mindern Vertrauen und Commitment. Viel Geduld und Sorgfalt werden für eine BSC benötigt.

Problem: Mangelnde Unterstützung der BSC durch die oberste Führungsebene

Die oberste Führungsebene stößt nicht nur das BSC-Projekt an, sie muss auch auf unterschiedliche Art und Weise involviert sein, damit die BSC ein Erfolg wird:

■ Aktive Beteiligung bei Formulierung von Vision und Strategie; dies ist unbedingt Sache der obersten Führungskräfte!

■ Bereitstellung der benötigten Ressourcen für die Entwicklung und Einführung der BSC.

■ Volles Commitment und „moralische" Unterstützung des BSC-Konzeptes im Sinne von Promotoren; dies ist ein entscheidender Punkt: Die BSC soll nicht als weiteres Instrument bzw. System „benutzt", sondern quer durch die Unternehmung gelebt werden. Die Unterstützung und Kommunikation seitens der obersten Führungsebene hat hierbei Vorbildcharakter.

■ Formulierung allgemeiner (Ziel-)Vorgaben beim top-down-Vorgehen und Überprüfung/Genehmigung bei bottom-up-Vorlagen. Hier ist besonders darauf zu achten, dass Bereichsegoismen zu überwinden sind.

■ Integration von und mit Managementansätzen: eine BSC greift unternehmensweit, daher müssen auf oberster Ebene Anstöße erfolgen und Entscheidungen getroffen werden, um eine bestmögliche Integration zu gewährleisten.

■ Mit der BSC ist ein „neues" Denken verbunden; damit wirkt sie auch verändernd auf die Unternehmenskultur. Die oberste Führungsebene muss hierzu flankierend tätig werden und z. B. ein Change Management fördern.

■ Das Top-Management darf seine Unterstützung nicht nach der erstmaligen Konzeption zurückziehen, sondern muss diese auch im laufenden Betrieb weiter gewähren: Mit der BSC ist ein ständiger Lern- und Anpassungsprozess verbunden, den es weiterhin zu fördern gilt.

Problem: Perfektionismus der Initiatoren oder im BSC-Team

Häufig ist eine erste Scorecard noch nicht vollständig – es fehlen noch einige Daten, manche Messgrößen liegen zunächst nur in Textform vor und werden erst im Laufe der Zeit konkretisiert. Die „erste" BSC ist mehr ein Rohling, dem noch der Feinschliff fehlt. Erst mit zunehmender Erfahrung und Erkenntnissen aus der Anwendung wird die BSC vollständig bzw. abgerundet – dies ist sozusagen ein immanenter Wesenszug des BSC-Konzeptes. Auf ein ehrgeiziges Entwickeln einer BSC am „grünen Tisch" sollte daher verzichtet werden – zwar sollen alle Komponenten enthalten und sorgfältig definiert werden, aber es muss Raum für Verbesserungen und derzeit noch vage Größen geben.

Ebenso fatal wäre es, in der BSC ein deterministisches Modell zu sehen, mit der die ganze Unternehmung in allen Details rechnerisch dargestellt werden kann. Dies liefe dem Gedanken der BSC zuwider, die mit den wenigen wesentlichen Größen eine unternehmensweite, strategische Steuerung anstrebt, ohne detailliert jeden (gar operativen) Einzelfall zu berücksichtigen. Zudem sind bestimmte Sachverhalte nur schwer quantifizierbar, sodass hier mit einer gewissen Vagheit gelebt werden muss.

Problem: Grundannahmen sind nicht geklärt

Oft wird davon ausgegangen, dass die Vision und Strategie der Unternehmung geklärt und allen bekannt sind; damit unterbleibt eine kritische Hinterfragung bzw. Neudefinition von Basisvorgaben, auf denen die BSC beruht – die formulierten Ziele schweben dann in der Luft, sind nicht schlüssig und vor allem: sie helfen nicht, eine gemeinsame bzw. die richtige Strategie zu erreichen. Damit ist keine vernünftige BSC-Entwicklung möglich, stattdessen werden Ressourcen verschwendet.

Erster (vorgelagerter) Schritt im Entwicklungsprozess muss daher die unbedingte und eindeutige Klärung der Strategie sein, da sie die Basis für die gesamte BSC darstellt. Dieser Prozessschritt ist ohne das Top-Management nicht vollziehbar.

In den BSC-Workshops sind Strategievorgaben kritisch zu prüfen. Wenn Uneindeutigkeit besteht, muss im Sinne einer Rückkoppelung eine klare Definition erfolgen. Ein Schlagwort zur Kennzeichnung einer Strategie (z. B. „Qualitätsführerschaft") reicht nicht aus – es muss klar formuliert und kommuniziert sein, was darunter zu verstehen ist, in welchem Bereich dies gilt, an welchen Punkten sie festgemacht wird. Dazu bedarf es ergänzender Beschreibungen der Strategie.

Problem: Die Ziele sind zu pauschal oder zu detailliert

Die BSC soll anhand einer überschaubaren Anzahl von Zielen die Unternehmung mit ihren wesentlichen Erfolgsfaktoren abbilden. Schon aus diesem Grund müssen die Ziele einigermaßen umfassend, aber doch hinreichend konkret formuliert sein – auf die richtige „Flughöhe" kommt es an! Zu allgemeine Basisziele sind genauso zu vermeiden wie zu konkrete Ziele (die dann eher Maßnahmen ähneln) – ein Ziel der Art „Top-Service bieten" ist zu allgemein (und müsste mindestens auf einen bestimmten Bereich bezogen werden), andererseits ist eines der Art „Kundenanfragen nach Dienstleistung XY binnen zwei Stunden beantworten" zu spezifisch.

Werden die strategischen Ziele dazwischen formuliert, beziehen sie sich auf einen bestimmten Aspekt (z. B. Erfolgsfaktor), sind aber noch keine Umsetzung im Sinne von Maßnahmen oder operativen Einzelzielen. Deshalb reicht eine Anzahl von ca. 20 Zielen aus *(ABB AG:* „twenty is plenty"), um die wesentlichen Steuerungshebel zu erfassen, denen dann jeweils ein bis zwei Kennzahlen als Einfluss- und Ergebnisgrößen zugeordnet werden.

Im Zuge der Ursachen-Wirkungsbeziehungen werden ausgewählte Ziele auch dahingehend überprüft, ob sie nicht mit anderen zu einem übergeordneten Ziel zusammengefasst werden können.

Problem: Ursache-Wirkungsbeziehungen sind nicht nachvollziehbar

Die ermittelten Ursache-Wirkungsbeziehungen stellen insgesamt ein sehr komplexes Gefüge dar, das trotz Visualisierung in einer Strategy Map nur bedingt erfasst werden kann. Deshalb ist zu raten, alle strategischen Zusammenhänge zusätzlich in einer BSC-Story („Story of the Strategy") textlich zu skizzieren, sodass jederzeit die (unterstellten) Zusammenhänge nachvollzogen und auch überprüft werden können.

Außerdem ist hierbei zu beachten, dass nicht sämtliche Wirkungsbeziehungen aufgenommen werden, sondern nur die als wesentlich erachteten – dabei sind allerdings unbedingt die getroffenen Annahmen zu überprüfen (z. B. mittels Cross-Impact-Analyse) und auch gegenläufige Wirkungen zu erkennen. Weder soll ein perfektionistisches Unternehmensmodell geschaffen noch sollen wesentliche Wirkungen außer Acht gelassen werden.

Problem: Die BSC ist nicht ausgewogen

Leicht gerät die BSC zu einem weiteren Kennzahlensystem, in dem quantitative (z. B. ROI) oder zumindest leicht quantifizierbare Messgrößen (z. B. Beschwerdehäufigkeit) überrepräsentiert sind, qualitative Faktoren jedoch ein Schattendasein führen. Dies ist zwar verständlich, aber unbedingt zu vermeiden! Natürlich ist es schwerer, ein Ziel wie „Qualitätsführerschaft" oder „Kundenzufriedenheit" zu operationalisieren, zumal dafür viele Kennzahlen in Frage kommen. Trotzdem müssen solche Messgrößen – sofern sie als relevant erachtet werden – genauso in der BSC enthalten sein und daher noch sorgfältiger definiert werden.

Ein anderer Aspekt ist jener, dass die BSC nicht für jede Unternehmung gleich gestaltet werden kann – im Gegenteil: die jeweiligen spezifischen Belange, Strukturen und Umfelder sind zu berücksichtigen. Jede BSC erfährt daher eine Priorisierung und Gewichtung der für die Unternehmung maßgeblichen Erfolgsfaktoren, Ziele, Kenngrößen und Maßnahmen.

Und schließlich soll das gesamte Unternehmensgeschehen mit allen relevanten Einfluss- und Ergebnisgrößen dargestellt werden wesentliche Faktoren dürfen dabei nicht außer Acht gelassen werden. Werttreiber eignen sich gut zur Steuerung, Ergebnisgrößen hingegen zur Messung im Nachhinein. Ausgewogenheit heißt auch, dass input- (z. B. Weiterbildungsmaßnahmen) und outputorientierte Kennzahlen (z. B. Verbesserungsvorschläge) aufgenommen werden sollen.

Problem: Projektleiter und/oder Moderatoren verfügen nur über einseitiges Know-how

Die Anforderungen an die Leiter des BSC-Teams und die Moderatoren einzelner Workshops sind vielfältig: Sie benötigen ein ausgefeiltes Methodenwissen, soziale Kompetenz, tiefe Kenntnisse des BSC-Konzeptes und natürlich Fachwissen über betriebliche Gegebenheiten und das Umfeld der Unternehmung. Deshalb ist bei der Benennung der Teamleiter unbedingt darauf zu achten, dass sie diese Fähigkeiten mitbringen. Ggf. sind externe Berater hinzuziehen, die eine solide BSC-Erfahrung haben. Ebenso sind unternehmensinterne Berater mit entsprechender Projekterfahrung einzusetzen, die zudem den Vorteil haben, sich unternehmensspezifisch auszukennen (was bei externen Beratern nicht immer der Fall ist). Natürlich können fallweise Spezialisten (z. B. aus betroffenen Bereichen) einbezogen werden. Evtl. sind auch Tandemlösungen denkbar, dass zwei Fachleute – je nach konkreter Aufgabenstellungen – wechselweise die Führungsrolle einnehmen.

Als kostengünstige Alternative, die speziell auch für den weiteren Roll-out anzustreben ist, sind bereits BSC-erfahrene Mitarbeiter als Multiplikatoren einzusetzen. Dies hat den weiteren Vorteil, dass die Gedanken der BSC breit in die Unternehmung hineingetragen und so eher in den Köpfen aller Mitarbeiter verankert wird.

Problem: Mitglieder des BSC-Teams werden zu sehr von ihren Routineaufgaben in der Linie beansprucht

Die ist absolut hinderlich und führt dazu, dass die BSC hingeschludert wird oder sich ihre Entwicklung lange hinzieht. Deshalb sind die Projektmitarbeiter (auch in den fallweisen Subteams) entsprechend freizustellen, am besten zu gleich bleibenden, festen Zeiten – oder, falls möglich, für die gesamte Projektdauer. Außerdem müssen die Teammitglieder den Kopf frei haben und nicht durch Routineprobleme belastet sein – die BSC-Entwicklung ist eine hochkreative Aufgabe, die mit großer Sorgfalt angegangen werden muss. Linienaufgaben, die parallel dazu bewältigt werden müssen, stören dabei.

Ebenfalls zu vermeiden ist, dass Teammitarbeiter oder Projektleiter nicht immer anwesend sind, später kommen oder früher gehen oder sich vertreten lassen. Stattdessen sollten alle Mitglieder durchgängig anwesend sein.

Problem: Die BSC-Teams werden zu heterogen und zu groß angesetzt

Klassische Folgen: ausufernde Diskussion, Übergehen von Minderheitenmeinungen, schwieriger Koordinationsbedarf. Zwar sollte tatsächlich eine aufgabenbezogene Heterogenität erreicht werden, um alle Facetten der zu behandelnden Probleme im Blick zu haben, bezogen auf Vorerfahrung und gemeinsame Sprache zu unterschiedliche Zusammensetzungen sind aber eher hinderlich. Bzgl. der Größe sollte ein Team fünf bis acht Mitglieder haben. Speziell für die Pilot-BSC ist jemand aus dem (strategischen) Controlling zu beteiligen.

Problem: Manche Bereiche fühlen sich nicht ausreichend berücksichtigt oder sind im BSC-Team nicht repräsentiert

Die Einführung der BSC ist ein unternehmensweites Projekt und muss quer durch die Unternehmung verstanden, akzeptiert und angewendet werden. Von daher ist eine breite Unterstützung nötig. In den Teams sollten alle betroffenen Bereiche vertreten sein, allerdings ohne dass die Teams zu groß werden. Ggf. sind in der Pilot-BSC die verschiedenen Bereichsleiter involviert. Bei jeder Stufe des Herunterbrechens sind die vielfältigen Aspekte der jeweiligen Scorecard auch in der Teambesetzung widerzuspiegeln.

Problem: Mangelnde Kommunikation während der BSC-Entwicklung

Kommunikationsprobleme sind – wie im richtigen Leben – oft Ursache für Probleme. Im Rahmen der BSC-Entwicklung muss eine permanente Kommunikation zwischen allen Beteiligten stattfinden, also innerhalb der Teams, mit Promotoren, zwischen Teamleitern und dem Architekten, zwischen diesem und der Geschäftsführung usw. Alle Projektergebnisse müssen dokumentiert und zugängig gemacht werden, ggf. über eine spezielle Kommunikationsplattform (z. B. via Intranet). Besonders zwischen den einzelnen Schnittstellen (z. B. bei parallel in einzelnen SGE oder Bereichen entwickelten Scorecards) muss der Informationsaustausch sichergestellt werden. Ebenso ist – gerade auch beim Roll-out – zu gewährleisten, dass alle benötigten Informationen an die nächste Ebene geliefert werden. Die Projektfortschrittskontrolle sowie bottom-up- und top-down-Entwicklungen bedürfen ebenso intensiver Informationsbeziehungen, gerade auch, um ein Feedback und ggf. Korrekturen zu ermöglichen.

Eine weitere Aufgabe der Kommunikation ist, das Wissen um die BSC und das methodische Vorgehen weiterzugeben und für das Konzept zu werben. In diesem Sinne hat das unternehmensinterne Marketing eine tragende und akzeptanzfördernde Rolle. Multiplikatoren, Mitarbeiterzeitung, Intranetforen, Betriebsversammlungen, zentrale „schwarze Bretter" und spezielle Slogans sind dazu geeignete Möglichkeiten.

Schließlich dient auch eine ausdrucksstarke IT-Darstellung der Kommunikation und letztlich der Akzeptanz. Viele Unternehmen wählen dazu eine Cockpitdarstellung, in der alle wesentlichen Parameter und Steuerungselemente angezeigt werden.

Problem: Die BSC wird nicht weiterentwickelt

Die BSC lebt davon, dass sie permanent hinterfragt und weiterentwickelt wird. Dies ergibt sich schon daraus, dass die getroffenen Kausalannahmen zunächst hypothetischen Charakter haben und manche Messgrößen noch nicht exakt definiert sind. Weiterer Anpassungsbedarf entsteht im laufenden Betrieb, der die BSC sozusagen auf den Prüfstand stellt.

Außerdem soll die BSC die Strategie spiegeln. Wird die Strategie geändert (z. B. aufgrund verschobener Umweltbedingungen), so muss ggf. die BSC teilweise angepasst werden. Aus welchen Gründen auch immer: eine BSC ist nie „fertig", sie entwickelt sich immer weiter. Der schlimmste Fall ist daher, wenn das Management die einmal entwickelte und eingeführte BSC als etwas Statisches ansieht – früher oder später wird dann mit einem falschen, nicht mehr stimmigen Instrument eine Steuerung versucht.

Dies muss dem Top-Management und den Mitarbeitern bewusst sein. Eine regelmäßige Überprüfung (z. B. im Rahmen der strategischen Planung) ist einzurichten. Ausreichende Ressourcen sind dafür bereitzustellen.

Problem: Die BSC-Entwicklung wird als rein informationstechnisches Problem angesehen

In diesem Fall wurde das Konzept nicht verstanden! Man könnte so weit gehen, zu sagen, dass die BSC keine neue Software benötigt. Zumindest macht dies klar, dass die IT nur eine Unterstützungsfunktion hat. Die Entwicklung selbst muss sozusagen „händisch" erfolgen – schon deshalb, damit die Beteiligten das Konzept „begreifen", dass ein Bewusstsein für die BSC entsteht (und weitervermittelt werden kann).

Außerdem soll die BSC ja gerade nicht als ein weiteres Tool oder Programm verstanden (und missbraucht) werden, sondern eine Integration ermöglichen.

Problem: Die BSC wird nicht akzeptiert

Das ist ein ganz dickes Problem, weil dann bereits „das Kind in den Brunnen gefallen ist". Deshalb sind mögliche Akzeptanzbarrieren zu antizipieren und zu überwinden. Eine Verweigerung der Akzeptanz kann vielfältige (und multipel verknüpfte) Ursachen haben, wie z. B.:

- Die BSC ist unausgewogen und betont einseitig z. B. nur die finanzielle Ebene. Mitarbeiter finden sich in der BSC nicht wieder.

- Die BSC wird zu wenig kommuniziert, im Betrieb wird sie als weiteres Instrument der Rationalisierung und Überwachung empfunden, die Mitarbeiter verweigern sich ihr.

- Die BSC ist das x-te Instrument in wenigen Jahren; Folge: die Mitarbeiter (evtl. auch Führungskräfte) sind schlichtweg überfordert zu erkennen, dass diesmal ein tauglicher Ansatz umgesetzt werden soll.

- Es besteht die falsche Unternehmenskultur, es gibt kein Klima des Vertrauens, sondern des Misstrauens. Dies verhindert eine offene Auseinandersetzung über Ziele und deren Wirkungsbeziehungen, wichtige Meinungen werden nicht geäußert, die BSC wird als Kontrollinstrument empfunden. Stattdessen wird eine „Ehrlichkeitskultur" benötigt, die behutsam und mit viel Geduld aufgebaut werden muss; Teamgeist, Corporate Identity und Transparenz – auch von Führungsinstrumenten – sind wichtige Elemente einer veränderten Unternehmenskultur.[22]

- Es werden zu wenige Mitarbeiter und Bereiche einbezogen, vielleicht gar die BSC von den Initiatoren im Alleingang entwickelt. Damit besteht einerseits die Gefahr, dass wichtige Zusammenhänge vergessen werden, andererseits beraubt man sich so der Möglichkeit, mehr Mitarbeiter aktiv mit einzubeziehen, deren Knowhow zu nutzen und deren Unterstützung zu erhalten.

- Die BSC deckt Managementverantwortung auf. Sobald dies den beteiligten Führungskräften bewusst wird, können sie eine ehrgeizige BSC-Entwicklung boykottieren und z. B. nur leicht zu erreichende (bzw. bereits erreichte) Zielwerte fordern.

Problem: Mangelnde Koppelung der BSC an das Anreizsystem

Eine BSC wird nur erfolgreich, wenn sie an Anreizsysteme gekoppelt wird. Aber genau hier liegt ein Manko, da die Zuordenbarkeit der persönlichen Leistung gerade aufgrund vorgelagerter Einflussgrößen derzeit eher ungelöst ist.[23] Zwar ist man sich einig, monetäre und nicht-monetäre Größen als Grundlage des Anreizsystems einzubeziehen, aber die persönliche (Nicht-)Beeinflussbarkeit von Messgrößen und Interventionen auf übergeordneter Ebene, die ggf. das Erreichen von Zielwerten verhindern, insgesamt also die eindeutige Zuordenbarkeit von Leistung wird vorerst noch ein ungelöstes Problem sein.

3.4 Zwischenfazit

Die Entwicklung einer BSC erfordert zunächst klare Inputs und Unterstützung seitens der Unternehmensleitung. Vor der eigentlichen Projektarbeit ist zu klären, welche Ziele für das BSC-Programm erreicht werden sollen, wie die grundsätzliche Vorgehensweise der Entwicklung sein soll (speziell die Piloteinheit und Roll-out-Stufen benennen) und natürlich müssen BSC-Verantwortlicher, BSC-Team und ggf. weitere Rollen besetzt sowie die nötigen Ressourcen bereitgestellt werden.

Außerdem ist zu prüfen, ob und inwieweit die Vision und die Strategie vorliegen; es muss geklärt werden, ob sie eindeutig formuliert sind, noch aktuell sind und allgemeiner Konsens über deren Inhalte besteht. Falls nicht, muss eine Klärung (vorm eigentlichen BSC-Projekt) unter Beteiligung der obersten Führungsebene erfolgen.

Die BSC sollte von einem interdisziplinären Team entwickelt werden.

Neben dem Architekten und dem BSC-Team für die Pilot-BSC sind fallweise weitere Personengruppen einzubeziehen: Allen voran das Top-Management, ohne dessen Commitment und unbedingte Unterstützung nichts geht. Außerdem ggf. ein Lenkungsausschuss, Promotoren zur fachlichen, sozialen oder entscheidungsbezogenen Unterstützung, Führungskräfte der einzelnen Organisationseinheiten und Ebenen, Verantwortliche für einzelne Messgrößen und Maßnahmen sowie interne und externe Berater.

Zum Prozess der BSC-Entwicklung gibt es leicht unterschiedliche Empfehlungen; hier wurde einer Vorgehensweise gefolgt, die aus diesen Schritten besteht:

(0) Klären und verbindliches Formulieren von Vision und Strategie

(1) Architekt und Projektziele bestimmen sowie BSC-Team bilden

(2) Festlegen der Grundarchitektur (z. B. Perspektiven definieren)

(3) Übereinstimmung der strategischen Ziele erreichen, Ziele definieren und Ursache-Wirkungsbeziehungen ermitteln und überprüfen[24]

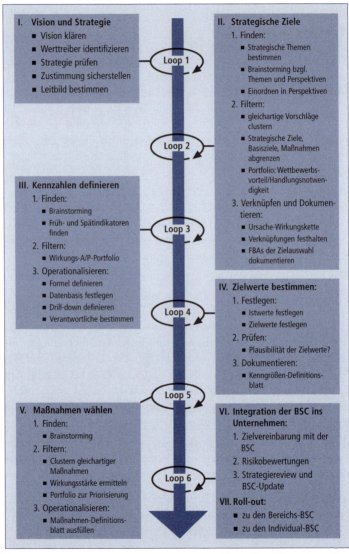

Abb. 3–6: Six-Loop-Konzept der BSC-Entwicklung (Grafik nach Gerberich (2004a), Folie 15)

(4) Festlegen der Maßgrößen und der operationalen Ziele inkl. Definieren von Ist- und Zielwerten und Verantwortlichen

(5) Definieren der strategischen Aktionen (Maßnahmen) und Benennen der Maßnahmenverantwortlichen

(6) Implementierungsplan und Roll-out bestimmen inkl. Pilot-Ergebnisse verabschieden, BSC auf die weiteren Organisationseinheiten herunterbrechen und BSC in Berichts- und Managementsystem integrieren. Hierbei sind explizite Feedback- und Lernprozesse zu verankern.

Der Zeitplan hängt vom Umfang und der Intensität bzw. Häufigkeit der Teammeetings ab; außerdem davon, ob zunächst noch Vision und Strategie entwickelt bzw. formuliert werden müssen. Als Praxiserfahrung sind (inkl. Roll-out) ca. 1,5 Jahre zu veranschlagen. Es muss allen Beteiligten klar sein, dass eine BSC nicht „mal eben so nebenbei" entwickelt wird, sondern wirklich Zeit, Mühe und Sorgfalt kostet. Auch dieser Aspekt muss kommuniziert werden und bedarf der Unterstützung durch das Top-Management.

Bei der Entwicklung ist stets zu hinterfragen, welchen Beitrag die Ziele einer Perspektive zur gemeinsamen Zielerreichung bzw. zur Erfüllung der Strategie leisten. Auch zwischen den einzelnen Perspektiven sowie den einzelnen Scorecards ist auf unterstützende Wirkungen abzustellen. Ganz wichtig ist, dass die richtigen Ziele formuliert werden, die für die betrachtete Perspektive relevant sind, aber weder zu allgemein noch zu speziell festgelegt werden. Insgesamt sind ca. 20 Ziele zu bestimmen, die die wesentlichen Erfolgsfaktoren der Unternehmung spiegeln, die das relevante Wirkungsgefüge aufzeigen und die verantwortlich für die Erfüllung der Strategie sind.

Für jedes Ziel sind eine oder zwei Kennzahlen zu bestimmen, die die Zielerreichung am besten wiedergeben. Über diese Kennzahlen erfolgt später die Steuerung. Dazu sind Ist- und Zielwerte festzulegen, wobei die Zielwerte ehrgeizig, aber erreichbar sein sollten.

Zu Erreichung der Zielwerte (und damit der Zielerreichung dienend) sind Maßnahmen zu bestimmen, mittels derer die formulierten Werte erreicht werden können. Die Maßnahmen sind mit den bereits laufenden oder geplanten Projekten abzustimmen – ggf. sind Priorisierungen bei der Ressourcenzuteilung (zugunsten der BSC-Maßnahmen) vorzunehmen. Für die Kennzahlen und die Maßnahmen sind jeweils Verantwortliche (Paten) zu benennen, die als Ansprechpartner fungieren und die Umsetzung betreuen.

Zum Abschluss und als Zusammenfassung noch einmal ein Prozessablauf der BSC-Entwicklung mit den Detailinhalten (Abb. 3–6).

4. Kapitel

Bereichs-Scorecards

Eine Bereichs-Scorecard ist bei einer top-down-Entwicklung jene Scorecard, die beim Herunterbrechen auf nachgelagerte Organisationseinheiten aus der Unternehmens-Scorecard abgeleitet wird; sie enthält i. d. R. sämtliche Perspektiven und Ziele der Unternehmens-Scorecard und versucht, diese aus Bereichssicht zu konkretisieren, wozu spezifische Kennzahlen und Maßnahmen bestimmt werden. Auch bei einer bottom-up-Entwicklung ist auf Kongruenz zu übergeordneten Zielen zu achten.

4.1 Grundsätzliches zu Bereichs-Scorecards

Es existieren mehrere Entwicklungswege für Scorecards, wobei bspw. die Pilot-Scorecard für die gesamte Unternehmung entwickelt und anschließend – entsprechend der Hierarchie – auf die weiteren Organisationseinheiten heruntergebrochen wird. Dabei werden quasi die Ziele und Kennzahlen der übergeordneten Ebene auf die untergeordnete „vererbt" (was eine Variation nicht ausschließt).[1]

Genauso möglich ist aber, dass die Pilot-BSC eine bestimmte Organisationseinheit, z. B. einen Funktionsbereich, zum Gegenstand hat, und erst anschließend die Vorgehensweise und Ergebnisse auf die gesamte Unternehmung übertragen werden.

Eine Bereichs-Scorecard kann einen klassischen Funktionsbereich zum Gegenstand haben (z. B. Produktion, Beschaffung, Controlling), aber auch eine Unterstützungsfunktion, wie z. B. Informationsverarbeitung, Logistik oder Personal – und darüber hinaus auch kleinere, untergeordnete Einheiten.

Nachfolgend werden spezifische Aspekte ausgewählter Bereiche dargestellt, die bei deren BSC-Entwicklung zu beachten sind.

4.2 Logistik

Logistikziele können in der Prozessperspektive enthalten, aber auch in einer gesonderten Perspektive definiert werden, wenn sie für die Unternehmung von besonderer Bedeutung sind.

Mögliche Ziele und Kennzahlen sind bspw. im Handel:[2]

- schnelle Warenbereitstellung: Durchlaufzeit < x Tage

- Lieferqualität: Servicegrad

- Logistikeffizienz: Servicegrad dividiert durch Logistikkosten

- Zukunftstechnologien: Anteil der mittels ECR (Efficient Consumer Response) geführten Produkte am Gesamtanteil aller Produkte

Gerade im Logistikbereich sind Kennzahlen nichts Neues – eine Fülle davon ist seit langem im Einsatz. Im Rahmen einer BSC-Einführung und dem Herunterbrechen auf den Logistikbereich wird allerdings erreicht, dass zur Steuerung die wenigen relevanten Kennzahlen ausgewählt und überprüft werden, mit denen die Strategieumsetzung auch im Logistikbereich konsequent verfolgt werden kann.

Selbstredend kann der Logistikbereich weiter heruntergebrochen werden, sodass bspw. eine Beschaffungslogistik-BSC, eine Produktionslogistik-BSC und eine Distributionslogistik-BSC denkbar sind.[3]

Im folgenden Beispiel seien als strategische Ziele

- die Erhöhung der Kundenzufriedenheit sowie

- die Senkung der Logistikkosten (auf ein durch Benchmarking ermitteltes Best-in-Class-Niveau) angenommen.

Als Perspektiven seien die Finanz-, die Kunden-, die Lieferanten- und die interne Prozessperspektive definiert – eine Mitarbeiterperspektive sollte zwar ebenfalls enthalten sein, ist hier aber inhaltlich von nachrangiger Bedeutung und wird deshalb ausgeblendet; relevante Ziele und Wirkungsbeziehungen zeigt Abb. 4–1.

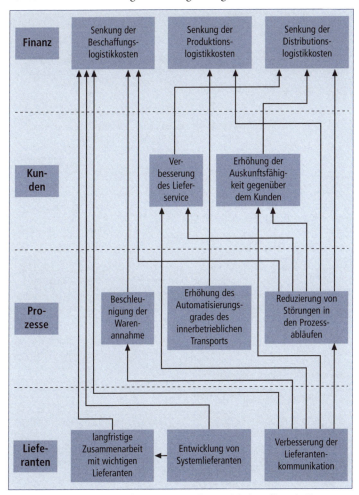

Abb. 4–1: Strategy Map für den Logistik-Bereich (Grafik vgl. Siepmann (2003), S. 323 f.)

Dazu lassen sich folgende Kennzahlen, Zielvorgaben und Maßnahmen formulieren:

Ziele	Kennzahlen	Zielvorgaben	Maßnahmen
Kundenperspektive:			
Verbesserung des Lieferservice	■ Termintreue	■ 98% bei A-Kunden, 95% bei B- und C-Kunden	■ Auskunftsfähigkeit des PPS-Systems verbessern
	■ Beanstandungsquote	■ 1% bei A-Kunden, 2% bei B- und C-Kunden	■ Qualitätssicherung verbessern
Auskunftsfähigkeit gegenüber Kunden erhöhen	■ Anteil unbeantworteter Kundenanfragen zum Auftragsstatus	■ ≤ 5%	■ Internetbasiertes Inform.-system zur Verfolgung des Auftragsstatus einrichten
Interne Prozessperspektive:			
Warenannahme beschleunigen	■ Durchschnittl. Liegezeit im Wareneingang ■ Warenannahmezeit je eingehender Sendung	■ ≤ 1 Std. ■ – 50%	■ Mit Lieferanten feste Liefertermine vereinbaren ■ Sendungen/Lieferscheine mit Barcodes kennzeichnen
Automatisierungsgrad des innerbetriebl. Transports erhöhen	■ Anteil automatisch gesteuerter interner Transporte am gesamten innerbetrieblichen Transportauftragsaufkommen	■ Erhöhung auf 75%	■ Einsatz fahrerloser Transportsysteme erhöhen
Reduzierung von Störungen in den Prozessabläufen	■ Anzahl Transportunfälle p. a. ■ Verfügbarkeitsgrad der regalförderzeuge in den Lagern	■ – 50% ■ Erhöhung auf 99,5%	■ Mitarbeiter schulen ■ vorbeugende Instandhaltung

Tab. 4–1: Perspektiven der Logistik-Scorecards (Grafiken vgl. Siepmann (2003), S. 323 f.) [Auszug]

4.3 Key-Account-Management

Key-Account-Management zielt darauf ab, die derzeitigen und zukünftig möglichen Schlüsselkunden (Key Accounts; KA) und die Beziehungen zu diesen besonders zu fokussieren, zu analysieren und zu gestalten. Dazu sind weniger finanzwirtschaftliche Ergebnisgrößen geeignet, sondern vor allem qualitative Kennzahlen zur Erfolgsmessung und über die Wechselbeziehungen zwischen internen Erfolgspotentialen und Kunden. Diese gilt es regelmäßig zu erfassen, zu analysieren und als Grundlage zur Steuerung der Kundenbeziehung zu nehmen.

Da die BSC diese Möglichkeiten beinhaltet, kann (und sollte bei Bedarf) ein Key-Account-Management (KAM) in eine BSC integriert werden. Auch hierzu sind verschiedene Lösungen denkbar, so kann bspw. die Kundenperspektive in eine Key-Accounts-Perspektive umdefiniert werden, wobei die restlichen Kunden und Märkte allerdings nicht vernachlässigt werden dürfen, soweit sie strategisch relevant sind. Oder es erfolgt beim Herunterbrechen für den Bereich des KAM eine entsprechende Konkretisierung der (klassischen) Perspektiven mit dem Fokus auf relevante Kundengruppen.

Die Beispiele in Tab. 4–2 folgen eher der letztgenannten Variante, sind aber auch auf eine grundsätzliche KA-Perspektive übertragbar. Beim Herunterbrechen werden die unternehmensweit definierten Ziele, Kennzahlen und Maßnahmen insgesamt für das KAM präzisiert, eine Ebene tiefer erfolgt dann eine weitere Konkretisierung bezogen auf jeden einzelnen Schlüsselkunden.

Leitfragen der einzelnen Perspektiven sind hierbei:[4]

- **Kunden-/KA-Perspektive:** „Wie sollte der KA unsere Leistungen empfinden/beurteilen?"

- **Finanzperspektive:** „Wie sollte unsere Leistung gegenüber dem KA finanziell/ergebnismäßig optimiert werden?"

- **Prozessperspektive:** „Wie können unsere Prozesse für die Leistungen gegenüber dem KA optimiert werden?"

■ **Potentialperspektive:** „Wie kann das Lernen innerhalb der KAM-Organisation, insbesondere in den KAM-Teams, gefördert werden, um Wettbewerbsvorteile in der Bearbeitung von Schlüsselkunden aufzubauen und zu erhalten?"

Strategische Ziele	Messgrößen	Zielwerte
Kundenzufriedenheit steigern	■ Kundenzufriedenheitsindex (Kundenbefragungen) ■ qualitative Fragen	■ Index-Steigerung um x % ■ qualitative Beurteilung
Beschwerden/Reklamationen reduzieren	■ Anzahl Beschwerden ■ Ausmaß der Problemursache	■ Beschwerdeanzahl senken um x % ■ Problemursachen senken
Effizienz in der KAM-Team-Koordination steigern	■ qualitative Befragung der Kunden ■ qualitative Befragung des KAM-Teams	■ qualitative Beurteilung
Angebotsqualität steigern	■ Anzahl Zuschläge aus Ausschreibungen	■ Steigerung um x %
Status: bevorzugter Lieferant beim Kunden	■ Lieferantenbewertung durch KA	■ Status halten oder Position verbessern
Akquise neuer KA	■ Aufträge durch neue KA	■ Auftragseingang steigern um x %
Intensivere Zusammenarbeit mit KA	■ Anzahl gemeinsamer Innovationen, F&E-Projekte oder Events mit KA	■ Anzahl steigern um x %
Beziehungsqualität verbessern	■ Kontakthäufigkeit ■ Anzahl Kundenevents	■ Steigerung um x %

Tab. 4–2: Scorecard: Key-Accounts-Perspektive

4.4 Personal

Üblicherweise werden die Humanressourcen in der Potentialperspektive erfasst, dort allerdings zusammen mit anderen Potentialen, insbesondere auch informatorischer Art sowie dem Innovationsvermögen innerhalb der Unternehmung. Um den Aspekt „Personal" stärker zu akzentuieren, kann es sinnvoll sein – gerade auch bei Dienstleistern – diesen Bereich besonders zu erfassen; dies geschieht bspw. (beim Herunterbrechen) durch die Entwicklung einer Bereichs-Scorecard „Personal".[5] Diese greift alle Perspektiven der Unternehmens-Scorecard auf und verfeinert die Ziele und Messgrößen aus Sicht des Personalbereichs.

Bei der *Deutschen Bahn AG* wurden zuerst mögliche Perspektiven und Ziele einer Unternehmens-Scorecard genannt.

Die spezifischen Belange des Personalmanagements können dabei zweifach berücksichtigt werden: einerseits durch die Einbeziehung der Verantwortlichen in die Entwicklung der Unternehmens-Scorecard und insofern Beteiligung bei der Bestimmung der personalrelevanten Ziele (siehe Kästchen unten rechts), andererseits auf der Ebene des Personalbereichs, wenn die bereichsspezifische Personal-Scorecard entwickelt wird, worin die unternehmensbezogenen Ziele übertragen und bereichsspezifisch definiert werden:[6]

Kundenzufriedenheit/Marktanteil	Effizienz/Finanzziele
■ Ergebnis Kundenbefragung	■ Budgetentwicklung
■ Kundenbindung	■ Betreuungsquote
■ Streitfälle mit Betriebsrat (Einigungs-stellen-, Güteverfahren)	■ Fluktuation als Leistung des Personalmanagements (PM)
■ Beschwerden	■ Mobilität als Leistung des PM
Qualität der Leistungserstellung	**Engagement der Mitarbeiter**
■ Fehlerquote (z. B. in der Abrechnung)	■ Qualifikationsstand
■ Fortschritt in der Reorganisation	■ Zahl der geführten Führungs- und Mitarbeitergespräche
■ Deckung Personalbedarf	■ Fluktuation
	■ Gesundheitsstand

Tab. 4–3: Bereichs-Scorecard Personal

Deutlich wird, dass in der Bereichs-Scorecard die Ziele der Unternehmens-Scorecard präzisiert wurden bzw., dass untersucht wurde, welcher Beitrag auf Personalebene geleistet werden kann, um die übergeordneten Ziele zu erreichen. Einschränkend muss angemerkt werden, dass die hier genannten „Ziele" eher den Charakter möglicher Messgrößen haben.

In einem weiteren Beispiel soll die klarere Definition von Zielen aus Personalbereichssicht und die Zuordnung spezifischer Kennzahlen aufgezeigt werden. Leitgedanke einer Bereichs-BSC „Human-Resources-Management" wäre, inwieweit das Personalmanagement die Unternehmensstrategie unterstützen kann, und zwar speziell durch eine konsequente Kundenorientierung (auch intern), eine Steigerung der Leistungsfähigkeit und Senkung von Kosten, Beiträge zu einer kontinuierlichen Prozessverbesserung sowie ein Fördern von internem Lernen, wie z. B. durch Inhouse-Schulungen und -Beratungen, Verbundeffekte beim Lernen oder Innovations- und Leistungssteigerungsanreizen.

In diesem Sinne könnte eine Funktionsbereichs-Scorecard für das Personalmanagement bspw. so aussehen:[7]

Gewichtung	Strategische Ziele	Messgrößen
Finanz 35%	■ Hohe Kostentransparenz ■ Marktgerechte Kosten-Nutzen-Relation ■ ...	■ leistungsspezifische Kostenstrukturen ■ Auslastungsgrad der MA ■ Anzahl der betreuten internen Kunden ■ Zuwachs der Servicefähigkeit
Kunden 30%	■ Akquisition eines internen Stammkunden-Portfolios ■ interne Wettbewerbs- und Marktorientierung	■ interne Kundenzufriedenheit ■ Relation strategische/Standardprojekte ■ Cross-Selling inhouse
Prozess 20%	■ interne/externe Servicequalität ■ Innovationsprozesse im Personalmanagement	■ interne Servicekriterien ■ Anzahl Schnittstellen je Wertschöpfungsprozess ■ Reklamationsquote ■ Reaktionszeiten ■ Innovationsquote

Gewichtung	Strategische Ziele	Messgrößen
Potential 15%	■ ergebnisorientierte Führung ■ eigenverantwortliche Personalberatungsteams als Servicecenter ■ Förderung von Unternehmenskultur	■ 360-Grad-Führungskräfte-Feedback ■ Zielvereinbarungsbereitschaft ■ …

Tab. 4–4: Bereichs-Scorecard: HR-Management

Mit derartigen Zielen und Kennzahlen sowie geeigneten Maßnahmen wird nicht nur die BSC der Gesamtunternehmung auf den Personalbereich umgesetzt, sondern es wird auch eine deutliche Transparenz geschaffen, die ihrerseits als Leistungsanreiz dient und eine Service- bzw. Kundenorientierung fördert.

Insgesamt scheint gerade für den HR-Bereich ein gewisser Nachholbedarf zu bestehen: Während für die Kundenperspektive relativ leicht Ziele, Kennzahlen und Maßnahmen kreiert werden können, beschränkt sich dies in der Mitarbeiterperspektive oft auf Mitarbeiterzufriedenheit und Qualifizierungsaspekte – oder es werden blumige Indexkennzahlen vorgeschlagen, wie z. B. den Happy Employee Index (HEI) oder einen Employee Commitment Index (ECI), allerdings oft, ohne dass hierfür valide Korrelationen zwischen Messgröße und Unternehmenserfolg bzw. -strategie vorliegen.[8] Dieses Dilemma ist dadurch begründbar, dass es sich hierbei um vorrangig weiche Faktoren handelt, für die außerdem (im Vergleich bspw. zu Produktionsprozessen) wenig Vorwissen besteht. Zum anderen ist eine klare Erfolgszuordnung bspw. dadurch erschwert, weil z. B. trotz Leistungs- und Lernbereitschaft eines Mitarbeiters dieser von seinem Vorgesetzten blockiert werden kann, dass ein als angenehm empfundenes Betriebsklima nicht zwangsläufig zur Leistungssteigerung genutzt wird usw.

Trotzdem scheinen für den HR-Bereich Ziele und Kennzahlen definierbar. Ergänzend zu den obigen Beispielen sei zunächst ein Scorecard-Fragment für Personalbeschaffung und Personalentwicklung dargestellt (s. Tab. 4–5).

Strategische Ziele	Messgrößen	Maßnahmen
Wunsch-Arbeitgeber für adäquate Zielgruppen	■ Steigerung der Initiativbewerbungen um 20% ■ Steigerung der Imagewerte bei relevanten Zielgruppen ■ Absagereduktion auf Vertragsangebote von 30% auf 20%	■ Veröffentlichungen, Vorträge, Features der zuständigen Personalreferenten ■ professioneller und schneller Rekrutierungsprozess
intensives Hochschulmarketing	■ Besetzung der Nachwuchspositionen zu 70% aus firmeneigenem Stipendiatenpool	■ Sponsoring von Absolventen und Doktoranden ■ Hochschulkontakte ausbauen
Erreichen einer kreativen, fehlerverzeihenden Arbeitsatmosphäre	■ 20%ige Steigerung der Patentanmeldungen p. a. ■ 3 Innovationspreise/Produktauszeichnungen p. a. ■ 5 Vorschläge je Mitarbeiter im Ideenmanagement	■ Installation von Think-Tanks ■ Einsatz von Dream-Teams ■ Spin-off-Einheiten schaffen ■ attraktive Prämien/Auszeichnungen im betrieblichen Vorschlagswesen
Bindung der „High Potentials" an die Unternehmung	■ 90%ige interne Besetzung von Führungspositionen ■ 10% der Experten als „direct reports" ohne Führungsverantwortung ■ 5% der Leistungsträger regelmäßig in „off-job"-Entwicklungsmaßnahmen	■ individuelle Entwicklungspläne nach Potentialanalysen ■ Schaffung attraktiver Fachlaufbahnen ■ MBA-Stipendien anbieten ■ Sabbaticals einrichten ■ Corporate University ■ firmenexternes Rotationsprogramm

Tab. 4–5: Scorecard-Fragment: Personalbeschaffung und -entwicklung

Als Scorecard des Funktionsbereichs „Personal" sollte eine HR-Scorecard alle wesentlichen Teilfunktionen abbilden. Dazu gehören:[9]

■ Personalplanung

■ Personalbeschaffung

■ Personalbindung

■ Personalmotivation

■ Personalentwicklung

■ Personalfreisetzung

Die Relevanz von Zielen aus diesen Teilfunktionen ist stets im Zusammenhang mit den übergeordneten Zielen zu prüfen und für die einzelnen Perspektiven zu ermitteln. So mögen z. B. für die Prozessperspektive Ziele mit anderen Teilfunktionen verknüpft werden als mit der Kundenperspektive – wenn auch grundsätzlich für jede Perspektive alle Teilfunktionen eine Rolle spielen können.

4.5 Internal Audit

Aufgabe des Internal Audit (= interne Revision) ist die Unterstützung der Unternehmensführung, für die sie eine Überwachungsfunktion durch Prüfungen wahrnimmt und die sie entsprechend informiert. Interne Prüfungen können grundsätzlich alle Bereiche der Unternehmung betreffen mit Ausnahme der Unternehmensleitung selbst. Der Ursprung des Internal Audit (IA) liegt in Prüfungen im Bereich des Finanz- und Rechnungswesens (Financial Auditing). Neben diesem klassischen Betätigungsfeld decken moderne Internal Audit-Abteilungen heute ein breites Spektrum an Dienstleistungen ab:

- **Financial Auditing:** Prüfungen des Finanz- und Rechnungswesens, z. B. ordnungsgemäße Buchführung und Bilanzierung, Einhaltung von Sollvorgaben, Bewertungsregeln usw.

- **Operational Auditing:** Prüfungen im organisatorischen Bereich, z. B. Einhalten unternehmensinterner Regelungen, Zweckmäßigkeit von Aufbau- und Ablauforganisation einschließlich der Verbindungen und Beziehungen einzelner Bereiche.

- **Management-Auditing:** Prüfung und Beratung unternehmerischer Entscheidungen mit dem Ziel, Schwachstellen und Verbesserungspotentiale aufzudecken und eine optimale Koordination der Funktionen zu ermöglichen, darüber hinaus auch Beratungsfunktion bei der Ausbildung und Einarbeitung neuer Mitarbeiter, der Beurteilung von Mitarbeitern und dgl.

Dabei spielen längst nicht nur Fragen der Ordnungsmäßigkeit eine Rolle – genauso werden auch Sicherheitsfragen, Effektivitäts- und Effizienzaspekte untersucht. Damit erfüllt das Internal Audit eine umfassende Dienstleistungsfunktion, die es eher als interne Unternehmensberatung erscheinen lässt; dementsprechend wird es mehr als unterstützender Partner denn als „Unternehmenspolizei" wahrgenommen.[10]

Damit das IA diese Aufgaben bestmöglich erfüllt, bedarf es einer regelmäßigen Performanzmessung. Dazu sind jedoch finanzielle Messgrößen weniger geeignet, vielmehr müssen nicht-monetäre Aspekte gemessen werden. Von daher scheint eine Integration in die BSC möglich.

In der Tat kann beim Herunterbrechen der BSC auf einzelne Funktionsbereiche und weitere Organisationseinheiten auch eine Scorecard für die meist als Stabsabteilungen bzw. Cost-Center geführten IA-Abteilungen entwickelt werden.

Dabei tritt allerdings die Finanzperspektive in den Hintergrund, da das IA weniger in Kostengrößen, sondern an seinem (qualitativen) Wertbeitrag gemessen wird. Als Perspektiven werden hier vorgeschlagen:

- Kompetenz (IA-Mitarbeiter)
- Audit-Prozesse
- Finanzen & Ergebnisse
- Kunden (interne Kunden, z. B. das Top-Management oder Funktionsbereiche)

Für jede Perspektive sind Werttreiber zu definieren (z. B. Erfahrung der Mitarbeiter, vorhandenes Wissen, Arbeitsweisen, IA-Prozesse, soziale Kompetenz) und hinsichtlich ihrer Bedeutung im Wirkungsgeflecht zu untersuchen; hierzu kann eine Interdependenzmatrix bzw. Cross-Impact-Analyse durchgeführt werden, in der die Wirkungsbeziehungen zwischen den einzelnen Werttreibern untersucht und diese ggf. revidiert werden – Werttreiber mit einer hohen Aktivsumme beeinflussen andere stark, solche mit einer hohen Passivsumme werden stark beeinflusst[11] – s. Tab. 4–6. Im Beispiel reicht die Bewertungsskala von 0 = keine Beeinflussung bis 4 = sehr hohe Beeinflussung.

Es zeigt sich, dass Erfahrung und Wissen jene Werttreiber mit den höchsten Aktivsummen sind, also am stärksten auf andere wirken, gleichzeitig haben sie (zusammen mit „sozialer Kompetenz") die niedrigsten Passivsummen, werden also kaum von anderen Werttreibern beeinflusst und stellen so insgesamt wesentliche Basis-Skills dar.

⟳ wirkt auf ⟲	Ku-zfr.	Ko-ef-fiz.	Wis-sen	Er-fah-rung	soz. Kpt.	Orga	Pro-zess	IT-Res.	Aktiv-sum-me	Pro-dukt
Kundenzufr.		0	0	1	0	0	0	0	1	14
Kosteneffiz.	3		0	0	0	2	0	2	7	91
Wissen	4	2		0	0	3	3	1	13	39
Erfahrung	2	3	2		2	1	4	1	15	15
soz. Komp.	2	0	0	0		2	1	0	5	10
IA-Orga	1	2	0	0	0		3	3	9	72
IA-Prozesse	1	2	0	0	0	0		0	3	42
IT-Ressourc.	1	4	1	0	0	0	3		9	63
Passivsumme	14	13	3	1	2	8	14	7		
Quotient	0,1	0,5	4,3	15,0	2,5	1,1	0,2	1,3		

Tab. 4–6: Cross-Impact-Analyse

Am wenigsten beeinflussend wirken „Kundenzufriedenheit" und „IA-Prozesse" (Aktivsumme 1 bzw. 3), umgekehrt werden sie von anderen Werttreibern stark beeinflusst (Passivsumme jeweils 14). Damit handelt es sich also um Ergebnisgrößen.

Als Größe mit dem höchsten Produkt rangiert „Kosteneffizienz" vor „IA-Organisation" und „IT-Ressourcen" (und anderen Hilfsmitteln). Diese Werttreiber wirken also insgesamt relativ stark auf andere, werden aber gleichzeitig auch einigermaßen beeinflusst; sie stellen so zentrale Elemente im Wirkungsgefüge dar.

Sind die Werttreiber definiert und in einer Strategy Map in ihren Wirkungsbeziehungen dargestellt, müssen sie für die einzelnen Perspektiven präzisiert und ihnen Kennzahlen zugeordnet werden. Dies wird im nachstehenden Beispiel dargestellt.[12]

Mit dem Herunterbrechen bzw. Übertragen des BSC-Ansatzes auf den Bereich des Internal Audit kann eine Performanzsteigerung dieses Bereiches und insgesamt ein Beitrag zur Wertsteigerung der Unternehmung erzielt werden.

	Werttreiber	Messgrößen
Kompe-tenz	Motivation	Ergebnis MA-Fragebogen (Employee Satisfaction Survey)
	Kompetenzprofil	Kompetenzprofil je MA vs. Anforderungsprofil
	generelle Erfahrung	Zugehörigkeit der MA zu IA in Jahren
	spezifische Erfahrung	Anzahl MA mit mind. 5 Audits pro Konzernbereich
Audit-Prozess	Audit-Vorbereitung	Anzahl Tage zwischen Ankündigungsschreiben und Audit-Beginn
	Audit-Durchführung	Ist- vs. Soll-Stunden je Audit-Projekt
	Reporting-Zeitdauer	Anzahl Tage zw. Audit-Ende und Final Report
	Verbesserung internes Kontrollsystem	Anzahl umgesetzter Empfehlungen binnen 6 Monaten nach Audit-Ende/Gesamtzahl Empfehlungen
Finanzen/ Ergebnis	Ist-Kosten	Ist-Kosten je direkter Stunde/Benchmark
	Kundenservice-Level	direkte Std./indirekte Std. pro MA
	Mgmt. Development	interne Promotionen/Kündigungen der letzten 3 Jahre
Kunden	Kundenzufriedenheit	Ergebnisse der Kundenzufriedenheitsbögen der letzten 12 Monate
	Kundenanfragen	Anzahl direkt angefragter Projekte/Gesamtzahl durchgeführter Projekte
	Güte der Kundenbezie-hungen	subjektive Einschätzung der Güte der Kundenbe-ziehungen durch IA (einfache Skala)
	Audit Coverage	geleistete Std./geplante Std.

Tab. 4–7: Bereichs-Scorecard: Internal Audit

4.6 Wissensmanagement

Wissensmanagement ist kein klassischer Funktionsbereich. Allerdings ist Wissensmanagement eine gerade in Zeiten ständig zunehmender Umbrüche in der Umwelt der Unternehmung, sich verkürzender Halbwertzeiten von Technologien und Wissensstandards und der Anforderung einer erhöhten Flexibilität und raschen Reaktionsfähigkeit der Unternehmung und ihrer Mitarbeiter eine zentrale und permanent wahrzunehmende Aufgabe einer modernen Unternehmung.

Auch im Sinne von *Kaplan/Norton* soll das strategische Lernen durch die BSC begünstigt und institutionell verankert werden. Außerdem soll die BSC unterschiedliche neue Managementansätze vereinen, übersetzen und umsetzen helfen.

Von daher liegt der Gedanke nahe, die Unternehmens-Scorecard auch auf die Ebene des Wissensmanagements herunterzubrechen, damit dieses zur gesamten Strategieerfüllung optimal mit beiträgt.

Eine Wissens-Scorecard enthält demnach die bekannten (bzw. variierten) Perspektiven,[13] wobei folgenden Ziele verfolgt werden:

- **Kundenperspektive:** hier bedarf es eines Managements des Kundenwissens mit dem Ziel, die Kundenleistungen und Kundenbeziehungen rentabel zu gestalten.

- **Prozessperspektive:** Fokus hier ist das Management des Prozesswissens zur kosten- und qualitätsoptimalen Gestaltung von Prozessen und Produkten.

- **Mitarbeiter- bzw. Entwicklungsperspektive:** Das Ziel des Wissensmanagements ist die Realisierung langfristiger Erfolgspotentiale.

- **Finanzperspektive:** Alle anderen Perspektiven und das gesamte Wissensmanagement verfolgen letztlich eine Wertsteigerung für die Unternehmung (sie wird in den nachstehenden Beispielen daher nicht weiter vertieft).

Grundsätzlich kann (und soll) Wissen von außen, aber auch intern generiert werden; es muss aufbereitet und verfügbar gemacht, gefestigt, ausgebaut und weiterentwickelt werden. Die nachstehende Scorecard gibt hierzu Anhaltspunkte:[14]

Dimension	Ziele	Kennzahlen	Maßnahmen
Prozessperspektive			
Wissen erwerben	externe Beziehungen zum kostengünstigen Wissenserwerb nutzen	■ Anzahl Kooperationen mit externen Partnern ■ Anzahl Prozessverbesserungen aus ext. Anstößen/ges. Prozessverbesserungen	■ unternehmensexterne Beziehungen intensivieren ■ regelmäßige Auswertung der Erkenntnisse aus Kooperationen

Dimension	Ziele	Kennzahlen	Maßnahmen
Wissen entwickeln	Wissen der MA über die operativen Prozesse stetig verbessern und erweitern	■ Anzahl MA mit Technologiequalifikation xy/Gesamtzahl MA ■ Anzahl Personalentwicklungsmaßnahmen ■ Anzahl Patente je Technologiefeld	■ Informelle Diskussionsforen ■ Patentauswertung ■ F&E-Projektauswertung ■ individ. Qualitätsprofile erheben ■ Intranet-Wissensplätze einrichten ■ Wissens-Scouts benennen
Wissen verteilen	jeder MA soll das von ihm entwickelte Prozesswissen weitergeben können	■ Anteil Investitionen für Kommunikationssystem/Gesamtinvestition ■ Arbeitszeit für Wissenstransfer/Gesamtarbeitszeit	■ institutionalisierte interne Treffen ■ IT-Orga mit hoher Austauschkapazität ■ Wissenstransfer als Beurteilungskriterium für Leistung
Wissen anwenden	neues Prozesswissen soll nach Prüfung in neue Prozessabläufe einmünden	■ umgesetzte MA-Vorschläge/Gesamtzahl der Mitarbeitervorschläge	■ ergebnisbezogenes Wissenscontrolling ■ Teamstrukturen zur Zusammenführung unterschiedlicher Wissensbereiche ■ BVW ■ Qualitätszirkel
Wissen bewahren	implizites in explizites Wissen umwandeln und speichern; Erhalt des Prozesswissens	■ Anzahl Projektdokumentationen/Anzahl durchgeführten Projekte ■ Anzahl Zugriffe auf gespeichertes Wissen ■ Anzahl Prozesserneuerungen/Patentanzahl	■ Investitionen in IT-Dokumentierbarkeit automatisierte Dokumentationen ■ Werterhalt durch Schutz vor Imitationen (Patente, Geheimhaltung)
Entwicklungsperspektive			
Wissen erwerben	MA-Entwicklung durch Einbeziehen ext. DL gezielt fördern; Lücken d. Wis-	■ Ausgaben Personalmarketing/Gesamtausgaben	■ Patente kaufen ■ externe DL zur Personalentwicklung

Dimension	Ziele	Kennzahlen	Maßnahmen
	sensbasis durch ext. Wissen schließen	■ Ausgaben Personalentwicklung/Gesamtausgaben Personal ■ Anzahl erworbener Patente	
Wissen entwickeln	MA Kompetenzen einräumen, um Wissen selbst zu entwickeln	■ MA-Zufriedenheit mit Zeitausstattung ■ MA-Zufriedenheit Fort- und Weiterbildung ■ Bildungsstand je MA ■ Investitionen in MA-Bildung/Gesamtinvestitionen ■ Fortbildungen je MA + Jahr ■ Anzahl Innovationszirkel ■ Anzahl Ideen aus Ideenmanagement	■ gezielte Personalauswahl ■ Lernfähigkeit als Schlüsselqualifikation ■ innovationsfreundliche Unternehmenskultur ■ Redundanz in organisat. Funktionen
Wissen verteilen	MA-Entwicklung durch Weiterbildung hat hohe Priorität; Einbeziehen ext. DL, Experten und innovativer MA	■ MA-Zufriedenheit bzgl. unternehmensweiter Zusammenarbeit ■ Zugriffe auf Unternehmens-DB ■ Anzahl institutionalisierter Zugänge zu Wissen/Anzahl MA	■ Personalentwicklungsstruktur planen ■ Innovationszirkel ■ Anreizstruktur zur Wissensweitergabe
Wissen anwenden	Weiterbildungsmaßnahmen auf Vermittlung des Wissens im Arbeitsumfeld ausrichten	■ MA-Zufriedenheit mit Fort- & Weiterbildung bzgl. Anwendungsbezug	■ anwendungsorientierte Personalentwicklung ■ Bedarfsanalyse Weiterbildung
Wissen bewahren	Wissen d. langjährigen MA durch Bindung an Unternehmen bewahren	■ MA-Fluktuation ■ MA-Zufriedenheit DB und IT-Systeme ■ MA-Zufriedenheit allgemein	■ Dokumentation Personalentwicklung ■ stetiges Lernen und Wiederholen auf individueller Ebene

Tab. 4–8: Bereichs-Scorecards: Wissensmanagement (Auszug)

Die genannten Ziele, Kennzahlen und Maßnahmen zeigen deutlich, wie genau die Unternehmensziele auf der Ebene des Wissensmanagements umgesetzt werden können. Leitgedanke dabei ist, durch das Wissensmanagement eine stetige Wertsteigerung zu erreichen – insofern ist die Finanzperspektive klar übergeordnet anzusehen. Allerdings besteht das Problem, dass der Beitrag des Wissensmanagement zwar Auswirkungen auf finanzielle und Ergebnis-Kennzahlen haben, dieser aber kaum genau erfasst werden kann; deshalb scheint hier eine qualitative Beschreibung sinnvoll.

In Anlehnung an den Discounted Cashflow (DCF) könnte ein Discounted-Knowledge-Cashflow (DKCF) definiert werden, bei dem der jeweils zukünftige Wissens-Cashflow als Saldo aus jenen Ein- und Auszahlungen ermittelt wird, die den Wissensaktivitäten zurechenbar sind: Einzahlungen können bspw. Patent- oder Lizenzerlöse sein, genauso wie Erlöse aus der (verbesserten) Wertschöpfung der Unternehmung – wenn dies auch relativ schwierig erscheint; ein Indiz für den Anteil des Wissensmanagements am Erlös wäre die Wissensintensität eines Produktes.

Auch die Auszahlungen (Kosten) sind recht komplex: Zum einen steht dahinter Zeit für den Erwerb von Wissen (ggf. im Vergleich zur Gesamtarbeitszeit), zum anderen Kosten für entsprechende Investitionen in technische Infrastruktur, Unterstützungsleistungen, Weiterbildungsmaßnahmen, Wissenskäufe und dgl.

Selbst wenn hier noch ein weiterer Bedarf für Forschung, Experimentieren und möglicherweise vorläufig textlich beschriebenen Kennzahlen besteht, ist in Anbetracht der Bedeutung von Wissensmanagement für eine zukunftsfähige Unternehmung eine Wissens-Scorecard nicht nur sinnvoll, sondern unverzichtbar.

5. Kapitel

Zusatzperspektiven und Weiterentwicklungen

Die BSC ist ein Konzept, das wesentliche Zusammenhänge übersichtlich aufzeigt. Damit die gewünschte Komplexitätsreduktion auch in der praktischen Umsetzung erhalten bleibt, sollten nur wenige Perspektiven (sowie Ziele, Kennzahlen und Maßnahmen) gewählt werden. Allerdings mag es für bestimmte Unternehmen bzw. Branchen sinnvoll sein, die klassischen vier Perspektiven teilweise zu ersetzen oder zu ergänzen.[1] In diesem Sinne werden nachfolgend einige Perspektiven diskutiert.

Wie für jede der klassischen Perspektiven gilt für die nachfolgend vorgestellten, dass auch hier jeweils drei bis fünf Ziele definiert und für jedes Ziel Kennzahlen mit Ist- und Zielwerten sowie Maßnahmen bestimmt werden.

5.1 Grundsätzliches

Jede Unternehmung sollte ihre eigene Scorecard entwickeln, die die Belange (und Erfolgsfaktoren) und wesentlichen Steuerungsgrößen am besten abbildet. Daher kann z. B. eine gesonderte Personalperspektive sinnvoll sein, wenn es z. B. um personalintensive Dienstleistungen geht, eine Kommunikationsperspektive, wenn diese als relevant erachtet wird, eine Lieferantenperspektive, wie sie sich für den Handel anbietet, oder eine spezifische Innovations- oder F&E-Perspektive, wenn die Innovationsfähigkeit eine besondere Rolle spielt.

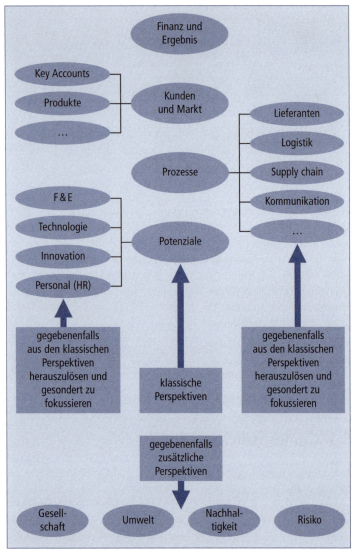

Abb. 5–1: Mögliche Zusatzperspektiven

Nachfolgend werden mögliche Zusatzperspektiven dargestellt. Ein Teil davon ist in den klassischen Perspektiven teilweise enthalten, soll aber in einer eigenen Perspektive besonders hervorgehoben werden – so mag z. B. die Personalperspektive aus der Potentialperspektive herausgelöst und damit vertiefend beachtet werden; das Gleiche gilt für eine Logistikperspektive, die ansonsten (ansatzweise) in der Prozessperspektive enthalten ist. Ein anderer Teil ist in den klassischen Perspektiven nicht enthalten und kann als Ergänzung und Weiterentwicklung angesehen werden – dies trifft z. B. auf eine Gesellschafts- oder Umweltperspektive zu, die vorgelagerte Faktoren explizit berücksichtigen. Abb. 5–1 zeigt mögliche Variationen.

Grundsätzlich bestehen zwei alternative Möglichkeiten der Erweiterung der klassischen Scorecards:[2]

- **Additiver Ansatz:** Hierbei wird den klassischen Perspektiven eine weitere Perspektive hinzugefügt, um deren besonderen Belange ausgiebig zu berücksichtigen. Beispiele hierfür sind eine Lieferanten- oder Kreditgeberperspektive sowie eine vorgelagerte Gesellschafts- oder Umweltperspektive. Im weiteren Sinne zählt dazu auch das Herauslösen von Aspekten aus einer klassischen und Akzentuierung als eigenständige Perspektive, wie z. B. bei einer Kommunikations-, Innovations- oder Logistikperspektive.

- **Integrativer Ansatz:** Hier werden die klassischen Perspektiven beibehalten (oder ggf. teilweise ersetzt), in jeder Perspektive werden aber zusätzlich weitere, strategisch bedeutsame Aspekte integriert, wie z. B. Risiken oder Nachhaltigkeit. Der Vorteil dieser Variante liegt darin, dass die Zahl der Perspektiven und damit auch die der Ziele und Kennzahlen übersichtlich bleibt, während gleichzeitig die besondere Sichtweise (z. B. Risiko- und/oder Nachhaltigkeitsorientierung) quer durch jede Scorecard verfolgt wird und in jede Zielformulierung einfließt.

Obwohl für einige dieser zusätzlichen Orientierungen beide Varianten denkbar sind (z. B. Gesellschaft), bietet sich folgendes Vorgehen an:

Für jene Aspektbereiche, die eng abgrenzbar sind und eher eine spezifische Funktion ausdrücken (z. B. Lieferanten, Logistik, Innovation, Kommunikation) ist der additive Ansatz vorzuziehen. Für generelle Aspekte, die auf alle (anderen) Perspektiven wirken (wie z. B. Ansprüche der Gesellschaft, Nachhaltigkeit, strategische Risiken und Chancen), ist der integrative Ansatz besser geeignet, durch den jede der bestehenden Perspektiven durch zusätzliche Betrachtungswinkel ergänzt wird.

Nachfolgend werden Zusatzperspektiven diskutiert, und zwar als *additive* Variante:

- Lieferanten
- Supply-Chain-Management
- Umwelt (als Basisperspektive)

Und als *integrativer* Ansatz:

- Environmental-Scorecard
- Nachhaltigkeits-BSC
- Risiko-BSC

5.2 Lieferanten

In Industrieunternehmen wird – je nach Fertigungstiefe bzw. Anzahl der selbst bearbeiteten Stufen der Wertschöpfungskette – ein Großteil des letztlich abzusetzenden Produktes in der eigenen Unternehmung geschaffen, wodurch Produktpalette und Produktqualität zu einem hohen Maße selbst beeinflusst werden können. Anders bspw. in Handelsunternehmen, bei denen das Waren- und Serviceangebot zu einem großen Teil von der Warenbeschaffung determiniert wird und damit von der Beziehung zu den Lieferanten.[3] Von daher mag es gerade für diese Branche sinnvoll sein, eine Lieferantenperspektive abzugrenzen und im Rahmen einer BSC zu berücksichtigen.[4]

Erfolgsfaktoren bzw. Ziele einer solchen Lieferantenperspektive können bspw. sein:

- Sortimentsexzellenz zu erreichen und zu sichern
- ein klares Sortimentsprofil zu erlangen
- eine Aktualität der Sortimente zu gewährleisten und

- ein Replenishment zu entwickeln, d. h., ein effizientes System zur Versorgung des Verkaufs mit Produkten durch ideale Nachfüllprozesse zu implementieren und aufrechtzuerhalten.

Zu den genannten Zielen sind diverse handels- bzw. lieferantenspezifische Kennzahlen zu definieren, wie nachfolgend skizziert.[5]

Die **Sortimentsexzellenz** kann mittels dieser Kennzahlen erfasst werden:

- Sortimentsindex als Ausdruck der Verfügbarkeit und Preissegmentierung; Daten hierzu können Kunden- und Verkaufsbefragungen sowie das Warenwirtschaftssystem liefern. Es sind auch Gründe für Nicht-Verkäufe zu ermitteln, um die Sortimentsgestaltung verbessern zu können. Der Sortimentsindex kann als Multi-Methoden-Messung erfasst werden, der verschiedene Parameter erfragt, wie Qualität, Preis, Preis-Leistungs-Verhältnis, verfügbare Größen usw.[6]

- Rennerquote und Pennerquote zeigen, inwieweit der Bestandsumschlag mind. 50% über (bzw. unter) den Planwerten liegt, bezogen auf den gesamten Stückbestand der jeweiligen Artikel-/Farb-Kombinationen. Hierdurch werden Hinweise für eine Sortimentserweiterung bzw. -bereinigung geliefert.

- Eine Fast-Seller-Quote zeigt den Anteil jener Artikel, die in einer definierten kurzen Zeitspanne abverkauft werden.

Die **Entwicklung des Sortimentsprofils** wird bspw. so gemessen:

- Der Umsatzanteil der Eigenmarken am Gesamtumsatz ebenso wie der Umsatzanteil von Keybrands und Artikelmarken liefern Hinweise über die Struktur des Sortiments.

- Ebenfalls differenziert nach Eigenmarken und Artikelmarken können Abverkaufsquote und Rohertrag Hinweise über Mengenanteile bzw. Erfolgsbeiträge der Warengruppen liefern.

- Schließlich dient bspw. der Anteil der Artikel-/Farb-Kombinationen, die 80% des Umsatzes bewirken, dazu, Hinweise für besonders zu fördernde Produkte zu erhalten.

Eine hohe **Aktualität der Sortimente** ist anzustreben; demnach sind Bestände von Altwaren möglichst niedrig zu halten und ist eine hohe

Lagerumschlagshäufigkeit von Vorteil; diese Kennzahlen spiegeln dies:

- Anteil der Sommer-Altware am Gesamtbestand
- Anteil der Winter-Altware am Gesamtbestand
- Lagerumschlagshäufigkeit (z. B. pro Monat)

Die **Entwicklung eines Replenishments** verfolgt ein unverzögertes, bedarfsgerechtes Nachfüllen der Waren und damit eine Versorgung des Verkaufs durch interne und externe Prozesse der Lagerbestandspflege und -beschaffung. Langfristig ist für Standardsortimente das Replenishment an die Lieferanten zu übergeben, da so Kapitalbindungskosten und Bestandsrisiken minimiert werden können. Mögliche Kennzahlen sind:

- Der Umsatzanteil des externen Replenishments am Gesamtumsatz zeigt die Bedeutung dieser vom Lieferanten gepflegten Waren.
- Analog lässt sich der Umsatzanteil einzelner Depots je Warenlieferant ermitteln.
- Die Lagerumschlagshäufigkeit der durch externes Replenishment gelieferten Waren zeigt, inwieweit diese Warengruppen unverzögert eingepflegt und abverkauft werden.
- Der Anteil der Zentralwarenlager-Bestellungen an den Gesamtbestellungen gibt Hinweise über zukünftige Bestellprozesse.

5.3 Supply-Chain-BSC

Das Management von Wertschöpfungsketten (Supply-Chain-Management; SCM) geht davon aus, dass der Wettbewerb zunehmend nicht mehr zwischen einzelnen Unternehmen, sondern zwischen konkurrierenden Wertschöpfungsketten stattfindet und entschieden wird.[7]

Deshalb sind nicht nur die unternehmensinternen Wertschöpfungsketten zu analysieren und zu optimieren, sondern – über die eigenen Unternehmensgrenzen hinweg – die gesamten wertschöpfenden Prozesse, also einschließlich jener der vor- und nachgelagerten

Unternehmungen. Dies setzt eine Intensivierung der Kommunikations- und Controllingaktivitäten mit Lieferanten (z. B. Rohstofflieferanten) und Kunden (z. B. Groß- oder Einzelhandel) voraus.

Die klassische BSC fokussiert hauptsächlich *eine* Unternehmung, Kunden und Lieferanten werden zwar betrachtet, aber immer nur aus dem Blickwinkel der eigenen Unternehmensstrategie. Sofern ein SCM aber unternehmensübergreifend gestaltet sein soll, muss eine BSC ebenfalls unternehmensübergreifend entwickelt werden also in enger Zusammenarbeit bzw. gemeinsam mit den Hauptlieferanten bzw. Hauptkunden.[8]

Dabei ergibt sich ein Abstimmungsbedarf gemeinsamer Ziele – zumindest hinsichtlich der Wertschöpfungsprozesse. Sofern die beteiligten Unternehmungen noch keine BSC entwickelt haben, kann die Supply-Chain-Balanced-Scorecard (SCBSC) den Anfangspunkt darstellen. Falls hingegen bereits Unternehmens-Scorecards existieren, müssen diese auf Kongruenz zur SCBSC überprüft und ggf. Anpassungen vorgenommen werden.

Eine SCBSC fokussiert Wertschöpfungsaktivitäten mit bzw. zwischen den beteiligten Unternehmungen. Dabei werden speziell die Finanz-, die Kunden- und die Prozessperspektive symmetrisch entwickelt – letztere mit einer Betonung von Logistikprozessen. Um die unterschiedlichen Strategien und Strukturen der Wertschöpfungspartner zu berücksichtigen, sind für diese drei Perspektiven individuell weitere Ziele, Kennzahlen und Maßnahmen zu bestimmen; dies gilt insbesondere auch für die Potentialperspektive, wobei für jene Innovationen wiederum gemeinsame Vorgaben entwickelt werden können (bzw. sollten), die die gemeinsame Wertschöpfung betreffen.

Ebenfalls muss jede Unternehmung für sich die gemeinsam entwickelten Ziele, Kennzahlen und Maßnahmen mit den zusätzlich unternehmensindividuellen in Einklang bringen, wozu eigene Ursache-Wirkungsbeziehungen zu untersuchen sind und die Integration der Kennzahlen in Kennzahlen- und Controllingsysteme durchzuführen ist.

Die nachfolgenden Beispiele (aus der chemischen Industrie) zeigen zunächst Ziele, Messgrößen und deren Erhebungsfrequenz aus Sicht des Kunden in der Wertschöpfungsbeziehung, anschließend dessen Strategy Map:[9]

Perspektive	Strategische Ziele	Kennzahlen	Erhebung	
			Frequ.	wer?
Finanzen	profitables Wachstum	Umsatz	mtl.	beide
		Marktanteil	jährl.	Kunde
Kunden	Kundenutzen und -zufriedenheit steigern	Kundenzufried.-index	jährl.	Kunde
		Reklamationen	mtl.	beide
		Reklamationsquote	mtl.	beide
Prozesse	Lieferservice erhöhen	Liefertreue	mtl.	Lief.
	Lagerhaltungskosten senken	Lagerbestand	mtl.	beide
		Lagerreichweite	mtl.	beide
	administrative Prozesse verbessern	Absatzmenge	mtl.	beide
Potentiale	E-Commerce-Nutzung ausbauen	Anzahl möglicher Funktionen	zweimtl.	beide
	Zufriedenheit der Prozessbeteiligten steigern	Supply-Chain-Zufriedenheitsindex	viertel jährl.	beide
	gemeins. Marketingstrategien & -aktionen	noch zu definieren	??	??

Tab. 5–1: Ziele und Messgrößen eines SCBSC

Bei den von beiden erhobenen Kennzahlen muss ein Abgleich erfolgen, ggf. sind Abweichungen zu ergründen und zu korrigieren. Da beide Partner i. d. R. noch mit anderen Unternehmungen in Geschäftsbeziehung stehen, ist außerdem darauf zu achten, dass z. B. die Liefertreue nicht nur bzgl. des an der gemeinsamen SCBSC beteiligten Partners erhoben wird, sondern auch für alle Kunden. Daraus lassen sich weitere Rückschlüsse ziehen.

Im Übrigen wird hier deutlich, dass die Entwicklung einer SCBSC nicht unproblematisch ist – je mehr Partner entlang der Wertschöpfungskette einbezogen werden, umso schwieriger wird es, übereinstimmende Ziele und Kennzahlen zu definieren. Die eben genannten Ziele nun aus Sicht des Kunden als Strategy Map (Abb. 5–2).

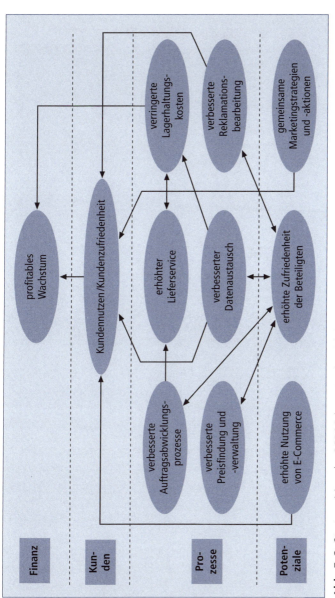

Abb. 5–2: Strategy Map der SCBSC (aus Kundensicht)

Mess-größe	Definition der Messgröße	mone-tär	nicht-mone-tär	Ergeb-nis-grö-ße	Leis-tungs-trei-ber	intern	extern
Umsatz	indexierter Umsatz SCL-SCKi* Basis-jahr 2018; aufgeteilt nach Hauptpro-duktgruppen	■		■			■
Markt-anteil	Marktanteil in % gemäß Außen-dienst SCK		■	■			■
Kunden-zufrie-denheits-index	Index für Kundenzufriedenheit gemäß Fragebogenerhebung durch SCK		■		■		■
Reklama-tionen	Anzahl der bei beiden Partnern einge-gangenen Reklamationen (differen-ziert nach produktspezifischen und lo-gistischen Reklamationen)		■		■		■
Rekla-mations-quote	Anzahl der bei beiden Partnern einge-gangenen Reklamationen / Anzahl der Aufträge von SCK an SCL		■		■		■
Liefer-treue	erster von SCL an SCK zugesagter Lie-fertermin/Ist-Bereitstellungstermin (ab Werk SCL) in %		■		■	■	
Lagerbe-stand	durchschnittlicher monatlicher Lager-bestand Fertiggut in Tonnen von SCL und SCK (getrennt und gesamt)		■		■	■	
Lager-reich-weite	Summe der durchschnittlichen monat-lichen Lagerreichweiten von SCL und SCK (aufgeteilt nach Hauptprodukt-gruppen)		■		■	■	
Absatz-menge	monatlich abgesetzte Menge Fertig-gut in Tonnen (aufgeteilt nach SCL und SCK an deren Kunden)		■		■	■	■

Tab. 5–2: Kennzahlen-Details einer SCBSC (* SCL = Supply-Chain-Liefe-rant; SCK = Supply-Chain-Kunde innerhalb der Supply-Chain-Partner-schaft)

Eine unternehmensübergreifend entwickelte SCBSC enthält Leistungstreiber und Ergebnisgrößen, monetäre und nicht-monetäre Messgrößen sowie intern und extern orientierte Messgrößen. Dabei sind SC-interne Kennzahlen solche, die sich auf die beiden Wertschöpfungspartner beziehen, SC-externe Messgrößen hingegen jene, die andere Lieferanten bzw. Kunden betreffen: so ist z. B. die Absatzmenge des SC-Lieferanten eine interne Messgröße, die des SC-Kunden (an weitere Kunden) eine externe. Werden die beiden SC-Partner als Einheit angesehen, so sind Reklamationen als externe Messgrößen anzusehen, die sich auf Dritte beziehen. Selbstredend sind weitere Variationen möglich – grundsätzlich können die meisten Kennzahlen internen und externen Charakter haben. Die nachstehende Tabelle zeigt Details der definierten Kennzahlen für die Finanz-, die Kunden- und die Prozessperspektive.[10]

Natürlich birgt eine SCBSC Risiken, insbesondere könnte ein Datenmissbrauch befürchtet werden; hier helfen der Abschluss eines Kooperationsvertrags, die Schaffung einer gemeinsamen Motivation und ggf. die Hinzuziehung externer Moderatoren. Ebenso müssen ein gemeinsames Verständnis entwickelt und klare Verantwortlichkeiten festgelegt werden.[11]

5.4 Einbeziehung der Umwelt in die BSC

Auch für die Einbeziehung der Umwelt existieren verschiedene Möglichkeiten[12]; in den folgenden Kapiteln werden diskutiert:

- **Umwelt als Basisperspektive,** d. h., dass zusätzlich zu den klassischen (oder anders definierten) Perspektiven eine gesonderte Umweltperspektive aufgenommen wird (additive Variante).[13] (Siehe Kap. 5.5.1)

- **Environmental-Scorecard** als integrative Variante, bei der Umweltaspekte in die einzelnen Perspektiven integriert werden, wobei im Beispiel ein Fokus auf die ökologische Umwelt gelegt wird. Als additives Element werden zusätzlich die Stakeholder betont. (Siehe Kap. 5.5.2)

- **Nachhaltigkeits-Scorecard (Sustainable BSC),** ebenfalls als integrative Variante, die ökonomische, gesellschaftliche und ökologische Aspekte mit dem Ziel der Nachhaltigkeit in den einzelnen Perspektiven aufnimmt. (Siehe Kap. 5.5.3)

Der Begriff „Umwelt" wird nicht einheitlich verwendet; Gleiches gilt für „Umfeld". Grundsätzlich ist darunter das die Unternehmung umgebende Umsystem zu verstehen, wobei manchmal nur die ökologische Teilsphäre einbezogen oder z. B. die gesellschaftliche Teilsphäre akzentuiert werden.

Nachfolgend sei die Umwelt als Gesamtheit der Teilsphären verstanden, die die Unternehmung umgeben; hier die Elemente:[14]

- ökonomische Umwelt(sphäre), wie z. B. BIP, Lohnniveau, Wechselkursentwicklung, Rohstoffmärkte, Volkseinkommen, Kaufkraft;
- natürliche oder physisch-ökologische Umwelt, wie z. B. Umweltverschmutzung, Erosion, Rohstoffvorkommen, nachwachsende Rohstoffe;
- rechtlich-politische Umwelt, wie z. B. Gesetze, Verordnungen, Zollbestimmungen, Umweltschutzvorschriften, Produzentenhaftpflicht;
- technologische Umwelt, wie z. B. Innovationen, neue Fertigungsverfahren, Patentanmeldungen, Recyclingtechnologie, IKT;
- soziokulturelle Umwelt, wie z. B. demographische Veränderungen, Religion, Bildung, Wertemuster, Lebensformen, Arbeitsmentalität.

Welche Bereiche bzw. Elemente in einer BSC explizit berücksichtigt werden, hängt von deren Bedeutung für die verfolgte Strategie und die Einflusswirkungen auf die Erfolgspotentiale und die Beeinflussung der Umwelt durch die Unternehmung ab.

In der nachfolgend vorgestellten Variante der Umwelt als Basisperspektive wird ein umfassender Umweltbegriff zugrunde gelegt, der relevante Faktoren aus allen Umweltbereichen berücksichtigt. Bei der Environmental-Scorecard erfolgt ein Fokus auf die ökologische Umweltsphäre, bei der Nachhaltigkeits-BSC eine Betonung der ökonomischen (wie in jeder BSC), der gesellschaftlichen und der ökologischen Sphäre.

Als weitere Differenzierung kann die Umwelt nach der Nähe der zu beobachtenden bzw. einzubeziehenden Bereiche zur Unternehmung differenziert werden in:

- Die spezifische Aufgabenumwelt, die die Unternehmung direkt umgibt und mit der sie sich in ständiger Interaktion befindet; hierzu gehören die klassischen Stakeholder, Konkurrenten und Eigentümer.[15]
- Die allgemeine Umwelt ist weiter gefasst und umfasst den theoretisch unendlichen Raum aller möglichen Umweltelemente, die eher indirekt auf die Unternehmung wirken.

5.4.1 Umwelt als Basisperspektive

In den ersten Konzepten zur BSC und in vielen Praxisanwendungen werden große Teile der Umwelt nicht explizit einbezogen. Zwar sind die Eigentümer (in der Finanz- und Ergebnisperspektive) und die Kunden (in der Kundenperspektive) sowie ggf. die Lieferanten berücksichtigt, die der spezifischen Aufgabenumwelt entstammen. Insofern werden nicht nur interne Performanzkriterien, sondern teilweise auch Umweltaspekte berücksichtigt.[16]

Da in einer BSC jedoch speziell solche Größen berücksichtigt werden, die mit einem (möglichst großen) zeitlichen Vorlauf auf andere wirken, erstaunt, dass gerade besonders vorgelagerte Größen, z. B. aus der gesellschaftlichen oder der ökologischen Umwelt, immer noch selten berücksichtigt werden. Dies mag mehrere Ursachen haben:

- In einer BSC sollen nachprüfbare Ursache-Wirkungsbeziehungen abgebildet werden. Dies scheint für eine Beziehung z. B. zwischen Wertewandel und Arbeitsmoral oder Kaufverhalten schwer machbar.
- Die Menge der Kennzahlen soll überschaubar bleiben. Durch Einbeziehung weiterer (Umwelt-)Indikatoren würde jedoch zwangsläufig die Anzahl ansteigen.
- Für einige der relevanten Umwelteinflüsse liegen Kennzahlen vor (z. B. Kaufkraft; Arbeitslosenquote; Altersstruktur), für andere jedoch sind (noch) keine Kennzahlen definierbar (z. B. Wertvorstellungen).
- Die nicht oder nur geringe Beeinflussbarkeit der (allgemeinen) Umwelt durch die Unternehmung, wobei dies noch kein Ausschlusskriterium für eine Erfassung in der BSC sein kann.

Andererseits beeinflussen natürlich Veränderungen in der Umwelt nicht nur die Unternehmung als Ganzes, sondern auch speziell relevante Erfolgspotentiale – und damit Ziele, Kennzahlen und Maßnahmen. So wirken z. B. Lebensstile auf das Kaufverhalten, technische Innovationen auf Prozesse, Arbeitsmarktveränderungen auf Verfügbarkeit, Fertigkeiten, Bindungswilligkeit und Lohnansprüche der Mitarbeiter. Solche Umwelteinwirkungen beeinflussen also Ziele auf allen anderen Ebenen und bilden so die Rahmenvorgabe für sämtliche Perspektiven.

Außerdem sollte vor dem Hintergrund einer Krisenantizipation und Handhabung strategischer Risiken sehr wohl überlegt werden, inwieweit die restliche Aufgaben – und die allgemeine Umwelt in eine BSC einbezogen werden könnten – beide bilden den Basisrahmen einer Unternehmung und deren Strategien und aus beiden können strategisch relevante Veränderungen und Ereignisse (Issues) entstehen, die sich auf die Unternehmung und die angestrebte Zielerreichung auswirken – man denke bspw. an die enorme Bedeutung der Ölpreisentwicklung und deren Ursachen.

Aus diesen Gründen wäre eine breitere Sicht (nicht nur auf die Unternehmung und der direkten Share- und Stakeholder) sinnvoll, wenn aus der Umwelt unternehmensrelevante Wirkungen zu erwarten sind.

Ein Ansatz dazu ist die Ergänzung der BSC, bei der die **Umwelt als Basisperspektive** eingebunden wird und wesentliche Wirkungsbeziehungen mit der Umwelt aufgezeigt werden. Basisperspektive deshalb, weil die Umwelt quasi die Rahmenbedingungen für alle anderen Perspektiven vorgibt. Dabei wird die Struktur der BSC-Kennzahlen logisch fortgeführt: Während z. B. auf der Finanzperspektive nur Spätindikatoren (Ergebniskennzahlen) formulierbar sind, nimmt auf den anderen Perspektiven die Anzahl der beeinflussenden Größen (und damit möglichst von Leistungstreibern bzw. Frühindikatoren) zu; am deutlichsten ausgeprägt ist dies auf der Potentialperspektive, auf der nur solche Ziele definiert werden sollen, die ausschließlich nachgelagerte Ziele beeinflussen. Allerdings werden die Ziele (und Kennzahlen und Maßnahmen) der Potentialperspektive ebenfalls beeinflusst, und zwar hauptsächlich durch Faktoren, die außerhalb der Unternehmung liegen – diese sind damit zeitlich noch einmal vorgelagert und haben so den Charakter von „Frühest-Indikatoren": Sie verschaffen – bei frühzeitiger Kenntnis der Unternehmung noch mehr Zeit und Handlungsspielraum, abweichende Entwicklungen zu erkennen und Pläne und Maßnahmen zu ergreifen bzw. anzupassen. Diesen Zusammenhang verdeutlicht als Grundmuster die nachstehende (erweiterte) Strategy Map mit der Umwelt als Basisperspektive (Abb. 5–3).

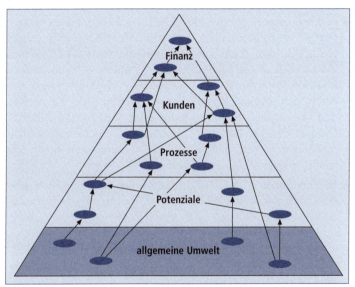

Abb. 5–3: Umwelt als Basisperspektive (Grafik nach Jossé (2004c), S. 285)

Soweit für die ausgewählten Bereiche Kennzahlen existieren, können diese mittels Früherkennung ermittelt und überwacht werden. Soweit es sich um mehr qualitative Phänomene handelt, kann eine Strategische Frühaufklärung Informationen für sich abzeichnende Veränderungen liefern, die weiter beobachtet, analysiert und evaluiert werden und bei Bedeutung eine rechtzeitige Korrektur von Zielvorgaben, Maßnahmen und ggf. Strategien ermöglichen. Hiermit liegt ein weiterer Integrationsraum zwischen Strategischem Management, Balanced Scorecard und Strategischer Frühaufklärung/ Früherkennung vor.

Bei der Entwicklung der Scorecard für die Basisperspektive „Umwelt" ist eine leicht abgewandelte Vorgehensweise zu empfehlen:

■ Da für die (nicht oder kaum beeinflussbaren) Umweltsphären im Sinne der BSC keine Ziele formulierbar sind, sind für die Basisperspektive „Umwelt" stattdessen zu beobachtende, im Sinne der Unternehmensstrategie relevante Kernbereiche herauszufiltern (z. B. technologische Innovationen oder Lebensformen).

■ In einem zweiten Schritt sind hierfür jeweils Kennzahlen zu definieren bzw. zu beschreiben (z. B. Patentanmeldungen; Quote der Singlehaushalte). Statt Zielwerten (weil nicht beeinflussbar) müssen hierzu kritische Schwellenwerte[17] definiert werden – kritisch hinsichtlich der von der Unternehmung verfolgten Strategie bzw. der in den anderen Perspektiven definierten Ziele, Kennzahlen und Maßnahmen. So mag z. B. für einen Fertighaushersteller die Quote der Singlehaushalte maßgeblich sein und bei einem Überschreiten eines bestimmten Wertes dazu führen, dass er verstärkt Single-geeignete Produkte anbietet.

■ In einem dritten Schritt sind Maßnahmen zu formulieren: zum einen, um evtl. trotz veränderter Bedingungen die gesteckten Ziele erreichen zu können (z. B. durch Lobbying, Imagewerbung, Produktanpassung), wobei dies vor allem beim Herunterbrechen auf den anderen Perspektiven konkretisiert wird. Zum anderen dadurch, dass geklärt wird, wie die Umweltdaten (z. B. Indikatoren) generiert, aufbereitet, interpretiert, evaluiert und zur Verfügung gestellt werden.

■ In einem vierten Schritt ist eine permanente Überwachung der relevanten Umweltaspekte zu gewährleisten, wie sie bspw. durch Strategische Frühaufklärung erreicht werden kann, und die Integration in das Management- und Planungssystem umzusetzen.

strategisch relevante Umweltsphären	Messgrößen	mögliche Auswirkung auf…
Absatzmarkt/Kunden:	■ Volkseinkommen ■ Kaufkraft ■ Sparquote ■ ∅ Ausgaben für XY-Güter ■ Bauanträge	■ Kunden ■ Produkte
Kapitalmarkt:	■ Zinsniveau	■ Finanzen
Rohstoffe/Energie:	■ Rohstoffvorräte weltweit ■ Rohölpreis	■ Finanzen ■ Prozesse
Technologie:	■ Patentanmeldungen im Bereich XY ■ Halbwertszeit neuer Technologien ■ Wissenschaftliche Artikel zum Forschungsthema XY	■ Prozesse ■ Produkte ■ Potentiale
Recht/Politik:	■ Anzahl Gesetze im Bereich XY ■ Anzahl Verfahren in sensiblen Bereichen ■ ∅ Schadensersatzhöhe bei Produkthaftungsklagen ■ Genehmigungsverfahren Gen-Produkte	■ Prozesse ■ Produkte
Ökologie:	■ Umweltverschmutzungsindex ■ Immissionsgrenzwerte	■ Prozesse
Soziokulturell:	■ ∅ Lebenserwartung ■ Seniorenquote in % der Bevölkerung ■ Kinderquote in % der Bevölkerung ■ Anzahl Singlehaushalte ■ Lebensarbeitszeit	■ Kunden ■ Potentiale

Tab. 5–3: Umweltsegmente und mögliche Kennzahlen

Es wird deutlich, dass die klassische Vorgehensweise für eine Perspektive der BSC im Falle der Basisperspektive „Umwelt" abgewandelt werden muss, da sich die Umwelt bzw. deren strategisch relevanten Faktoren einer Einflussnahme seitens der Unternehmung weitgehend entziehen.

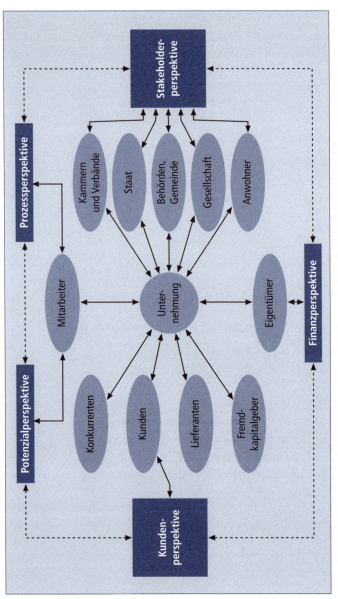

Abb. 5–4: Perspektiven und Anspruchsgruppen (vgl. Sturm (2003) S. 600)

In Tab. 5–3 werden für einzelne Umweltbereiche Messgrößen aufgeführt, die in die Basisperspektive aufgenommen werden können; zusätzlich werden interne Bereiche bzw. Perspektiven genannt, die davon tangiert werden können.[18]

Eine verwandte Variante wäre eine Gesellschaftsperspektive, die allerdings nur diesen Umweltausschnitt besonders fokussiert. Falls dies aus strategischer Sicht richtig und ausreichend wäre, kann eine solche Perspektive additiv definiert werden; die Kennzahlen hierfür entsprechen teils jenen der o. a. soziokulturellen Themen, hinzu kommen solche, die die Verantwortung der Unternehmung gegenüber der Gesellschaft spiegeln, wie Gesundheit, Bildungsbeitrag, Sozialsponsoring usw.

5.4.2 Environmental-Scorecard

Als Variante, die als additives Element die Stakeholder, als integratives Element die Ökologieorientierung enthält, sei nachfolgend eine Environmental-Scorecard vorgestellt.

Grundlage dazu ist ein Modell (bzw. Umweltausschnitt), das die ausgewählten Perspektiven unter besonderer Berücksichtigung der verschiedenen Stakeholder darstellt (Abb. 5–4).

Strateg. Kernaspekt	Ziel	Ergebniskennzahl	Einflusskennzahl (Leistungstreiber)
Finanzperspektive:			
langfristige Existenzsicherung	Risikominderung	■ Risikoeinschätzung durch MA ■ Aufwand Störfallvorsorge ■ Aufwand Beseitigung von Störfallfolgen	■ Anzahl genehmigungspflichtiger Anlagen ■ Anzahl Störfallpläne ■ Anzahl Störfälle
Prozessperspektive:			
Sicherheit	Erhöhung der Prozesssicherheit	■ Anzahl umweltsensible Prozesse	■ Anteil in Umweltprüfungen einbezogene Prozesse
	Gefahrstoffeins. senken	■ Anzahl Prozesse mit Gefahrstoffeinsatz	■ Gefahrstoffeinsatz/ Produktionsvolumen

Strateg. Kernaspekt	Ziel	Ergebniskennzahl	Einflusskennzahl (Leistungstreiber)
Stakeholderperspektive:			
Image	positives Öko-Image pflegen	■ Ergebnis in ökologischen Ratings	■ Zahl der ökologischen Dialogprozesse/Stakeholderkooperationen ■ Anzahl Beschwerden
	Rechtssicherheit schaffen	■ Zahl der festgestellten Rechtsverstöße	■ Anzahl Neuregelungen im Rechtskataster
Umwelteinwirkung	Umwelteinwirkungen reduzieren	■ Zahl der verbesserten/ Zahl der gemessenen Einflüsse	■ Energieeinsatz/Produktionsvolumen (PV) ■ Wasserverbrauch/PV ■ Rohstoffverbrauch/PV ■ Luftbelastung (krit. Volumen)/PV ■ Wasserbelastung (krit. Volumen)/PV ■ Abfallvolumen/PV ■ Abfallverwertungsquote ■ Sonderabfall/PV
Potentialperspektive:			
Kompetenz	ökol. Komp. verbessern	■ Anzahl ökol. geschulter MA	■ durchgeführte Umweltschulungen
	Arbeitssicherh. verbessern	■ Einschätzung Sicherheitsstand durch MA	■ Anzahl Arbeitsunfälle
	ständige Verbesserung	■ Einschätzung Systemumsetzung ■ Quote eingearbeiteter Maßnahmen aus letztem Audit	■ Standorte/Abteilungen mit Umweltmanagement, -kennzahlen, -programm ■ Anzahl Audits ■ Anzahl Verbesserungsvorschläge

Tab. 5–4: Environmental-Scorecard

Um dem Stakeholderansatz zu folgen, werden die relevanten Anspruchsgruppen explizit aufgeführt. Während die Mitarbeiter in der Potential- und der Prozessperspektive eine Rolle spielen, die Kunden logischerweise in der Kundenperspektive[19] und die Eigentümer in der Finanz- und Ergebnisperspektive, werden die rechts genannten Anspruchsgruppen in einer eigenen Stakeholderperspektive berücksichtigt (bzw. die Ziele, die mit diesen Gruppen verfolgt werden und auf diese wirken).

Die wesentlichen Ziele bzw. strategischen Aspekte der fünf Perspektiven werden (auszugsweise) konkretisiert: Die vorstehende Tabelle[20] zeigt einerseits Schwerpunktthemen (strategische Kernaspekte) sowie dazu formulierte Ziele. Jedem Ziel sind mögliche Kennzahlen zugeordnet, wobei die Einflusskennzahlen den Ergebniskennzahlen zeitlich vorgelagert sind und sich damit besser zu einer früh einsetzenden Steuerung eignen.

Obwohl hiermit ein ökologischer Fokus offensichtlich ist, liegt trotzdem noch keine *umfassende* Nachhaltigkeits-Scorecard vor, in der neben der ökonomischen und der ökologischen auch die gesellschaftliche Umwelt besonders akzentuiert würde; diese wird nunmehr vorgestellt.

5.4.3 Nachhaltigkeit: die Sustainable Balanced Scorecard

Jede Unternehmung ist eingebettet in eine Umwelt, mit der es sich in ständiger Interaktion befindet: Einerseits wirkt die Unternehmung auf die Umwelt (z. B. durch Immission), andererseits wirkt die Umwelt auf die Unternehmung (z. B. durch Verordnungen und Gesetze, Ansprüche der Anwohner und anderer Gruppierungen). Soweit dies ökonomische Effekte sind, sind sie z. T. in einer „klassischen" BSC enthalten.

Ziel der BSC ist es, die Unternehmung ganzheitlich und die Unternehmensstrategie aus verschiedenen Blickwinkeln zu betrachten, um so eine effiziente Steuerung zu ermöglichen. Dabei mögen Nachhaltigkeitsaspekte zwar implizit mit einfließen, sie werden aber i. d. R. nicht explizit berücksichtigt. Da aber eine Unternehmung im ständigen Spannungsfeld „Umwelt" im Sinne einer Koexistenz lebt und nur dann überlebt, wenn die relevanten Umweltaspekte berücksichtigt werden, sollten sie in einer BSC entsprechend berücksichtigt werden.

Nachhaltigkeit ist dabei ein wesentliches Kriterium und gleichzeitig eine gesellschaftliche Verantwortung der Unternehmung. Sie stellt ein ethisches Postulat dar, wonach wirtschaftliche Prozesse so zu gestalten sind, dass auch nachfolgenden Generationen und zukünftigen Wirtschaftssubjekten die Befriedigung mittels Wirtschaftsgütern ermöglicht wird. Dazu sind insbesondere ein sorgsamer Umgang mit Ressourcen (z. B. Rohstoffen, Mitarbeitern) und eine Schonung der Umwelt durch minimale Belastungen zu verfolgen.

Nachhaltigkeit bezieht sich konkret auf drei Dimensionen:[21]

- **Ökonomische Nachhaltigkeit,** die auf den Erhalt bzw. Ausbau des physischen Kapitals (Vermögen), des Wissenskapitals und des Image- und Akzeptanzkapitals abzielt. Zusätzlich ist hier die ökonomische Verantwortung gegenüber der Umwelt (z. B. Lieferantenverträge, ausreichende Entlohnung) zu beachten.

- **Soziale Nachhaltigkeit,** die den Erhalt bzw. Erhöhung des innerbetrieblichen Humankapitals (z. B. Know-how, Motivation, Arbeitssicherheit, Vergütungssysteme) und des innerbetrieblichen Sozialkapitals (Beziehungen der Mitarbeiter untereinander wie zwischen Unternehmensleitung und Mitarbeitern, wie z. B. Kommunikationsstrukturen, Führungsstil, Beteiligungsmodelle) verfolgt, aber auch die soziale Verantwortung gegenüber dem gesellschaftlichen Umsystem (z. B. Schaffung von Ausbildungsplätzen, Integration ausländischer Mitarbeiter, Chancengleichheit, Spendentätigkeit, Sozial-Sponsoring).

- **Ökologische Nachhaltigkeit** bezieht sich auf die Schonung der eingesetzten Ressourcen, eine ökologisch vertretbare Produktgestaltung, die Minderung von Rücknahme- und Entsorgungskosten sowie Beiträge der Unternehmung zum Erhalt der natürlichen Umwelt (z. B. durch Einsatz erneuerbarer Rohstoffe und Energien).

Es wird deutlich, dass ein Verfolgen von Nachhaltigkeitszielen zum einen intern wirkt, zum anderen aber auch extern, also auf die Umwelt, die die Unternehmung umgibt. Außerdem wirken sie auf die verschiedenen Perspektiven (z. B. Minimieren von Rohstoffverbrauch, aber auch Entsorgungskosten auf die Finanzperspektive).

Wie eine BSC unter Nachhaltigkeitsaspekten entwickelt werden kann, soll nunmehr dargestellt werden. Zugrunde liegen Ergebnisse eines Forschungsprojektes, das unter Beteiligung des *RKW Hessen* konzipiert und in fünf Pilotunternehmungen umgesetzt wurde, wobei weitere sieben Unternehmen als Transfergruppe einbezogen waren.[22]

Eine Grundüberlegung der Einbeziehung der Nachhaltigkeit in eine BSC ist, inwieweit diese bereits im herkömmlichen Ansatz (implizit) enthalten ist (z. B. auf der Mitarbeiter- oder der Kundenperspektive) oder ggf. zu Zielkonflikten führen mag, da die BSC durch die ökonomische Dimension dominiert wird. Sicher wird eine nachhaltigkeitsorientierte BSC dort nicht entwickelt werden, wo eine (kurzfristige, ausschüttungsorientierte) Shareholdersicht vorherrscht oder eine Unternehmenspolitik verfolgt wird, die bestimmte Stakeholder a priori bevorzugt und andere nachrangig bedient oder völlig vernachlässigt. Aber selbst aus Shareholdersicht sollte eine langfristige Wertsteigerung der Unternehmung gewünscht sein; dann wiederum stünde die Aufnahme von Nachhaltigkeitsaspekten und -zielen nicht im Widerspruch zu einer (letztlich auch) finanziellen Orientierung.

Um ökonomische, ökologische und soziale Nachhaltigkeit als strategische Kriterien aufzunehmen, empfiehlt sich, eine „Sustainable Balanced Scorecard" (SBS) zu entwickeln. Als Vorstufe hierzu und zur Sensibilisierung dient eine Matrix, in der bspw. die klassischen vier Perspektiven mit den drei Nachhaltigkeitsdimensionen gekreuzt werden, um erste strategische Ziele (oder zumindest Problembereiche) zu generieren (s. Tab. 5–5).

	ökonomische Nachhaltigkeit	soziale Nachhaltigkeit	ökologische Nachhaltigkeit
Finanzperspektive	■ Cashflow ■ EVA ■ …	■ Beteiligungsmodelle ■ Investitionen in Know-how ■ freiwillige Sozialleistungen	■ Entsorgungskosten ■ minimierter Energieverbrauch ■ …
Kundenperspektive	■ Kundenbindung ■ Customer Lifetime Value ■ …	■ Produktsicherheit ■ „sinnhaltige" Produkte ■ …	■ recyclebare Produkte ■ Altproduktrücknahme

	ökonomische Nachhaltigkeit	soziale Nachhaltigkeit	ökologische Nachhaltigkeit
Prozess-perspek-tive	■ Durchlaufzeiten ■ Kapazitätsauslas-tung	■ Arbeitssicherheit ■ humane Arbeitsbedin-gungen	■ umweltverträgliche Produktion ■ Stoffströme
Potential-perspek-tive	■ Innovationsfähigkeit ■ Wertsteigerung durch höheres Com-mitment ■ …	■ Soziale Einrichtungen für MA ■ Cross-Selling inhouse ■ Sabbaticals ■ Verweildauer der MA steigern	■ Öko-Verbesserungs-vorschläge ■ ergonomische Arbeits-plätze ■ unbelastete Arbeits-plätze ■ …

Tab. 5–5: Strukturierung einer SBS

Zur Beurteilung, ob eine SBS oder eine herkömmliche BSC zu ent-wickeln ist, kann ein Scoring eingesetzt werden, indem z. B. insge-samt 100 Punkte auf die 12 Felder nach Bedeutung zu verteilen sind. Die Ausgestaltung der BSC als nachhaltige Variante sollte dann vor-genommen werden, wenn (wie im Beispiel) die soziale und die öko-logische Dimension zusammen mindestens 10–15 Punkte ergeben:[23]

	ökonomische Nachhaltigkeit	soziale Nach-haltigkeit	ökologische Nachhaltigkeit	Summe
Finanzen	45	3	2	50
Kunden	12	2	1	15
Prozesse	20	1	6	27
Potentiale	3	3	2	8
	80	9	11	100

Tab. 5–6: Nachhaltigkeits-Tableau

Allerdings setzt diese Vorgehensweise ein ausgeprägtes Bewusstsein um Nachhaltigkeit bereits voraus (das ggf. erst noch entwickelt wer-den müsste). Ein weiterer Kritikpunkt ist, dass die Bedeutung für die einzelnen Perspektiven erst mit der Zielbestimmung und der Kontextsetzung durch Ursachen-Wirkungsbeziehungen wirklich er-folgen kann, hier also als Vorgriff bereits Wirkungszusammenhänge bzw. Kausalitäten unterstellt werden.

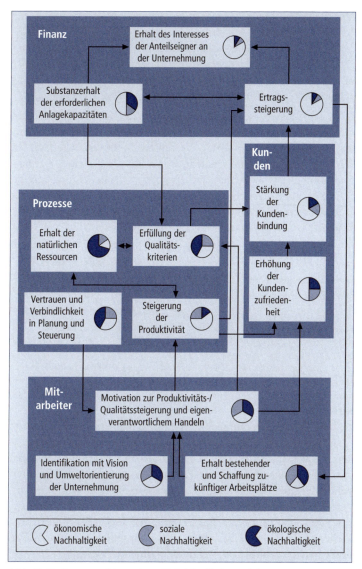

Abb. 5–5: Strategy Map einer SBS (Grafik in Anlehnung an Bergner/ Gminder (2003), S. 552)

Als Alternative hierzu können die genannten Nachhaltigkeiten bei der Zielformulierung mit einfließen und im Kontext überprüft werden. Als Hilfsmittel hierzu dient eine Cross-Impact-Analyse, bei der einzelne Bedeutungen von Nachhaltigkeitsaspekten auf Ziele und vice versa bewertet werden und bei erkannter Bedeutung in den Katalog aufgenommen werden.

Natürlich müssen die ausgewählten Ziele auf Konsistenz und hinsichtlich der gemeinsamen Zielerreichung überprüft werden. Mittels einer Strategy Map (Abb. 5–5) werden alle als wichtig erkannten Wirkungsbeziehungen dargestellt, wobei bspw. ein kleines Kuchendiagramm als Symbol jedem Ziel zugeordnet die Bedeutung anzeigt, die die ökonomische, die soziale und die ökologische Nachhaltigkeit (Kreissumme = 100 %) für das entsprechende Ziel haben. Das vorstehende Ursache-Wirkungsdiagramm zeigt dies am Beispiel einer BSC (mit allerdings hauptsächlich ökologischer Orientierung), in die die anderen Nachhaltigkeitsdimensionen eingearbeitet wurden.

Die angezeigten Nachhaltigkeiten symbolisieren die vorher erarbeiteten Bedeutungen für die einzelnen Ziele. Beim weiteren Herunterbrechen sowie bei der Bestimmung von Kennzahlen und Formulierung von Maßnahmen sind diese adäquat zu berücksichtigen.

5.5 Risikointegration in die BSC

Risiken bedrohen eine Unternehmung allenthalben – das gilt speziell für zu spät erkannte Bedrohungen, aber auch für verpasste Chancen. Ein Risikomanagement muss solche Chancen und Risiken, die aus strategischer Sicht bedeutsam sind, frühzeitig aufspüren (wozu bspw. eine Strategische Frühaufklärung dient) und handhaben.[24] Wird Risikomanagement als risikobewusste Führung der Unternehmung angesehen, so bedarf es letztlich nur einer Akzentuierung von Risiken bei der Bestimmung der Ziele, Kennzahlen und Zielwerte sowie der Maßnahmen – bei allen sollten spezielle Risiken und Chancen explizit beachtet und dokumentiert werden.

Eine BSC dient auch dazu, verschiedene Managementansätze zu integrieren. Von daher ist zu untersuchen, welche Möglichkeiten bestehen, Risiken (und Chancen) in eine Scorecard einzubeziehen (und ggf. Lücken aufzuzeigen!).

Zur Integration des Elements „Risiko" in eine BSC sind mehrere Varianten möglich. Diskutiert werden bspw.:[25]

- **Risikoerfassung bei den einzelnen Zielen,** d. h. jedem Ziel einer Perspektive werden (soweit relevant) Risiken zugeordnet (integrativer Ansatz). Dadurch fließen Risiken in die Ursache-Wirkungsbetrachtungen mit ein und insgesamt erhöht sich das Risikoverständnis. Allerdings werden nicht unbedingt alle relevanten Risiken erfasst.

- **Gesonderte Risikoperspektive,** d. h., dass die BSC um eine zusätzliche Risikoperspektive erweitert wird (additiver Ansatz). Damit können alle grundsätzlich wesentlichen Risiken abgebildet werden. Allerdings werden möglicherweise Ursache-Wirkungsbeziehungen zwischen vernetzten Risiken logisch unterbrochen.

- **Erfolgsfaktorenbasierte BSC,** in der die Perspektiven durch Erfolgsfaktoren ersetzt werden, für die jeweils eine eigene Balanced Chance Card (BCC) sowie eine Balanced Risk Card (BRC) erstellt wird. Auch hier wird ein Chancen- und Risikobewusstsein besonders gefördert, allerdings besteht die Gefahr, dass jene Risiken außer Acht bleiben, die nicht strategischen Erfolgsfaktoren zuordenbar sind.

- **Hybride Integration von Risiken in eine erfolgsfaktorbasierte BSC** ist eine Variante der zuvor genannten Option, bei der zusätzlich zu den Scorecards mit strategischen Erfolgsfaktoren eine separate Risk-BSC alle Chancen und Risiken zusammenfasst.

Nachfolgend seien zwei Beispiele für eine Risikoerfassung bei den einzelnen strategischen Zielen vorgestellt – einmal eine Strategy Map eines Energieversorgers, bei der die Risiken explizit mit aufgenommen werden, die die Ziele beeinflussen können, zum anderen der Ausschnitt einer Scorecard, bei der jedem Ziel nicht nur Kennzahlen und Zielwerte (und Maßnahmen) zugeordnet werden, sondern auch spezifische Risiken und deren möglicher zukünftiger Verlauf. Als Erstes nun das Beispiel für Ursache-Wirkungsbeziehungen zwischen strategischen Zielen, denen spezifische Risiken und teil-

153

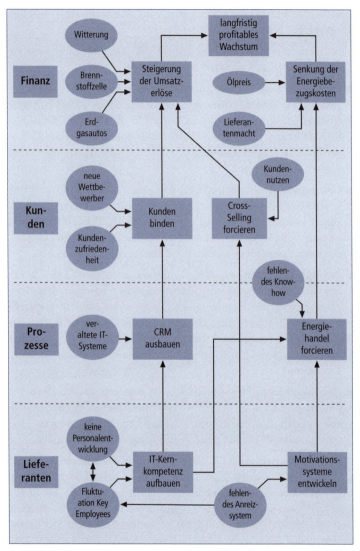

Abb. 5–6: Strategy Map unter expliziter Einbeziehung von „Risiko" (Grafik vgl. Pedell/Schwihel (2004), S. 154)

weise Beziehungen zwischen den einzelnen Risiken zugeordnet werden (Abb. 5–6).

Hier nun der beispielhafte Ausschnitt aus einer Scorecard, wobei jedem definierten Ziel bedeutende Risiken und deren Trendentwicklung zugeordnet werden.[26]

Strategisches Ziel	Mess-größen	Ziel-wert	Status	Trend	Risiken
Nachhaltige Steigerung des Unternehmenserfolgs	CFROI	14%	+	⬀	neue Wettbewerber
Funktionssicherheit erhöhen	Anzahl Störfälle	10%	?	⇓	fehlende Entwicklungskompetenz
Produkte standardisieren	Gleichteileanteil	25%	?	⬀	komplexe Kundenanforderungen
Neue Medien nutzen	Bestellvorgänge über Internet	+ 40%	–	⇒	Übertragungsraten steigern sich nicht wie prognostiziert

Tab. 5–7: Risiko-Scorecard

Mit diesen Beispielen wurde deutlich, dass auf allen Ebenen Risiken entstehen und die Erreichung strategisch bedeutsamer Ziele in Frage stellen können. Von daher sind Risiken in allen Perspektiven zu beachten. Die generellen Fragestellungen der einzelnen Perspektiven können bspw. so formuliert werden:[27]

- Finanzperspektive: Wie hoch ist das finanzielle Gesamtrisiko der Unternehmung, speziell das Insolvenzrisiko und das Risiko, eine bestimmte Rendite nicht zu erreichen? Außerdem spielen hier noch besonders jene Risiken eine Rolle, die geplante Kosten übersteigen und Umsatzerlöse verhindern lassen.

- Kundenperspektive: Welche Markt- und Umweltrisiken können die Marktentwicklung und die Wettbewerbsposition negativ beeinflussen?

- Prozessperspektive: Welche Risiken können die Performance der Kernprozesse maßgeblich stören?

- Potentialperspektive: Welche Risiken können die in der Unternehmung vorhandenen Kernkompetenzen gefährden?

■ Alle strategisch relevanten Risiken (aber auch Chancen) sollten regelmäßig bewertet werden, und zwar nach den Kriterien:[28]

– Auswirkung auf die Unternehmung (bzw. spezifische Ziele oder Perspektiven),

– Eintrittswahrscheinlichkeit und

– Zeitbezug, d. h., dass ein bestimmter Zeitrahmen zugrunde gelegt wird (z. B. Monate oder Jahre), da ein Risiko nicht zu jedem Zeithorizont dieselbe Stärke hat.

Die Ergebnisse können in einer klassischen Risikomatrix dargestellt werden.

Grundsätzlich sollten Risiken im Quadranten rechts oben vermieden werden (falls möglich), in den Quadranten 1 und 3 liegende Risiken sollten reduziert und gestreut oder abgewälzt werden. Risiken im linken unteren Quadranten können akzeptiert und selbst getragen werden.

Letztlich dient die – wie auch immer gestaltete – Aufnahme einer Risikodimension in die BSC einer Steigerung des Bewusstseins um die Chancen- und Risikohaftigkeit unternehmerischen Handelns sowie allgemein des Beachtens der Interaktion zwischen Unternehmung und Umwelt.

Allerdings sollte der Faktor „Risiko" nicht nur aufgrund einer pessimistischen Einschätzung bzw. eine Chance aufgrund einer optimistischen oder gar euphorischen Stimmung einbezogen werden. Stattdessen müssen sie systematisch aufgespürt, beurteilt und deren Wirkungen evaluiert werden; dazu eignen sich Strategische Frühaufklärung, Szenariotechnik, Expertenbefragung, SWOT-Analysen, Gap-Analysen, Portfolio-Analysen u. ä., die z. B. im Rahmen der BSC in Workshops durchgeführt werden und bewertete Ergebnisse liefern. Dabei zeigt sich, dass eine externe Bedrohung oder Gelegenheit nicht für jede Unternehmung den gleichen Charakter hat – was für eine Unternehmung (aufgrund der Struktur, Stärken und Schwächen) ein Risiko darstellt, mag für eine andere durchaus eine Chance sein – man hüte sich also vor voreiligem Schubladendenken!

6. Kapitel

Praxisanwendungen

In diesem Kapitel werden BSC-Entwicklungen und -Anpassungen aus verschiedenen Branchen skizziert. Die dargestellten Ansätze sind durchaus kritisierfähig und im Einzelfall individuell abzuändern.

Nachdem zuvor meist Industrieunternehmen zugrunde gelegt wurden, geht es nun um verschiedene Dienstleister – vom IT- oder Telekommunikationsunternehmen, über Versicherung, diverse Handelsunternehmen und Verkehrsunternehmen, zu Verwaltung, Non-Profit-Organisationen und Sportvereine.

6.1 IT-Technologie-Unternehmen

Exemplarisch für diese Branche wird nachfolgend die BSC der Infineon Technologies AG beleuchtet.[1]

Dort wurde die BSC zunächst auf zwei Ebenen implementiert: Einerseits wurde eine Unternehmens-BSC entwickelt, andererseits untergeordnete Business-Scorecards für die einzelnen Geschäfts- und Zentralbereiche. Deren Ziele sind aus der Gesamt-BSC abgeleitet, enthalten aber auch produktgruppenspezifische Ziele.

Die klassischen vier Perspektiven wurden aufgegriffen, allerdings wurde die Potentialperspektive unterteilt in eine Perspektive „Human Resources" und eine Perspektive „Innovation". Dies wurde mit der hohen strategischen Relevanz dieser Erfolgspotentiale begründet.

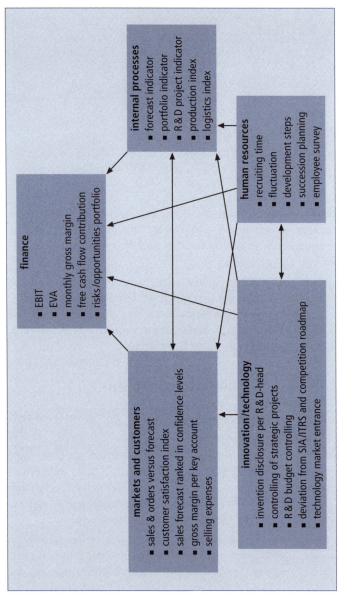

Abb. 6–1: Infineon: Perspektiven und Messgrößen (Grafik in Anlehnung an Kötzle/Weiss (2002), S. 639)

Als weitere Abweichung zum Konzept von *Kaplan/Norton* wurden die Ursachen-Wirkungsbeziehungen nicht perspektivübergreifend untersucht, sondern lediglich innerhalb einer Perspektive. Damit wurde eine Komplexitätsreduktion erreicht und trotzdem konnten strategische Leistungstreiber identifiziert werden.

Um dem differenzierten Informationsbedürfnis der Benutzer Rechnung zu tragen, wurden 28 Messgrößen definiert (und damit mehr als üblicherweise vorgeschlagen). Da die Infineon-BSC weniger die Strategieumsetzung, sondern vielmehr eine strategieorientierte Berichterstattung ermöglichen soll, traten die strategischen Ziele in den Hintergrund; stattdessen wurden die Messgrößen und die jeweilige Strategieperformance akzentuiert.

Spitzenkennzahlen liegen auch hier im Finanz- und Ergebnisbereich, die vorgelagerten Perspektiven haben effizienzsteigernde Unterstützungsfunktion.

Die Perspektiven und die relevanten Messgrößen zeigt die Grafik (Abb. 6–1).

6.2 Telekommunikation

Als Beispiele für diese Branche dient das spanische Telekommunikationsunternehmen *ENDESA-ENDITEL,* kurz *ENDITEL,* einer Tochter des (diversifizierten) Energieversorgers *ENDESA. ENDITEL* bietet die komplette Programmpalette im Bereich der Telekommunikation an, wie z. B. Entwicklung und Konstruktion von Festnetzleitungen und Mobilfunknetzen, schlüsselfertige Installation von Telefonnetzen, Telefonzentralen und Call-Centern und entsprechenden Instandhaltungsservice, technische Beratung sowie Forschungs- und Entwicklungsservice.

ENDITEL entschied sich für die Entwicklung einer BSC, wozu zunächst Vision, Mission und Strategie geklärt wurden. Anschließend wurden die Perspektiven festgelegt, wobei zunächst eine technologische Zusatzperspektive diskutiert wurde, sich letztlich aber für die klassischen vier Perspektiven nach *Kaplan/Norton* entschieden wurde.

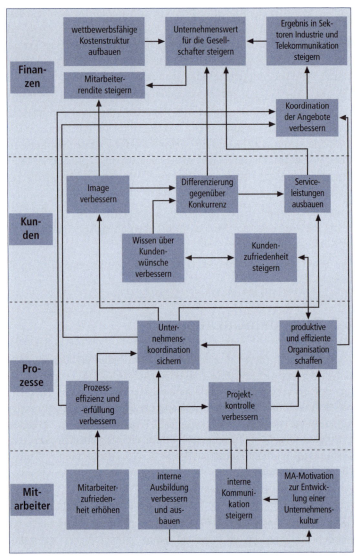

Abb. 6–2: Strategy Map von *ENDITEL* (vgl. Carvajal Bravo (2002), S. 124)

In den Workshops wurden zunächst 159 Ziele gesammelt, die durch Clusterung und Ausschluss von Redundanzen auf 79 Ziele reduziert wurden. Diese wurden anschließend weiter untersucht, Basisziele und Maßnahmen aussortiert, sodass schließlich 28 strategische Ziele übrig blieben. Diese wurden einer Analyse anhand der Kriterien „Wettbewerbsvorteil" und „Handlungsnotwendigkeit" unterzogen, worauf sich 18 Ziele als strategisch relevant herauskristallisierten. Diese sind in der vorstehenden Strategy Map in ihren Wirkungsbeziehungen dargestellt (Abb. 6–2). Als Kennzahlen wurden dazu, wie in der nachfolgenden Tabelle zu sehen, definiert.

	Strategische Ziele	Messgrößen
Finan-zen	wettbewerbsfähige Kosten-struktur aufbauen	■ Gesamtkosten in % der Umsatzerlöse
	Ergebnis in Sektoren Indus-trie & Telekommunikation steigern	■ Umsatzvolumen in Sektoren Industrie und Telekomm. ■ CFROI
	Unternehmenswert für die Gesellschafter steigern	■ DCF
	MA-Rendite steigern	■ Umsatzerlöse je MA ■ EBIT je MA
	Koordination der Angebote verbessern	■ Abweichung durchgeführte zu geplanten Ange-boten in %
Kun-den	Serviceleistungen ausbauen	■ neue geplante/bestehende Serviceleistungen
	Kundenzufriedenheit stei-gern	■ Kundenzufriedenheitsindex
	Image verbessern	■ Imagewert Kunden/Markt per Befragung ■ durchgeführte/geplante Events
	Differenzierung gegenüber Konkurrenz	■ Präsentation von Angeboten an Wettbewer-bern (private und öffentliche; Anzahl und in %)
	Wissen über Kunden-wünsche verbessern	■ Anzahl neuer Produkte ■ Anzahl besuchter Messen (gegenüber Plan) ■ Kontaktintensität (Häufigkeit je Kunde)
Pro-zesse	Unternehmenskoordination sichern	■ Abweichung tatsächlicher/geplanter Einnah-men ■ Test über Zuweisung der Verantwortlichkeit für Projekte

	Strategische Ziele	Messgrößen
		■ Abweichung tatsächlicher/geplanter Margen
		■ Abweichung kalkulierter/angebotener Verkäufe
	Prozesseffizienz und -erfüllung verbessern	■ Anzahl Meetings mit Geschäftsleitung
		■ MA-Befragung zu Prozesseffizienz und Vorgehensweisen
		■ Erfüllungsgrad der Veränderung von Prozessen nach Vorschlag der internen Revision
		■ Abweichung geplante/angebotene Marge
	produktive und effiziente Organisation schaffen	■ Abweichung durchgeführte/geplante Projekte
		■ Abweichung erhaltene/geplante Marge
		■ erhaltene/abgesandte Projekte
		■ Anzahl Angebote nach Kundenbesuchen
	Projektkontrolle verbessern	■ Befragung Projektleiter/-manager zu benötigten Skills
		■ Abweichung tatsächliche/kalkulierte Verkäufe
		■ Abweichung tatsächliche/kalkulierte Margen
Mitarbeiter	MA-Motivation zur Entwicklung einer Unternehmenskultur	■ Motivationswerte (Klimabefragung)
	MA-Zufriedenheit erhöhen	■ Index
	interne Kommunikation steigern	■ Anzahl offizieller, direkter Kommunikationsverbindungen
		■ Anzahl Verbesserungsvorschläge
	interne Ausbildung verbessern und ausbauen	■ Investitionen in interne Ausbildung (in % aller Invest.)
		■ Stunden für Schulung/Weiterbildung je MA
		■ Bewertungsindex der Schulungen

Tab. 6–1: Scorecard: Telekommunikation *(ENDITEL)*

Zu allen Kennzahlen wurden die Istwerte erfasst und Zielwerte für die Zeitfenster „ein Jahr" und „drei Jahre" festgelegt. Außerdem wurde die Erhebungsfrequenz (größtenteils monatlich oder jährlich, teils auch halb- und vierteljährlich) bestimmt.

Außerdem wurden Maßnahmen festgesetzt (und mit bestehenden abgeglichen), wobei überprüft wurde, inwieweit diese ggf. auf mehrere Ziele wirken. Aus den ersten 32 strategischen Aktionen wurden nach den Kriterien „Bedeutung" und „Ressourcenaufwand" 18 Maßnahmen mit höchster und acht mit hoher Priorität herausgefiltert. Außerdem wurden Verantwortlichkeiten zu ihrer Durchführung und zur Erreichung der Ziele festgelegt und anschließend eine Vorgehensweise zum weiteren Roll-out der BSC bestimmt.

6.3 Versicherungen

Als Beispiel für ein Versicherungsunternehmen wird nachfolgend die BSC der *Deutschen Herold-Versicherungsgruppe der Deutschen Bank* (VGDB) skizziert.[3]

Hier wurde die BSC nicht top-down, sondern bottom-up unter Einbeziehung der einzelnen Organisationseinheiten („Leistungscenter") entwickelt.

Als Grundmodell wurde zunächst ein Steuerungscockpit entwickelt, das sich auf acht Zielgrößen in (den klassischen) vier Perspektiven beschränkt (Abb. 6–3):

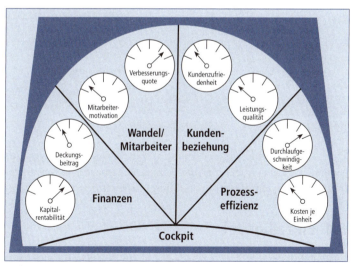

Abb. 6–3: BSC-Cockpit eines Leistungscenters (Grafik vgl. Eigenbrodt/ Kornmesser (2000), S. 36)

Dieses Grundmodell wurde auf Organisationsebene spezifisch weiterentwickelt und ausgebaut. So wurden bspw. für eine kundenbetreuende Einheit die folgenden Kennzahlen definiert (s. Tab. 6–2).[4]

	Strategische Ziele	Messgrößen
Finanzen	■ Kapitalrentabilität ■ Deckungsbeitrag	■ Gesamtkosten je MA ■ Kosten je Beitragseinheit ■ Deckungsbeitrag ■ …
Wandel/Mitarbeiter	■ Mitarbeitermotivation ■ Verbesserungsquote	■ MA-Kompetenz-Index ■ Krankheitsquote ■ Fluktuationsquote ■ verwirklichte Vorschläge je MA ■ …
Kundenbeziehung	■ Kundenzufriedenheit ■ Leistungsqualität	■ Kundenzufriedenheitsindex ■ Beschwerdequote ■ Zielgenauigkeitsindex ■ Bestands-/Antrags-Stornoquote ■ …
Prozesseffizienz	■ Durchlaufgeschwindigkeit ■ Kosten pro Einheit	■ Zeitraum pro Vorgang ■ Hausarztberichtsquote ■ Kosten pro Policierung ■ Kosten pro Vertragsänderung ■ Anzahl verwalteter Verträge je MA ■ Ø Verwaltungskosten

Tab. 6–2: Scorecard: Kundenbetreuende Einheit (Versicherung)

Zum Abschluss eine Ursache-Wirkungskette eines Versicherers (aus genereller Sicht), wobei hier die Kennzahlen speziell in Leistungstreiber und Ergebniskennzahlen differenziert wurden (Abb. 6–4).

6.4 Einzelhandel

Einzelhandelsketten haben eine Vielzahl von Filialen, die sich zwar hinsichtlich der Zielgruppen, der Sortimente und der Größe unterscheiden mögen, deren grundsätzlichen Prozesse jedoch sehr ver-

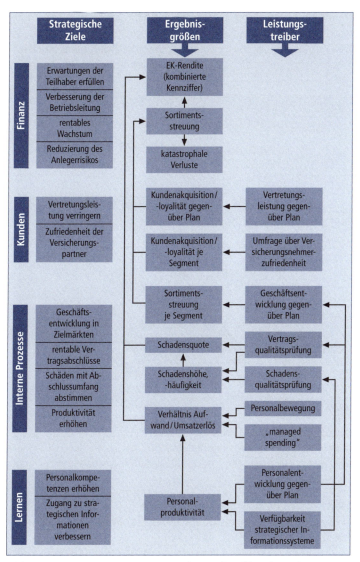

Abb. 6–4: Strategy Map eines Versicherers (Grafik vgl. Kaplan/Norton (1997), S. 154)

wandt sind. Von daher bietet sich hier eine „experimentelle" Entwicklung einer BSC in wenigen Filialen an, um anschließend die Erkenntnisse in die übrigen Filial-Scorecards einmünden zu lassen. Diesen Weg gingen die *Real-Märkte*[5], die als Beispiel hier näher dargestellt werden.

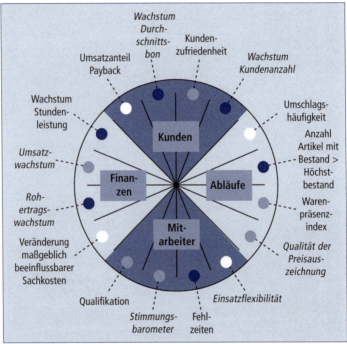

Abb. 6–5: BSC-Kompass der Real-Märkte (vgl. Feuerstein (2001), Folie 66); (Die *kursiv* gesetzten Messgrößen werden wöchentlich, die anderen monatlich erhoben)

Dort wurden die klassischen vier Perspektiven genommen (Abläufe = Prozesse) und in einem „Markt-Kompass" insgesamt 16 Kennzahlen abgebildet (Abb. 6–5).

Dabei fand die BSC-Entwicklung top-down, die Einführung bottom-up statt, flankiert von einer steten Controllingbegleitung durch die Geschäftsleitung. Damit wurde eine hohe Integration erreicht und in Folge eine kontinuierliche Kompasspflege durch die Mitarbeiter und eine Erfolgskontrolle zentral sowie in den einzelnen Märkten.[6]

Mit dem Kompass soll ein von den Mitarbeitern akzeptiertes und nachhaltiges Steuerungssystem geschaffen werden. Seine Aufgaben sind:[7]

- Größere Transparenz der Marktführung für Mitarbeiter durch verständliche, einfache und wenige Schlüsselkennzahlen.
- Eine Identifikation mit dem Steuerungssystem durch die Mitarbeiterintegration erreichen.
- Kontinuierliche Lernprozesse im Markt bottom-up anstoßen.
- Auf Mitarbeiterebene eine Sensibilisierung des Marktes für die Hauptprobleme erreichen.
- „Planen-Durchführen-Überprüfen" als Steuerungsansatz im Markt einführen.
- Erfolgsfortschritt und Veränderungswirkung regelmäßig kontrollieren.

Um dies zu erreichen hat der Kompass folgende Charakteristika:

- Der Kompass beinhaltet Leistungstreiber als auch Ergebnisgrößen.
- Die Kennzahlen müssen für alle Mitarbeiter nachvollziehbar sein.
- In den Kompass werden nur solche Kennzahlen aufgenommen, die relativ schnell beeinflussbar sind.
- Jeder Markt setzt seine Ziele selbst unter Berücksichtigung der eigenen Historie, Vertriebsregionswerte usw.
- Die Zielwerte eines Marktes müssen dessen Jahresziele unterstützen.
- Die Kennzahlen im Kompass können in ihrer Definition und Zusammensetzung im Zeitablauf verändert werden, bspw. durch Verfeinerung, wenn eine erste Sensibilisierung geschaffen wurde.

Für alle Kennzahlen wurde ein Zielkorridor definiert, wobei Ampelfarben den momentanen Status anzeigen (z. B. Zielwert erreicht bzw. überschritten, Zielwert unterschritten, Istwert droht die Untergrenze zu überschreiten o. ä.).[8]

Für die definierten Ziele wurden folgende Zielwerte und Zielkorridore definiert:

Ziele	Zielkorridor		
	Unter-grenze	Zielwert	Ober-grenze
Umsatzwachstum	1,0%	1,9%	4,0%
Rohertragswachstum	4,4%	5,0%	6,0%
Veränderung maßgebl. beeinflussb. Sachkosten	7,8%	6,0%	3,0%
Wachstum Stundenleistung	0 €	10 €	20 €
Wachstum Kundenanzahl	−1,0%	+0,4%	+1,5%
Wachstum Durchschnittsbon	0 €	1 €	2 €
Umsatzanteil Payback	52%	54%	58%
Kundenzufriedenheit	2,6	2,3	2,0
Warenpräsenzindex	96%	98%	99%
Umschlagshäufigkeit	7,5	8,1	8,5
Anzahl Artikel Bestand > Höchstbestand	2.700	2.000	1.500
Qualität der Preisauszeichnung	92%	95%	98%
Einsatzflexibilität	1,5	1,0	0,0
Stimmungsbarometer	50%	60%	70%
Fehlzeiten	4,5%	3,8%	2,5%
Qualifikation	85	90	95

Tab. 6–3: Zielwerte und Zielkorridore

Dazu wurden 254 Maßnahmen (größtenteils lokal, aber auch regional und national) identifiziert und zunächst 139 davon umgesetzt. Die einzelnen Maßnahmen haben unterschiedliche Bedeutung und Priorität – teils als „Big Shots" mit nationaler Tragweite (z. B. bessere Umsetzung der maschinellen Bestellung), teils als wichtige Maßnahmen (z. B. Optimierung der Kassenabläufe durch Prüfung der Scanfähigkeit von Artikeln usw.).

Handelsunternehmen erweitern die klassischen vier Perspektiven häufig um eine zusätzliche Lieferanten- oder Sortimentsperspektive, um diesem besonderen Erfolgspotential besonders Rechnung zu tragen.[9] In dieser Perspektive werden speziell die Beziehungen zu Lieferanten sowie produkt- und sortimentsspezifische Aspekte akzentuiert.

Als typische Kennzahlen für den Handel kommen in Frage:[10]

Perspektive	Kennzahlen
Finanzen	■ Handelsspanne ■ Umsatzrendite ■ Umsatz je m^2 ■ Umsatz je Mitarbeiter ■ Lagerumschlag
Kunden	■ Anteil Kunden mit Kundenkarte ■ Anteil Kundenkartenumsatz am Gesamtumsatz ■ Umsatz neuer Kundenkartenkunden ■ Anteil inaktiver Kundenkarten ■ DB je Bon (= durchschnittlicher Einkaufsbetrag) ■ DB je Kundenkartenbon ■ Durchschnittsbon (Höhe) ■ Kaufquote ■ Kundenbegeisterungsindex (HCI) ■ Selbstbedienungsquote ■ Visual Merchandising-Index (VMI)[11] ■ Abschöpfungsquote bei Sonderaktionen
Sortiment und Lieferanten	■ DB je m^2 ■ Fast-Seller-Quote (Renner-Quote) ■ Penner-Quote (Bestand mind. 50% unter 0) ■ Umsatzanteil Eigenmarken am Gesamtumsatz ■ Umsatzanteil Keybrands + Artikelmarken am Gesamtumsatz ■ Anteil Artikel-/Farb-Kombinationen, die 80% des Umsatzes generieren ■ Anzahl Reklamationen ■ Lieferantenqualitätsindex ■ Anzahl ECR-Kooperationen ■ Lagerumschlagshäufigkeit, -geschwindigkeit (LUG) ■ Umsatzanteil Replenishment am Gesamtumsatz
interne Prozesse	■ Leerbestandshäufigkeit ■ Käufer je Arbeitsstunde ■ Umsatz je Mitarbeiter ■ Durchlaufdauer Wareneingang von Zentrale zur Filiale ■ Logistik-Kostenquote

169

Perspektive	Kennzahlen
Potentiale	■ Mitarbeiterzufriedenheit ■ Krankenstand ■ Anzahl Verbesserungsvorschläge ■ Spitzenlast der EDV ■ Anteil nicht verwendeter Software ■ Marktforschungsbudget/Umsatz

Tab. 6–4: Typische Kennzahlen im Handel

6.5 Apotheken

Apotheken sind spezielle Einzelhandelsunternehmen. Von daher sind die klassischen Perspektiven dahingehend zu ergänzen, dass eine zusätzliche Sortimentsperspektive in die BSC aufgenommen wird. Ein weiterer Erfolgsfaktor stellt der Standort dar, der zwar wenig beeinflussbar, trotzdem aber eine hohe Bedeutung für eine Apotheke hat:[12] Dazu gehören Arztdichte, Konkurrenzsituation, Zielsegmente in der umgebenden Bevölkerung usw.

Unter Verzicht auf eine spezifische Prozessperspektive (ggf. in der Potential- bzw. Teamperspektive enthalten) können aus den Erfolgsfaktoren einer Apotheke folgende Perspektiven abgeleitet werden:

■ Ergebnis- und Finanzperspektive

■ Kundenperspektive

■ Sortimentsperspektive

■ Teamperspektive

■ Standortperspektive

Die Beziehungen zwischen den Perspektiven und deren Ziele bzw. Kennzahlen zeigt vereinfachend die Grafik (Abb. 6–6).

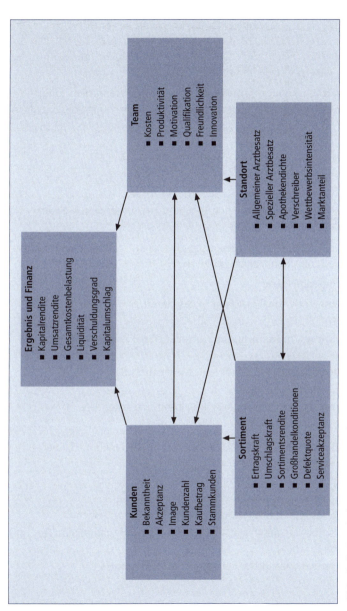

Abb. 6–6: Apotheken-BSC: Perspektiven und Kennzahlen (vgl. Strobel (2004a))

In Tab. 6–5 ist exemplarisch die Scorecard der Sortimentsperspektive dargestellt, die zu den genannten Indikatoren (durch Umformulierung erhält man daraus Ziele) Kennzahlen, Informationsdaten, Gewichtungen und mögliche Maßnahmen aufführt.

Zusätzlich können Scores nach dem Schulnotensystem aufgeführt werden, um die derzeitige Situation als Abweichung von aktuellem Ist- zum Zielwert (und so ggf. einen Verbesserungsbedarf) plakativer anzuzeigen:

- Note 1 = Zielwert um mind. 10% übertroffen
- Note 2 = Zielwert erreicht oder bis 10% übertroffen
- Note 3 = Istwert bis 10% unter dem Zielwert
- Note 4 = Istwert zwischen 10% und 50% unter dem Zielwert
- Note 5 = Istwert unter 50% des Zielwertes[13]

Weitere Perspektiven seien auszugsweise mit Zielaspekten („Indikatoren") und Kennzahlen skizziert:

Teamperspektive:

- Kosten: Personalkosten in % des Umsatzes
- Produktivität: Umsatz je Vollzeitmitarbeiter
- Motivation: Krankenstand (absolut oder Fehltage in % der Arbeitstage)
- Qualifikation: Note (aus verschiedenen Skills)
- Freundlichkeit: Note
- Innovation: Trainingstage je Vollzeitmitarbeiter

Standortperspektive:

- Allgemeiner Arztbesatz: Einwohner je Allgemeinmediziner + Internist
- Spezieller Arztbesatz: Einwohner je sonstige Ärzte
- Apothekendichte: Einwohner je Apotheke
- Verschreiber: Entwicklung der Zahl der Verschreiber
- Wettbewerbsintensität: Zahl der Wettbewerbsaktionen in Apotheken je Woche
- Marktanteil: eigener Umsatz in % des Potentials

Indikator bzw. Ziel	Kennzahlen	Quelle	Ge-wicht	Ziel-wert	Ist-wert	Score	Maßnahmen
Ertragskraft	Rohertrag in % des Wareneinsatzes	WWS	10%	45%	50%	1	■ Kalkulation, Sortimentszus.setzung, Aktionen prüfen und korrigieren
Umschlags-kraft	verkaufte Packungen je Artikel/Lagerbestand	WWS	20%	9,0	8,0	4	■ Warenbestände prüfen und anpassen
Sortiments-rendite	Brutto-Nutzen-Ziffer (Aufschlag mal LUG)	WWS	20%	400%	430%	2	■ Sortimentszusammensetzung prüfen
Großhandels-konditionen	Gesamtnachlässe in % des Einkaufs	WWS	20%	2%	2,3%	1	■ Direktbezüge analysieren, GH-Konzentration ändern ■ Lieferanten wechseln ■ Kooperation?
Defektquote	nicht lieferbare Artikel in % der nachgefragten Artikel	WWS	20%	2%	2,5%	4	■ Warenbestände wichtiger Indikationen prüfen ■ Rezeptanalyse
Serviceakzep-tanz	Akzeptanznote	Kunden-befragung	10%	1,9	2,0	3	■ Serviceprogramm und -qualität prüfen
Gesamtsorti-mentsscore			100%			2,6	

Tab. 6–5: Scorecard: Sortimentsperspektive (vgl. Strobel (2004a))

173

6.6 Großhandel

Auch im Großhandel spielen Sortiment und die Stellung gegenüber und Beziehungen mit den Lieferanten eine entscheidende Rolle. Wie im Einzelhandel sollte auch hier eine gesonderte Lieferanten- und Sortimentsperspektive dieser Besonderheit Rechnung tragen.

Das nachfolgende Beispiel zeigt die Strategy Map der *Schmitt Feuerwehr Technik GmbH* – darin wurden vier Perspektiven definiert, wobei die Prozess- und die Potentialperspektive zusammengefasst wurden (Abb. 6–7).

Hierzu die (verkürzte) **Story of the Strategy**:

Ziel der Gesellschafter ist eine maximale Gewinnausschüttung, die durch eine Erhöhung des Betriebsergebnisses ermöglicht wird. Dazu sollen der Umsatz gesteigert (1) und (vor allem) die Logistikkosten gesenkt werden (2). Die Umsatzsteigerung wird beeinflusst durch die Ziele: Aktivitäten im Saarland erhöhen (3), Umsatz mit Industriebetrieben steigern (4), Bekanntheitsgrad steigern (5) und Kundenbindung erhöhen (6).

Durch die erhöhten Aktivitäten im Saarland und das dort vermutete Absatzpotential soll auch die Lieferantenzufriedenheit erhöht werden (7). Die Umsatzsteigerung mit Industriebetrieben soll dadurch erreicht werden, dass vermehrt Komplettlösungen angeboten werden (8), und zwar durch ein breiteres Sortiment als auch durch zusätzliche Dienstleistungen (9). Zur Sortimentsverbreiterung müssen die Kundenbedürfnisse bekannt sein (10). Die stärkere Kundenbindung soll durch stärker motivierte Mitarbeiter (11), bessere Logistikleistungen (12) und bessere Einkaufskonditionen (13), deren Vorteile an die Kunden weitergegeben werden sollen, erreicht werden. Um bessere Einkaufskonditionen aushandeln zu können, sind bestimmte Umsätze nötig (14), aber auch eine Zufriedenheit der Lieferanten mit der Großhandelsunternehmung (15).

Die Lieferantenzufriedenheit wird außerdem beeinflusst durch eine erhöhte Mitarbeitermotivation (16) und -qualifikation (17) – beides auch notwendig zum weiteren Ausbau der Dienstleistungsangebote (18).

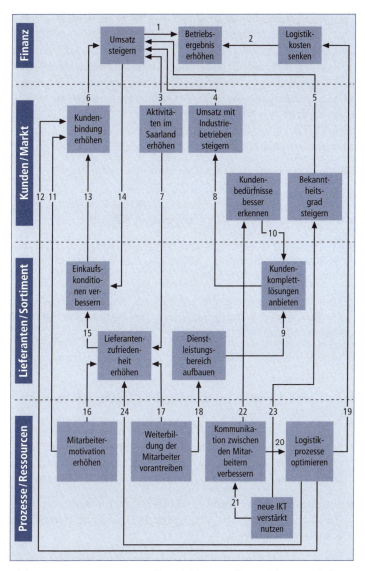

Abb. 6–7: Strategy Map: Großhandel (Zur Grafik und den nachfolgenden Kennzahlen vgl. Schmitt (2003), S. 11 ff.)

Die Optimierung der Logistikprozesse (19) wirkt Kosten senkend im Logistikbereich, wozu außerdem eine verbesserte Kommunikation zwischen den Mitarbeitern (20) und – indirekt – eine vermehrte Nutzung von Informations- und Kommunikationstechnologien (21) beitragen. Mit der verbesserten Kommunikation lassen sich Kundenbedürfnisse besser erkennen (22), über eine vermehrte IKT-Nutzung lässt sich der Bekanntheitsgrad steigern (23). Außerdem bewirkt eine Optimierung der Logistikprozesse eine erhöhte Lieferantenzufriedenheit (24).

Als Messgrößen der einzelnen Ziele kommen z. B. in Frage:

- Lagerumschlag

- Umsatz ausgelieferter Ware je gefahrenem Kilometer

- Kundentreue: Anzahl bestehender Kunden mit durchgeführten Wartungsarbeiten in einer Periode/Anzahl Kunden, bei denen Wartungsarbeiten fällig waren

- Kundendurchdringungsrate: Anteil der Bedarfsdeckung einer Kunden beim Unternehmung (auf Basis geschätzter Beschaffungsvolumina)

- Summe erhaltener Boni, Skonti und Rabatte in € 1-Einkaufsvolumen

- Anteil Bestand im Konsignationslager am Gesamtlagerbestand

- Anzahl der Artikel mit Exklusiv-Vertriebsrecht

- Markterschließung anhand mehrerer Kriterien wie: Neukundenakquisition, Markt-Know-how, Marktanteil, Marktabdeckung, Umfang und Qualität des Außendienstes, Marktbeeinflussung usw.

- Sortimentsbildung anhand der Kriterien: Sortimentsbreite, -tiefe, -zusammensetzung und Stellenwert der jeweiligen Herstellererzeugnisse im Sortiment

- Dienstleistungen: z. B. Beteiligung an Produktentwicklung, Übernahmen von Manipulationsaufgaben, Informationsaustausch, Umfang der Kundendienstleistungen, Kundenberatung und -schulung

- Lagerhaltung: Größe des Vorratslagers und Lieferbereitschaft (jeweils in Bezug auf die jeweiligen Herstellererzeugnisse), Bestellpolitik (Bestellfrequenz, -mengen)

- Kommissionierung und Feinverteilung: Lieferzuverlässigkeit, Lieferzeit und Standort

- Sortimentserweiterung: Anzahl Aufträge, die aufgrund eines zu engen Sortiments oder fehlender Kooperationspartner nicht befriedigt werden können, Anzahl Aufträge, für die Kooperation eingegangen werden müssen, Anzahl geführter Warenbereiche, Umsätze aus Waren und Dienstleistungen, die innerhalb der letzten x Jahre neu ins Sortiment aufgenommen wurden/Gesamtumsatz

- Anzahl unvollständiger oder verspäteter Lieferungen/Anzahl Gesamtlieferungen

- Lieferbereitschaftsgrad: Anzahl Aufträge, die direkt ab Lager ausgeführt werden können/Anzahl aller eingegangenen Aufträge

6.7 E-Commerce (Online-Vertrieb)

Auf den Handel via Internet haben sich eigens gegründete Unternehmen spezialisiert, er nimmt aber auch bei traditionellen Handels- und Industrieunternehmen zu, die ansonsten die klassischen Vertriebswege pflegen. Dabei können B2B- als auch B2C-Geschäfte übers Internet abgewickelt werden – von der Auswahl und Bestellung über die komplette Auftragsabwicklung und -verfolgung bis hin zur After-Sales-Betreuung.

Eine wesentlicher Aspekt dabei ist die Gestaltung und Handhabbarkeit der Website bzw. des Front End der Unternehmung. Obwohl dieses die Schnittstelle zum Kunden darstellt und daher grundsätzlich in der Kundenperspektive abgebildet werden könnte, bietet es sich aufgrund seiner Schlüsselposition und der vielfältigen Aspekte des Front End an, dieses in einer eigenen Perspektive zu fokussieren.

Mögliche Ziele der einzelnen Perspektiven einer E-Commerce-Unternehmung zeigt das nachstehende Radardiagramm (Abb. 6–8).

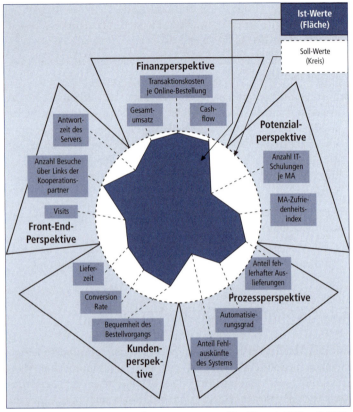

Abb. 6–8: Radardiagramm für E-Commerce (Grafik vgl. Wilke (2002), S. 292)

Hierzu nun mögliche Ziele und Kennzahlen des Online-Vertriebs (Auszug):[14]

Ziele:	Kennzahlen:
Front-End-Perspektive:	
Erhöhung der Besucherzahlen	■ Hits (Anzahl der Zeilen des Logfiles) ■ Page Views ■ Visits (Anzahl Besuche auf einer Internetseite)

Ziele:	Kennzahlen:
	■ Ad-Clicks (Anzahl der Clicks auf Werbebanner) ■ Click-Rate ■ Anzahl der Suchmaschineneinträge ■ Position in Trefferlisten und Rating der Suchmaschinen
Stärkung von Kooperationen	■ Anzahl Links von/zu Kooperationspartnern ■ Anzahl Besucher von/zu Kooperationspartnern ■ Anzahl Links von/zu Kooperationspartnern ■ Anzahl Bestellungen von/zu Kooperationspartnern
Attraktivitätssteigerung der Website	■ Verweildauer ■ Anzahl der Aktionen pro Visit ■ Anzahl Visits pro Besucher und Zeiteinheit ■ Anzahl und Anteile wiederkehrender Besucher ■ Anzahl registrierter User ■ Anzahl Newsletterabonnenten ■ Anzahl „toter" Links ■ Anzahl und Anteile fehlerhafter Seiten ■ Anzahl aktualisierter Meldungen pro Zeiteinheit ■ Antwortzeit des Servers ■ Anzahl von Übertragungsfehlern ■ Conversion Rate (Bestellungen/Besuche) ■ Anzahl und Anteile fehlgeschlagener Transaktionen
Interne Prozessperspektive:	
Bestellabwicklung verbessern (externe Sicht)	■ Dauer der Auftragsabwicklung ab Online-Bestellung ■ Anzahl + Anteil fehlerhafter Anlieferungen bei Kunden ■ Anzahl und Anteil von Fehlauskünften des Systems ■ Anzahl und Anteil unmöglicher Bestellkombinationen
interne Prozesse durch E-Commerce-Anwendg. unterstützen (interne Sicht)	■ Anzahl und Anteil manueller Aktivitäten in der Bestellabwicklung (Automatisierungsgrad) ■ Anzahl und Anteil Medienbrüche in der Bestellabwicklung

Tab. 6–6: Ziele und Kennzahlen im Online-Vertrieb

6.8 Nahverkehrsbetrieb

Im Nahverkehrsbereich ist neben Pünktlichkeit, Fahrfrequenz und Sicherheit die Zufriedenheit der Fahrgäste ein wesentlicher Wettbewerbsaspekt. Das nachfolgend zugrunde gelegte Beispiel der Hamburger S-Bahn betonte daher die Kundenbindung bei der Einführung der BSC 1998.[15] Mit einer neuen Gesamtstrategie sollte die bisherige Versorgungsmentalität aufgegeben und ein profitabler Wirtschaftsbetrieb etabliert werden, bei dem markt- und ergebnisorientiertes Handeln im Vordergrund stehen und mit der öffentlichen Aufgabe als Transportdienstleister verknüpft sind. Wesentliche Elemente dazu sind engagierte Mitarbeiter, bei denen Motivation und Leistungsbereitschaft gefördert und entsprechend belohnt werden.

Als Perspektiven des Nahverkehrsbetriebs wurden definiert:

- Engagement der Mitarbeiter
- Qualität der Leistungserstellung
- Kundenzufriedenheit und Marktanteil
- Effizienz und Finanzziele

Die strategischen Ziele und Kennzahlen der einzelnen Perspektiven wurden wie folgt definiert. Dazu wurden Ursache-Wirkungszusammenhänge mittels Imageanalysen, Fahrgast- und Mitarbeiterbefragungen, aber auch durch Ableitung in den BSC-Teams ermittelt. Insgesamt dominieren klar outputorientierte Messgrößen:

Ziele	Messgrößen
Perspektive: Engagement der Mitarbeiter	
Mitarbeiterzufriedenheit (per Befragungen)	$\frac{\sum \text{zufriedene Mitarbeiter}}{\sum \text{befragte Mitarbeiter}}$
gesündere Mitarbeiter (Krankenstand)	$\frac{\sum \text{Krankheitstage}}{\sum \text{Arbeitstage}}$
mehr Teilnehmer am betrieblichen Vorschlagswesen	Anzahl Mitarbeiter mit Vorschlägen je 1000 Mitarbeiter
zielorientiertes Handeln	$\frac{\text{durchgeführte ZV/MAG}^{16}}{\text{geplante ZV bzw. MAG}}$

Ziele	Messgrößen
Perspektive: Qualität der Leistungserstellung	
pünktlichere Züge	$\dfrac{\sum \text{Züge mit max. 3 Min. Verspätung}}{\sum \text{alle Züge}}$
sichere Züge und Stationen	$\dfrac{\text{Anzahl Reisende}}{\text{Anzahl Straftaten}}$
saubere Züge und Stationen	Fahrzeuge/Stationen mit Qualitätswertzahl (für Sauberkeit & Allgemeinzustand)
Perspektive: Kundenzufriedenheit und Marktanteil	
höherer Marktanteil	$\dfrac{\text{S-Bahn-km}}{\text{Personen-km HVV}^{17}}$
stärkere Auslastung	$\dfrac{\text{S-Bahn-km}}{\text{Sitzplatz-km}}$
zufriedene Fahrgäste	$\dfrac{\sum \text{zufriedener Kunden}}{\sum \text{befragte Kunden}}$
besseres Image	$\dfrac{\text{pos. und neg. Artikel}}{\sum \text{Artikel}}$
Perspektive: Effizienz und Finanzziele	
stetige Umsatzsteigerung	$\dfrac{(\text{Umsatz Jahr n} - \text{Umsatz Jahr n}{-}1)}{\text{Umsatz Jahr n}{-}1}$
termingerechte Investition	$\dfrac{\text{Bruttoinvestitionen}}{\text{Umsatz}}$
ertragsstarkes Wachstum	$\dfrac{\text{Betriebsergebnis I + AfA}}{\text{Umsatz}}$
angemessene Verzinsung	$\dfrac{\text{Betriebsergebnis I + AfA}}{\text{Capital Employed}}$

Tab. 6–7: Ziele und Messgrößen im Nahverkehrsbetrieb

Für alle Messgrößen liegen unternehmens- als auch abteilungsbezogen Zielwerte für die einzelnen Jahre vor. Ziele, Ursache-Wirkungszusammenhänge, Messgrößen und Ausprägungen (Zielwerte) werden jährlich bottom-up überarbeitet. Im Übrigen erfolgt eine Vergütung der Führungskräfte in Abhängigkeit vom Zielerreichungsgrad.

Deutlich wird, dass neben inputorientierten Kennzahlen (z. B. Investitionen) auch outputorientierte Messgrößen definiert wurden (z. B. Pünktlichkeit, Sicherheit und Sauberkeit), die gerade aus Kundensicht eine große Rolle spielen.

6.9 Luftverkehrsbetrieb

Als Beispiel für ein Luftverkehrsunternehmen soll die Lufthansa dienen, die für sich drei Perspektiven definierte:

- Aktionäre
- Kunden
- Mitarbeiter

Basis der Unternehmenssteuerung bei der *Lufthansa ist* ein Konzernstrategieprozess, für den Ziele mit einem Fünf-Jahres-Horizont top-down vorgegeben werden. Daraus werden für die einzelnen Geschäftsfelder Strategien retrograd geplant.

Die BSC der *Lufthansa* fokussiert besonders auch nicht-monetäre Größen, um so die Kunden- und Mitarbeiterbelange zu betonen und einen Wandel zur verstärkten internen und externen Dienstleistungsorientierung herbeizuführen.

Obwohl in der Lufthansa-BSC nicht alle Ziele bzw. Strategieelemente eindeutig kausalanalytisch begründet sind, dient sie eindeutig der Horizonterweiterung und unterstützt Kommunikationsprozesse und den kulturellen Wandel.[18]

Hier die BSC der *Lufthansa:*

	Strategische Ziele	Mess-größen	Operative Ziele	Strategische Initiativen
Aktionäre	Profitabilität	Kapital-rentabilität	x % nach Steuern	geschäftsspezifische Ableitung von Hurdle- und Targetrates
	Rendite-ansprüche der Eigner erfüllen	DCF-Rendite		
	nachhaltiges Wachstum	Umsatz-wachstum	Anstieg Auslandsumsatz um x %	Screening potentieller ausländischer Partner
		Erhöhung Marktanteil	Steigerung in Region A um x %	Kauf eines Unternehmens in Region A
Kunden	Kunden-loyalität	Customer Service Index (CSI)	Steigerung des CSI um x PP	Szenarioentwicklung der zukünftigen Kundenerwart. und Berücksichtigung bei Angebotserstellung

	Strategische Ziele	Mess-größen	Operative Ziele	Strategische Initiativen
	Qualitäts-image	...	Imagekorrektur	antizipative Produktent-wicklung nach Lebenszeit
	Globalität	ausld. Kundenan-teil	ausländischen Kundenanteil um x % erhöhen	Internationalisierung der externen Kommunikation
Mit-arbeiter	MA-Engage-ment	Employee Commit-ment Index	Steigerung des ECI um x PP p.a.	Projekt „MA im Fokus"
	Führungs-qualität	Führungs-potential	dezentrale Führ.-komp. in 3 Jah-ren um x % er-weitern	hierarchieübergreifendes Job-Rotation-Programm
	Dienstleis-tungskultur	branchen-weiter Vgl. aus Kun-densicht	zu d. 5 Anbietern mit der höchsten DL-Orientierung	DL-bezogene Einstellungs-verfahren und -kriterien verankern

Tab. 6–8: BSC der *Lufthansa*

6.10 Verwaltung

Auch in öffentlichen Verwaltungen ist die BSC einsetzbar: Auch dort sind Zielbeziehungen als Ursache-Wirkungsketten formulier-bar, wobei das Spannungsfeld durch teils divergierende Interessen von Politik, Bürgern, Betrieben und öffentlichen Finanzen geprägt ist. Hinzu kommen Faktoren wie öffentliches Recht (man denke bspw. an Prozesszeitverlängerungen durch öffentliche Ausschrei-bungen) und Dienstrecht sowie teilweise verkrustete Strukturen. Ein Ansatz hierzu ist eine Verwaltungsreform, die auf Ergebnis-orientierung statt Tätigkeitsorientierung, auf Ermöglichen statt Verwalten, auf Eigeninitiative statt Bevormundung und auf hohe Transparenz durch Kennzahlen und Berichte setzt.[19]

Für die Belange öffentlicher Verwaltungen müssen die Perspekti-ven (die zunächst für industrielle Großbetriebe galten), auf die be-sonderen Bedürfnisse angepasst werden; dabei stehen der Nutzen für die Ziele der Einwohner und Betriebe in einer Stadt, der Nut-zen für die langfristige Stadtentwicklung und Wirtschaftlichkeitsaspekte im Vordergrund, die in einem Leitbild widergespiegelt werden.[20]

Von der *Stadt Passau* wurden z. B. folgende Perspektiven definiert, die als Ansatz für andere Verwaltungen gelten können:

- Perspektive (Innovation und) Zukunftsfähigkeit
- Perspektive Bürger- und Kundenorientierung und Gemeinwohl
- Perspektive Ressourcen (Mitarbeiter und Finanzen)
- Perspektive Strukturen und Prozesse

In der Perspektive „Zukunftsfähigkeit" werden die Entwicklungs- und Wachstumschancen einer Gebietskörperschaft (Kommune, Landkreis, Region) ausgedrückt, mithin enthält sie Ziele, die heute schon Ressourcen verbrauchen, aber langfristig der Entwicklung dienen. Da es hierbei vor allem um weiche Faktoren geht (z. B. wie die Lebensqualität gesteigert werden kann, wie der Wirtschaftsstandort bzw. das Touristenzentrum ausgebaut werden kann), sind abhängig von den definierten Zielen unterschiedlichste nicht-monetäre Kennzahlen als Gradmesser der Zielerreichung zu bestimmen.

Die Perspektive „Bürger-/Kundenorientierung und Gemeinwohl" fokussiert die verschiedenen Anspruchsgruppen, für die eine Verwaltung tätig wird – also z. B. einzelne Bürger, Gruppen, ortsansässige Betriebe. Spätere zielgruppenspezifische Kundenzufriedenheitsbefragungen müssen als Items diverse Verwaltungsangebote und -prozesse enthalten, aber auch Infrastrukturausbau, Verkehrswesen, Kultur- und Freizeitangebote.

Für die Perspektive „Strukturen und Prozesse" kommen bspw. in Frage:

- Effizienz der Dienstleistungsprozesse: Bearbeitungszeit/Gesamtdurchlaufzeit (je untersuchtem Bereich)

- Time-to-Market (für Erschließungs-, Ansiedlungs-, Bauprojekte oder Bebauungspläne)

- First yield pass (fehlerlose Vorgänge bis zur Unterschriftsreife)

- Darüber hinaus Kennzahlen, die z. B. Wartezeiten, Verständlichkeit von Formularen, Kommunikation, Informationszugriffszeiten usw. messen

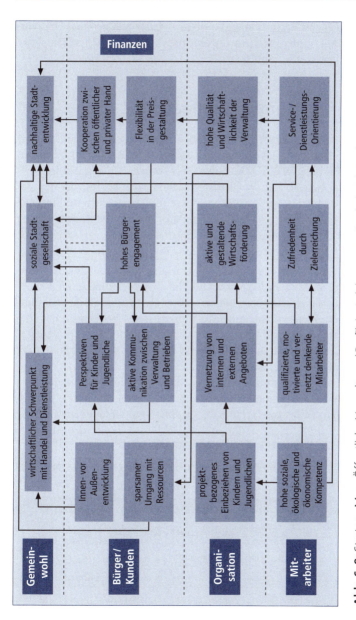

Abb. 6–9: Strategy Map: Öffentliche Verwaltung (Grafik in Anlehnung an Gottbehüt (2002), S. 108, zitiert in Alt (2003), Folie 18)

Als weiteres Beispiel folgt die (fiktive) Strategy-Map einer Stadtverwaltung, in der die Gemeinwohlperspektive als oberste Perspektive definiert wurde (Abb. 6–9).

6.11 Non-profit-Organisation

Zu den Non-profit-Organisationen zählen (neben Verwaltungen) vor allem Vereine, Verbände und andere Institutionen mit Aufgaben der Bildung (z. B. Hochschulen), der sozialen Unterstützung (karitative Zwecke; z. B. Wohlfahrtsverbände), der Sportförderung, des Naturschutzes, der Brauchtumspflege usw. Wenn auch im Einzelfall Aktivitäten mit Gewinnerzielungsabsicht hinzukommen mögen (z. B. Verköstigung in einem Naturfreundehaus), so steht i. d. R. doch die verfolgte soziale Zielsetzung im Vordergrund.

Aber auch ohne Gewinnerzielungsabsicht existieren trotzdem monetäre Ziele (z. B. Kostendeckung bzw. Verlustminimierung; Wirtschaftlichkeit). Darüber hinaus sind es aber vor allem die nichtmonetären Ziele, wie sie in den Satzungen festgeschrieben sind, an denen sich die Gesamtstrategie ausrichtet. Als zentrale bzw. „oberste" Perspektive steht damit der ideelle Bereich (z. B. Naturschutz oder Wohlfahrtspflege), während die anderen Perspektiven eine vorgelagerte und Unterstützungsfunktion haben. Der ideelle Bereich erfasst somit die (nicht-monetäre) Wertschaffung im Sinne des Vereinszwecks (z. B. gesellschaftliche Aufklärung, Gesundheitsvorsorge, Vermittlung qualifizierter Studienabschlüsse, Breite der Angebote und Tätigkeitsfelder, umgesetzte Projekte usw.).[21]

Hier zunächst ein Beispiel eines Kreisverbandes des *Deutschen Roten Kreuzes (DRK)*:[22]

	Strategische Ziele	Messgrößen
Finanzen	■ Rentabilität	■ Cashflow-Rate
	■ Kostensenkung	■ Umsatzrendite
	■ Liquidität aufrechterhalten	■ Personalkostenquote
		■ Liquidität 2. Grades

	Strategische Ziele	Messgrößen
Kunden	■ Kundentreue steigern ■ Kundenakquisition ausbauen ■ Mehr Kunden erreichen	■ Anzahl Neukunden ■ Kundenverlust in % ■ Beschwerdequote ■ Versorgungsgrad im Gebiet
ideeller Bereich	■ öffentliche Anerkennung steigern ■ breite Unterstützung sichern	■ Fluktuation in Ehrenämtern ■ Anzahl neuer Fördermitglieder ■ Anzahl Medienveröffentlichungen ■ Anteil Fundraising-Mittel
Prozesse	■ Prozesse optimieren ■ Organisationsstrukturen optimieren	■ Anzahl Prozessschnittstellen ■ Anteil Verwaltungsstunden an Gesamtstunden ■ Anteil falscher Rechnungen
Lernen & Entwicklung	■ Mitarbeiter langfristig binden ■ Mitarbeiterzufriedenheit steigern ■ Wissen und Commitment erhöhen	■ Fluktuation hauptamtlicher MA ■ Fehl- und Krankheitszeiten ■ Zeitraum zur Umsetzung von Beschlüssen

Tab. 6–9: Scorecard: *DRK*-Kreisverband

In diesem Beispiel sind die Kennzahlen der Finanz- und Ergebnisperspektive klare Ergebnisgrößen (wie in der klassischen BSC). Für Non-profit-Organisationen dominieren jedoch meist ideelle Ziele, weshalb die Finanzperspektive dann Unterstützungscharakter hat. Die nachfolgende Ursache-Wirkungskette zeigt dies auszugsweise am Beispiel einer öffentlichen Bildungsinstitution (z. B. Hochschule) (Abb. 6–10).

Für eine Hochschule ergeben sich dabei bspw. diese Fragestellungen zur Zielformulierung auf Ebene der einzelnen Perspektiven:[23]

■ Bildungsauftrag bzw. Wissenschaft: „Welche Ziele sind angesichts des wissenschaftlichen Auftrags anzustreben, um unsere Vision zu verwirklichen?"

■ Lernende und Anspruchsgruppen: „Welche Ziele müssen gegenüber Lernenden und Anspruchsgruppen erfüllt sein, um die Ziele der Wissenschafts-/Bildungsauftragsperspektive zu erreichen?"

- Hochschulfinanzen: „Welche finanziellen Rahmenbedingungen sind notwendig, um die übergeordneten Ziele zu erreichen?"

- Organisation: „Wie sind die internen Strukturen und Prozesse zu gestalten, um Lernenden und Anspruchsgruppen, aber auch den Hochschulfinanzen gerecht zu werden?"

- Mitarbeiter: „Wie können Qualifikation, Motivation, das Lernen und die Entwicklung der Mitarbeiter ausgebaut werden, um die anderen Ziele zu erreichen?"

Als Geschäftsfelder einer Hochschule kommen bspw. in Frage:

- Lehre und Studium
- Weiterbildung
- Forschung, Entwicklung und Transfer[24]

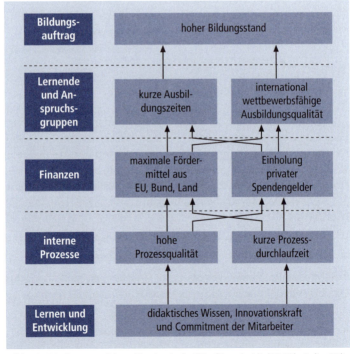

Abb. 6–10: Strategy Map: Hochschule (Grafik vgl. Alt (2003), Folie 15)

Dafür lassen sich verschiedene strategische Themen formulieren, z. B. bzgl. der Internationalisierung, der Qualität, der Effizienz sowie des Marketing und der internen und externen Kommunikation.

Auch können verschiedenste Anspruchsgruppen berücksichtigt werden, wie z. B. Studenten, Gesellschaft, Kommune, Ministerium, Unternehmen, Partnerhochschulen, Alumni und dgl.

Da der Bildungsauftrag für den Hochschulbereich eine zentrale Bedeutung innehat, sollte dies durch eine entsprechende Zusatzperspektive berücksichtigt werden. In der nachfolgenden Hochschul-BSC sind daher als Perspektiven gewählt:

- Bildungsauftrag
- Kunden
- Prozesse
- Haushalt und Finanzen
- Potentiale

	Ziele	Messgrößen
Bildungs-auftrag	zukunftsorientierte Studienkonzepte entwickeln und anbieten	■ Vermittlungsquote ■ Anzahl innovativer Programme
	hohen Praxisbezug sicherstellen	■ Anzahl Praxisprojekte ■ Anzahl Unternehmenskontakte
	Internationalisierung ausbauen	■ Anzahl Studierende an ausländischen Partnerhochschulen ■ Teaching Mobility: Anzahl
	hohe Qualität der Lehre erreichen	■ Evaluationsergebnisse ■ Hochschulranking
	neue Geschäftsfelder entwickeln	■ Innovationsgrad
Kunden	Studiengänge mit internat. Reputation und hohem Qualitätsanspruch	■ Evaluationsergebnisse
	Betreuung und Integration der ausländischen Studierenden	■ Integrationsgrad ■ Betreuungsqualität
	Beziehungen/Kontakte zu Unternehmen	■ Anzahl vermittelte Studenten ■ Anzahl Gastvorträge a. d. Praxis ■ Anzahl Exkursionen

	Ziele	Messgrößen
	Studentenzufriedenheit	■ Index ■ Absolventenbefragung
Prozesse	Modularisierung der Lehrangebote	■ Modularisierungsgrad
	Optimierte Ressourcennutzung	■ ...
	Effizienzsteigerung durch Nutzung/ Ausbau externer Synergien	■ Networkingqualität
	Erhöhung der Effizienz und Optimie- rung der administrativen Prozesse	■ Bearbeitungsdauer von Anträgen
Haushalt & Fin.	Erhöhung der wirtschaftlichen Eigen- ständigkeit	■ Quote der frei verfügbaren Mittel
	kennzahlen- und erfolgsorientierte Mittelzuweisung	■ ...
	Kostensenkung	■ Kosten je Student
	Gewinnung von Drittmitteln	■ Anteil Drittmittel im Gesamtetat
Potentiale	Studiengänge als „Marke"	■ Bekanntheitsgrad
	Innovationsfähigkeit	■ Anzahl innovativer Angebote und Projekte
	starke Einbindung Ehemaliger	■ Gastvorträge Ehemaliger ■ Qualität der Alumninetzwerke
	Programme in der Wirtschaft/mit Un- ternehmen etablieren	■ Anzahl Studierender in Partner- programmen

Tab. 6–10: Scorecard: Hochschule

Als (weitere) Kennzahlen kommen bspw. in Frage:

- Anteil der Drittmittel am Gesamtetat
- Wirtschaftlichkeit der Mittelverwendung
- Modularisierungsgrad (Anteil in Semesterwochenstunden)
- Bekanntheitsgrad der Hochschule
- Rankingergebnisse (Platz bzw. Indexverbesserung)
- Evaluationsergebnisse

- Anzahl von gewonnenen Preisen und Auszeichnungen
- Anzahl Partnerhochschulen im Ausland
- Anzahl durchgeführte Projekte (mit externen Auftraggebern)
- Vermittlungsquote
- Drop-out-Quote
- durchschnittliche Studiendauer
- Anzahl Gastvorträge externer Referenten
- Anzahl der durch Alumni vermittelten Praktikanten-, Abschlussarbeits- bzw. Vollzeitarbeitsplätze
- Anzahl der aktiv unterstützenden Unternehmen
- Qualität des Networking
- usw.

6.12 Sportverein

Die BSC ist grundsätzlich in jedem Wirtschaftsunternehmen einsetzbar – und damit auch in (professionell geführten) Sportvereinen. Als erster Fußball-Bundesliga-Club führte der VfB Stuttgart im Jahr 2004 die BSC ein, die nachfolgend skizziert werden soll.

Die IT-gestützte BSC mit dem bewusst zweideutigen Namen „Bal-Plan" (Balanced Scorecard Planning System) beinhaltet 130 Kennzahlen, davon 100 für die einzelnen Abteilungen und 30 für den Vorstand. Die BSC enthält auch zahlreiche nicht-monetäre Kennzahlen (z. B. Qualität der Jugendarbeit – immerhin 31% der Profispieler sind „Eigengewächse"). Ein wesentlicher Ausgangspunkt der BSC-Entwicklung war eine Stärken-Schwächen-Analyse im Vergleich zur Konkurrenz *(Olympique Lyon* und *Borussia Dortmund).*[25]

Der Grundaufbau der Wirkungsbeziehungen in Bal-Plan ist wie folgt: Als Rahmenvorgabe steht die Erreichung wirtschaftlicher Ziele, die durch eine Zufriedenheit der Fans und Stadionbesucher sowie durch eine Optimierung der sportlichen Perspektive (z. B. Tabellenplatz in der Meisterschaft) erreicht werden sollen. Diese wiederum bedürfen optimierter interner Prozesse (z. B. Talentscouting) sowie motivierter, talentierter und engagierter Mitarbeiter.[26]

Der *VfB Stuttgart* hat dazu vier Perspektiven definiert:

- Wirtschaftliche Perspektive
- Sportliche Perspektive
- Kundenperspektive
- Interne Prozess- und Potentialperspektive

Gegenüber dem klassischen Modell wurden die Prozess- und die Potentialperspektive zusammengefasst, außerdem die sportliche Perspektive zusätzlich aufgenommen, um die Bedeutung dieses Erfolgspotentials als Eckpfeiler des gesamten unternehmerischen Handelns ausreichend zu berücksichtigen.

Die BSC des *VfB Stuttgart* enthält folgende Ziele bzw. Messgrößen:[27]

Wirtschaftliche Perspektive	Sportliche Perspektive	Kunden- perspektive	Prozess- & Poten- tialperspektive
▪ Umsatz ▪ Profitabilität ▪ Liquidität ▪ Verschuldungs- grad ▪ Etateffizienz ▪ Gehaltssumme des Profiteams ▪ Wertsteigerung für die Aktionäre	▪ Tabellenplatz in der Meister- schaft ▪ Erreichen be- stimmter Runden in anderen Wettbewerben ▪ Trainerkontinuität ▪ Teamwert	▪ Stadionaus- lastung ▪ Anteil Neukunden ▪ Cateringumsatz pro Stadion- besucher ▪ Zufriedenheit aller Zielgruppen ▪ Loyalität der Fans	▪ Erfolgsquote Talent-Scouting ▪ Anteil der aus der eigenen Jugend übernom- menen Profispieler ▪ Verfügbarkeit Telefonhotline ▪ Managementkon- tinuität

Tab. 6–11: BSC des *VfB Stuttgart*

Mit Bal-Plan soll erreicht werden, dass die relevanten Kennzahlen exakt ermittelt, geplant und laufend kontrolliert werden und darüber hinaus der *VfB Stuttgart* Fehlentwicklungen schneller erkennt, schneller auf Marktentwicklungen reagiert und insgesamt eine strategische Ausrichtung des Sportvereins optimiert.[28]

Statt der oben dargestellten vier Perspektiven sind diese natürlich auch anders benennbar und abgrenzbar. Das nachfolgende Beispiel zeigt dazu eine Variation mitsamt den strategischen Leitfragen.[29]

Die Sportperspektive besteht hier aus zwei Unterperspektiven: Die der aktiven Teilnehmer bezieht sich auf die Spieler, Trainer, Manager, Schiedsrichter, Zeugwarte usw. (hauptamtliche und ehrenamtliche Kräfte). Zu den passiven Teilnehmern zählen die Fans und alle Zuschauer (im Stadion und am Fernseher), Radiozuhörer, die Leser von Print- und elektronischen Medien, aber auch Sponsoren und Werbepartner.[30]

	Strategische Leitfragen	Messgrößen
Sportperspektive (aktive Teilnehmer)	„Wie können wir die Popularität des Fußballspiels und unseres Vereins weiter steigern?"	■ sportlicher Erfolg (z. B. internat. Wettbewerbe) ■ …
Sportperspektive (passive Teilnehmer)	„Wie können wir die Attraktivität des Fußballspiels und unseres Vereins für die Passiven weiter steigern?"	■ Nachfrageverhalten der Fans ■ …
Prozesse	„Welche internen Prozesse sind verantwortlich für unseren langfristigen (sportlichen und wirtschaftlichen) Erfolg?"	■ Effektivität & Effizienz der internen Prozesse ■ …
Lernen & Innovation	„Wie können wir unseren langfristigen Erfolg sichern und ausbauen?"	■ Entwicklung neuer Produkte und Prozesse ■ Merchandisingprodukte
Finanzen	„Wie können wir Fonds für die Entwicklung des Fußballs unseres Vereins generieren und die Wirtschaftlichkeit steigern?"	■ Cashflow ■ Rentabilität ■ Kostenquoten ■ …

Tab. 6–12: Scorecard: Fußballclub

Ob die Finanzperspektive als oberste Perspektive angesehen wird oder eine sportliche (Erfolgs-)Perspektive, ist im Einzelfall zu klären. Sobald es sich bei dem Sportverein um einen ausgeprägten

Wirtschaftsbetrieb handelt, wären in der Finanzperspektive eher Ergebnisgrößen anzusiedeln, bei einem eher der Sportförderung verschriebenen Verein wären die ideellen Ziele übergeordnet.[31]

7. Kapitel

Da capo: Die BSC als innovatives und ganzheitliches Steuerungsinstrument

Kommen wir auf unser Eingangsbeispiel des Restaurants zurück: Welche Ziele könnte dieses formulieren? Welche wären aus strategischer Sicht relevant? Hier eine mögliche Ursache-Wirkungskette (Abb. 7–1).

Zu den genannten Zielen ließen sich bspw. diese Kennzahlen bestimmen (Tab. 7–1).

Vielleicht sind Sie mit den genannten Zielen nicht einverstanden und würden manche anders definieren oder austauschen. Das ist gut möglich. Schließlich müsste erst einmal geklärt sein, um welche Art von Restaurant es sich handelt, welche Vision es hat und welche Strategie es verfolgt. Vielleicht will es mit einer kleinen, aber erlesenen Karte einen exklusiven Kundenkreis ansprechen, vielleicht aber auch mit einer entsprechenden Vielfalt sehr unterschiedliche Kunden. Vielleicht ist es auf Reisegruppen spezialisiert, vielleicht mehr auf Laufkundschaft, vielleicht mehr auf ein treues Stammpublikum. Dementsprechend ergäben sich ggf. abweichende Ziele mit unterschiedlichen Relevanzen.

Stehen Vision und Strategie (inkl. zu definierender Zielgruppen) fest, so sind die Ziele sorgfältig zu bestimmen – immer vor dem Hintergrund ihrer Bedeutung für die Strategieumsetzung. Zur Verdeutlichung eignen sich Ursache-Wirkungsketten (Strategy Map), am besten ergänzt durch eine kurze Beschreibung (Story of the Strategy). Cross-Impact-Analysen helfen bei der Untersuchung, welche

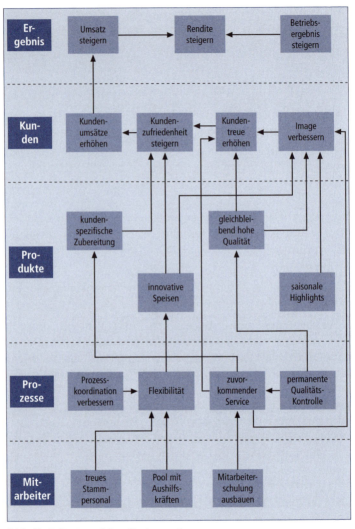

Abb. 7–1: Strategy Map: Restaurant

Ziele sich wie gegenseitig beeinflussen, wie sie die Strategie unterstützen, aber auch um Kennzahlen und deren Wirkungsbeziehungen sowie Maßnahmen zu analysieren.

Natürlich müssen auch die Kennzahlen gut überlegt sein – nicht nur die Kennzahlen an sich, sondern auch ihre Datenquellen, die Häufigkeit ihrer Erhebung, die Zielwerte für den Zeithorizont X und die Verantwortlichen für jede Kennzahl. Im Sinne der Ganzheitlichkeit sollen monetäre und nicht-monetäre Kennzahlen definiert werden, ebenso sind nicht nur Ergebnisgrößen (Spätindikatoren), sondern gerade auch Leistungstreiber (Frühindikatoren) zu bestimmen.

	Ziele	Messgrößen
Ergebnis	Rendite steigern	■ ROCE ■ Umsatzrendite
	Betriebsergebnis steigern	■ Betriebsergebnis I ■ Deckungsbeiträge
	Umsatz steigern	■ Umsatz je Sitzplatz ■ Umsatz je Öffnungstag
Kunden	Kundenumsätze erhöhen	■ Umsatz je Kunde
	Kundenzufriedenheit steigern	■ Index
	Kundentreue erhöhen	■ Anzahl Stammkunden/Gesamtkunden ■ Stammkundenfrequenz
	Image verbessern	■ Index
Produkte	gleichbleibend hohe Qualität	■ Geschmackstest-Index
	kundenspezifische Zubereitung	■ Anzahl erfüllter Kundenwünsche/gestellte Kundenwünsche
	innovative Speisen	■ Anzahl neuer Kreationen/Gesamtangebot ■ Güte der innovativen Speisen
	saisonale Highlights	■ Anzahl Tage mit Highlights

	Ziele	Messgrößen
Prozesse	Prozesskoordination verbessern	■ Anzahl Prozesspannen ■ Ø Prozessdauer
	Flexibilität	■ …
	zuvorkommender Service	■ Service-Bewertungsindex ■ Höhe der Trinkgelder
	permanente Qualitätskontrolle	■ Fehlerquote
Mit-arbeiter	treues Stammpersonal	■ Ø Betriebszugehörigkeitsdauer
	Pool mit Aushilfskräften	■ Anzahl abrufbarer, eingearbeiteter Kräfte
	MA-Schulung ausbauen	■ Kurstage je MA ■ …

Tab. 7–1: Scorecard: Restaurant

Anschließend müssen Maßnahmen definiert werden, die zur Erreichung der geplanten Zielgrößen und zur Zielerfüllung beitragen.

Ggf. sind diese zu priorisieren und mit anderen, bereits geplanten Maßnahmen abzustimmen sowie die dafür erforderlichen Ressourcen bereitzustellen.

Grundsätzlich ist zu klären, ob die BSC-Entwicklung top-down oder bottom-up erfolgt und wie der Roll-out von statten gehen soll. In jedem Fall sind eine Unternehmens-Scorecard und Bereichs-Scorecards bis hin zu Scorecards einzelner Mitarbeiter zu entwickeln. Jede Organisationseinheit muss dabei die Ziele der übergeordneten Einheit unterstützen. Die Erkenntnisse aus der Entwicklung der Pilot-BSC sind beim Roll-out zu nutzen, speziell haben die BSC-Team-Mitglieder eine wichtige Rolle als Multiplikatoren.

Ebenfalls eine grundsätzliche Frage ist die Wahl der Perspektiven. Die klassische Unterteilung in Finanz- und Ergebnisperspektive, Kundenperspektive, Prozessperspektive und Mitarbeiter- oder Potentialperspektive kann übernommen werden, soweit unternehmensspezifisch nicht besondere Aspekte zu akzentuieren sind – wie

z. B. eine Lieferanten-, eine Innovations- oder (wie hier im Beispiel) eine Produktperspektive.

Neben den Kennzahlen als Steuerungsgrößen liegt der möglicherweise wichtigste Beitrag einer BSC (und deren Entwicklung und Handhabung) in der Bewusstmachung, um betriebliche Zusammenhänge und dem Schaffen eines strategischen Bewusstseins – jede Führungskraft und jeder Mitarbeiter kann mit Hilfe der BSC seinen eigenen Beitrag und den seiner Abteilung/seines Bereichs erfahren und messen, Ursachen für spätere Zielabweichungen frühzeitig erkennen und dabei seinen Beitrag zur gesamten Optimierung leisten. Im Beispiel fühlt eine Servicekraft nicht nur, dass eine freundliche, prompte und kompetente Behandlung der Gäste sich dahingehend auswirkt, dass die Gäste gerne und oft wiederkommen, sondern sie kann dies auch nachprüfen, Mängel erkennen und zu deren Abhilfe beitragen.

In diesem Sinne dient die BSC nicht nur als Kennzahlensystem, sondern vor allem auch als Sensibilisierungsplattform für strategische Zusammenhänge. Dies setzt ein entsprechendes Bewusstsein beim Top-Management, aber auch die Bereitschaft zu permanentem Lernen und zu stetiger Verbesserung voraus.

Glossar

Architekt wird der Projektverantwortliche der BSC-Entwicklung gerne genannt (der „Prozesstreiber"). Als zentrale Person des BSC-Prozesses steht er in enger Verbindung mit der obersten Führungsebene, dem BSC-Team, dem er vorsteht, sowie allen weiteren, ggf. auch fallweise gebildeten Gremien und Subteams. Er hat fachliche, soziale und methodische Kompetenz.

Balanced Scorecard (übersetzt: „ausgewogenes Berichtsblatt") ist einerseits eine einzelne Scorecard, andererseits der Begriff für das Gesamtkonzept der BSC. Es ist deshalb ausgewogen („balanced"), weil es monetäre und nicht-monetäre Kennzahlen enthält, Leistungstreiber und Ergebnisgrößen, input- und outputorientierte Kennzahlen, quantitative und weiche Faktoren und auch deshalb ganzheitlich ist, weil es die Unternehmung aus verschiedenen Perspektiven untersucht und begreift.

Basisziele sind solche Ziele, die eine Unternehmung grundsätzlich verfolgt (z. B. Existenzsicherung, Gewinnerzielung, wirtschaftlich arbeiten, Liquidität aufrechterhalten, Arbeitsplätze sichern). Im Rahmen einer BSC-Entwicklung sind diese zu allgemein und müssen durch → strategische Ziele präzisiert werden (die aus Basiszielen und der Unternehmensstrategie abgeleitet werden).

Berater sind Fachinstanzen in BSC-spezifischer, aber auch allgemein projektmethodischer Hinsicht. Sie werden bei Bedarf in den

BSC-Entwicklungsprozess einbezogen. Sie können extern, aber auch intern rekrutiert werden.

Bereichs-Scorecards werden aus der Unternehmens-Scorecard für einzelne Funktionsbereiche abgeleitet (analog wird für andere Organisationseinheiten verfahren). Dabei sind die grundsätzlichen Perspektiven und Ziele zu übernehmen und dahingehend zu prüfen, inwieweit aus Sicht des Bereichs eine Unterstützung im Sinne der Gesamtstrategie erfolgen kann. Dazu werden die Ziele auf Bereichsebene heruntergebrochen, spezifische Kennzahlen mit Zielwerten gebildet und Maßnahmen formuliert. neben den klassischen Funktionsbereichen gehören hierzu auch Scorecards für spezielle Funktionen, wie z. B. Personal (HR-Management), Key Accounts-Management oder Informationsmanagement.

BSC-Story → Story of the Strategy

BSC-Team ist die Projektgruppe um den Architekten, die die Pilot-Scorecard entwickelt und umsetzt; bei Bedarf wird es durch Fachleute ergänzt. Die Teammitglieder benötigen sehr gute Kenntnisse über das BSC-Konzept, über Unternehmensprozesse und über Projektmethoden.

Cross-Impact-Analyse untersucht Wirkungen unterschiedlicher Faktoren, indem diese in einer Matrix gegenübergestellt und die Wirkungsbeziehungen bewertet (z. B. von 0 bis 3 mit 0 = keine Wirkung und 3 = starke Wirkung) werden. Eine solche Analyse kann bspw. für Ziele (→ Zielmatrix), Kennzahlen, Maßnahmen oder Risiken erfolgen und stellt ein wichtiges Analyseinstrument zur Beurteilung der Elemente bei der Entwicklung von Scorecards dar.

Double-Loop-Lernen ist ein Lernprozess (und eine aktive, zukunftsorientierte) Haltung, bei der das Management nicht nur ständige Feedbacks über die planmäßige Umsetzung der Strategie erhält (= Single-Loops), sondern zusätzlich die Strategie ständig hinterfragt, ob sie denn auch zukünftig erfolgreich bleibt und zur Existenzsicherung der Unternehmung beiträgt.

DuPont-Schema ist ein klassisches Kennzahlensystem mit dem ROI als (hochaggregierter) Spitzenkennzahl, die stufenweise auf weitere monetäre Größen aufgebrochen werden kann.

Ergebnisperspektive → Finanzperspektive

Finanz- und Ergebnisperspektive ist i. d. R. die „oberste" Perspektive einer BSC, in der Messgrößen wie Kosten-, Umsatz-, Ergebnis- und Rentabilitätskennzahlen definiert werden; diese haben den Charakter von Ergebnisgrößen, also von Resultaten, die durch die Ziele und Maßnahmen der vorgelagerten Perspektiven erreicht werden sollen.

Frühindikatoren zeigen spätere Ergebnisse mit einem zeitlichen Vorlauf an (vorlaufende Indikatoren = leading indicators). Damit können Abweichungen frühzeitig erkannt und Steuerungsmaßnahmen eingeleitet werden. Im Rahmen der BSC haben viele Werttreiber (Leistungstreiber) die Funktion von Frühindikatoren, speziell auf der Kunden-, der Prozess- und z. T. auf der Potentialebene.

Führungskräfte sind nicht nur in der Geschäftsleitung, sondern auch auf den folgenden Ebenen tätig. Sie werden bei Bedarf in den BSC-Prozess eingebunden, vor allem, wenn ihre Organisationseinheit betroffen ist. Dazu zählen bspw. Bereichs-, Abteilungs-, Gruppen- oder Filialleiter.

Innovationsperspektive → Potentialperspektive

Interne Perspektive → Prozessperspektive

Kennzahlen (Messgrößen) dienen der schnellen Orientierung und Vergleichbarkeit. Als Grundkennzahlen dienen absolute Werte (z. B. Umsatz in € oder Anzahl von Verbesserungsvorschlägen), als Verhältniszahlen setzen sie entweder wesensgleiche Größen (z. B. Kosten XY zu Gesamtkosten) oder wesensverschiedene Größen (z. B. Umsatz je Mitarbeiter) in Beziehung. Als weitere Möglichkeit kommen Indexzahlen in Frage, die einen bestimmten Wert (z. B. Ausgangswert) mit 1 oder 100% ansetzen; die Abweichung zu diesem Wert zeigt, inwieweit er über- bzw. unterschritten wurde.

Die Kennzahlen sind sorgfältig auszuwählen, auf eine Mischung aus Leistungstreibern und Ergebniskennzahlen ist zu achten. Erstere wirken als Frühindikatoren mit einem zeitlichen Vorlauf auf Ziele und bieten damit Ansatzpunkte zur Steuerung; letztere sind als Spätindikatoren kaum zur Steuerung geeignet und deshalb vor allem auf der Finanz- und Ergebnisperspektive anzusiedeln. Ebenso sollten input- als auch outputorientierte Messgrößen enthalten sein.

Im Rahmen der BSC-Entwicklung müssen nicht für alle Ziele sofort quantifizierte Kennzahlen definiert werden, ggf. reicht (zunächst) eine Textbeschreibung der zu erfassenden Größe aus.

Kennzahlenkonzepte basieren i. d. R. auf rein monetären Größen, wie dies bspw. beim DuPont-Schema der Fall ist. Im Gegensatz hierzu weist die BSC explizit auch nicht-monetäre Größen auf. Außerdem sind die Kennzahlen (von denen theoretisch unendlich viele gebildet werden können) kein Selbstzweck, sondern dienen in erster Linie dazu, den Grad der bisherigen Zielerfüllung (und damit der Strategieumsetzung) auszudrücken.

Die BSC soll nicht (nur) als Kennzahlensystem verstanden werden, sondern vielmehr und verstärkt eine Sensibilisierung zu strategischem Denken und Handeln bewirken.

Key Accounts sind (wenige relevante) Schlüsselkunden, die im Rahmen der BSC beim Herunterbrechen auf diesen Bereich besonders fokussiert werden.

Kunden- und Marktperspektive beinhaltet alle Ziele, Kennzahlen und Maßnahmen, die sich auf die Märkte und die Beziehungen zum Kunden ausrichten. Dazu zählen klassisch Kundentreue und -bindung, aber auch produktbezogene Aspekte (soweit nicht in einer eigenen → Produktperspektive gesondert dargestellt).

Leistungstreiber → Werttreiber

Lenkungsausschuss ist ein projektbezogenes Organ aus Mitgliedern der oberen Führungsebene, das regelmäßig über die Projektergebnisse informiert wird und entsprechende Entscheidungen fällt. Bei kleineren Unternehmen kann diese Aufgabe direkt vom Geschäftsführungsorgan übernommen werden.

Lern- und Entwicklungsperspektive → Potentialperspektive

Marktperspektive → Kundenperspektive

Maßnahmen sind die für jedes Ziel einer Scorecard beschlossenen strategischen Aktionen, die sicherstellen sollen, die gewünschten Ziele und Zielwerte zu erreichen. Sie dienen außerdem einer Ressourcenallokation, da Maßnahmen bzw. dafür einzuleitende Projekte nach ihrer Priorität (im Vergleich zu anderen Maßnahmen/Projekten) durchgeführt werden.

Messgrößen → Kennzahlen

Mission ist eine nachfragerbezogene Variante einer Vision (Leitbild), also wie der Kunde das Unternehmen sehen soll („Otto find' ich gut!").

Mitarbeiterperspektive → Potentialperspektive

Multiplikatoren sind frühzeitig in den Prozess der BSC-Entwicklung eingebunden und geben ihr fachliches und methodisches Wissen weiter, indem sie in weiteren Entwicklungsprozessen (beim Herunterbrechen bzw. Roll-out) eine aktive Rolle in den BSC-Teams einnehmen. Damit fördern sie das organisationale Lernen. Eine spezielle Aufgabe ist auch die Kommunikation des Konzeptes und der Ergebnisse.

Potentialperspektive ist klassisch die „unterste" Perspektive, in der die Mitarbeiter und Informationssysteme und speziell das Lernen und die Entwicklung der Unternehmung fokussiert werden. Die hier definierten Ziele, Kennzahlen und Maßnahmen wirken stark auf Größen der anderen Perspektiven, werden selbst von diesen aber kaum beeinflusst. Bspw. zählen dazu Mitarbeiterzufriedenheit, Commitment oder Wissenszuwachs.

Promotoren sind Mitglieder der Geschäftsführung oder andere herausragende Persönlichkeiten, die ein Projekt durch ihre Macht, ihre soziale Kompetenz und/oder durch Fachkompetenz fördern, beraten und im Rahmen der internen Kommunikation promoten.

Prozess der BSC-Entwicklung: Grundsätzlich müssen zunächst Vision und Strategie geklärt sein und ggf. (vorgeschaltet) entwickelt, eindeutig formuliert und kommuniziert werden. Der daraufhin startende Prozess wird unterschiedlich in Phasen eingeteilt, die inhaltlich jedoch sehr ähnlich sind: 1. Architekt und BSC-Team benennen und Projektziele bestimmen, 2. Festlegen der Grundarchitektur (z. B. Perspektiven definieren), 3. Ziele definieren, deren Übereinstimmung erreichen, und Ursache-Wirkungsbeziehungen ermitteln und überprüfen, 4. Messgrößen festlegen, Ist- und Zielwerte bestimmen und Verantwortliche benennen, 5. strategische Aktionen (Maßnahmen) festlegen und Maßnahmenverantwortliche benennen, 6. Implementierungsplan und Roll-out festlegen und Pilot-Ergebnisse verabschieden, dann die BSC auf die weiteren Organisationseinheiten herunter-/heraufbrechen und die BSC ins Berichts- und Managementsystem integrieren sowie Feedback- und Lernprozesse verankern.

Prozessperspektive stellt Ziele, Kennzahlen und Maßnahmen auf der Ebene der internen Prozesse dar, wozu insbesondere Innovations-, Betriebs- und Kundenprozesse zählen. Hierzu zählen bspw. Aspekte wie Durchlaufzeiten senken, Produktions- und Auftragsabwicklungsprozesse effizienter zu gestalten oder Informationsprozesse zu optimieren.

Radar-Diagramm oder Netzwerkdiagramm eignet sich gut zur Darstellung, inwieweit die Ziele erreicht wurden. Dazu werden die Ziele in einer sternförmigen Anordnung (Mittelpunkt = Nullpunkt) aufgeführt und mit einer Skalierung versehen. Die erreichten Istwerte werden dann miteinander verbunden.

Risiko-Scorecard kann als Zusatzperspektive (additiver Ansatz) oder durch Betrachtung der Ziele unter Risikoaspekten in jeder Perspektive (integrativer Ansatz) sicherstellen, dass strategisch Risiken (und Chancen) besonders fokussiert werden.

Roll-out: Nachdem eine Pilot-BSC entwickelt wurde, werden die dabei gewonnenen Erkenntnisse und Grundmuster auf die weiteren Scorecards der anderen Organisationseinheiten übertragen und so (ggf. in mehreren Wellen) die BSC auf die gesamte Unternehmung ausgedehnt.

Scorecard ist ein Übersichtsblatt, das Ziele und Zielwerte kurz aufzeigt. Nicht nur für die gesamte Unternehmung, sondern auch für jede Organisationseinheit wird eine Scorecard entwickelt, die neben der Strategieübersetzung (aus dem Blickwinkel der Einheit) die Ziele der einzelnen Perspektiven, die Messgröße samt Ist- und Zielwerten und den zu ergreifenden Maßnahmen enthält. Eine Bereichs-Scorecard kann weiter auf Abteilungsebene heruntergebrochen werden bis hin zu Scorecards einzelner Mitarbeiter.

Spätindikatoren (nachlaufende Indikatoren = lagging indicators) haben Ergebnischarakter und sind daher für eine frühzeitige Steuerung nicht tauglich. Zu ihnen zählen vor allem die Kennzahlen der Finanzperspektive, z. T. auch solche der Potentialperspektive (z. B. ist Mitarbeitermotivation ein Resultat aus vorgelagerten Einflussgrößen).

Story of the Strategy ist eine Ergänzung zur Strategy Map, in der eine Beschreibung aller wesentlichen Elemente erfolgt, also der definierten Ziele und deren Einflussbeziehungen.

Strategie ist die → Unternehmensstrategie oder die einer Strategischen Geschäftseinheit. Bevor einer BSC entwickelt werden kann, muss die Strategie (aus der Vision abgeleitet) bekannt und eindeutig formuliert sein. Alle später zu entwickelnden Ziele der einzelnen Perspektiven sind stets vor dem Hintergrund der bestmöglichen Unterstützung der Strategie zu definieren (= „Übersetzung der Strategie"), auch beim weiteren Herunterbrechen der Scorecards auf Bereichsebene bis zu kleinsten Organisationseinheiten – sie alle dienen dazu, die Strategie zu erfüllen.

Strategische Aktionen → Maßnahmen

Strategische Ziele werden aus der Unternehmensstrategie abgeleitet und für jede Perspektive gebildet. Üblicherweise sind drei bis fünf strategische Ziele je Perspektive zu formulieren, die quasi die Strategie auf Perspektivebene übersetzen. Sie sind klar zu formulieren, da sich die weiteren Prozesse – d. h. die Ermittlung von Kennzahlen, Zielwerten und Maßnahmen – darauf beziehen und letztere zur Zielerreichung beitragen sollen.

Strategy Map ist die Wirkungskette, also eine Darstellung der relevanten Ursache-Wirkungsbeziehungen zwischen den einzelnen Zielen der verschiedenen Perspektiven. Sie wird im Rahmen der Zielfindung eingesetzt, um zu zeigen, welche Ziele welche anderen besonders beeinflussen bzw. fördern. Erklärungsbedürftige Elemente (Ziele, Kennzahlen, Generierung) sollten in einer → „Story of the Strategy" zusätzlich erläutert werden.

Supply-Chain-Management sind alle Aktivitäten der systematischen Steuerung der wertschöpfenden Prozesse, und zwar inner- und außerhalb der Unternehmung.

Teamperspektive → Mitarbeiterperspektive

Top-Management ist die oberste Führungsebene. Es stößt das BSC-Projekt an, fördert es und segnet es ab. Für die Entwicklung und Umsetzung bewilligt es die nötigen Ressourcen. Sofern Vision und Strategie noch zu klären sind, ist dies eine spezifische Aufgabe des Top-Managements.

Übersetzung der Strategie erfolgt zunächst auf der Ebene der Perspektiven, beim weiteren Herunterbrechen (vertikal bzw. horizontal) auch auf Bereichs- oder Abteilungsebene. Bei jeder Zielformulierung wird darauf geachtet, wie am besten die Strategie der gesamten Unternehmung oder der SGE unterstützt werden kann.

Umwelt-Scorecards berücksichtigen die vielfältigen Einflusswirkungen der Umwelt auf die Unternehmung (und teilweise vice versa; z. B. durch Immissionen). In der BSC kann die Umwelt z. B. als Basisperspektive (additiver Ansatz) oder als Zusatzaspekt in jeder einzelnen Perspektive (integrativer Ansatz) berücksichtigt werden. Zur Umwelt zählen klassisch die ökonomische, die ökologische, die soziale (oder soziokulturelle), die rechtlich-politische und die technologische Umwelt. Umwelt-Scorecards berücksichtigen entweder alle Umweltsphären oder nur einen Teil davon.

Unternehmensstrategie: Die Gesamtunternehmensstrategie definiert, in welchen Märkten sich die Unternehmung mit welcher Grundhaltung engagiert und darauf ihre Erfolgspotentiale ausrichtet. Daraus abgeleitet werden Geschäftsbereichsstrategien für einzelne SGE und Funktionsbereichsstrategien für einzelne Funktionsbereiche.

Ursache-Wirkungsbeziehungen werden zwischen einzelnen Zielen (aber auch Kennzahlen, Maßnahmen und ggf. anderen Faktoren) hergestellt, um Wirkungsbeziehungen zu prüfen. Bezogen auf Ziele müssen die Wirkungsbeziehungen erst einmal untersucht und erkannt werden (Hilfsmittel: Cross-Impact-Analyse), wobei anschließend nur jene Wirkungsbeziehungen berücksichtigt werden, die im unternehmerischen Gesamtkontext von Bedeutung sind. Zur Visualisierung werden die Ziele der einzelnen Perspektiven und deren Haupteinflussbeziehungen in einer Strategy Map abgebildet und in einer „Story of the Strategy" näher erläutert.

Verantwortliche müssen speziell für die beschlossenen Maßnahmen benannt werden. Sie sind Ansprechpartner („Paten") für die Durchführung der Maßnahmen, ggf. auch für die Erreichung der festgelegten Zielwerte.

Vision ist eine oft bildhafte Skizzierung einer Idee (Leitziel), wie sich die Unternehmung sehen möchte bzw. wo sie hinwill (z. B. „Wir wollen binnen 10 Jahren in Europa die Nr. 1 im Bereich XY werden".) Eine Unternehmensstrategie ist dazu eine präzise und marktbezogene Formulierung, die angibt, wie die Vision generell erfüllt werden soll.

Werttreiber (Leistungstreiber) sind im Gegensatz zu Ergebnisgrößen jene Kennzahlen, die andere Zielgrößen maßgeblich beeinflussen (= Einflussgrößen). Als Frühindikatoren zeigen sie mit einem zeitlichen Vorlauf (spätere) Veränderungen der Ergebnisgrößen an. Daher eignen sie sich besonders zur Steuerung, um frühzeitig Abweichungen festzustellen und entsprechende Maßnahmen einleiten zu können.

Workshops sind die klassische Arbeitsform für eine BSC-Entwicklung. Während dieser Zeit tagt das BSC-Team regelmäßig (z. B. 1–2 mal die Woche), andere Teams fallweise.

Ziele können nach verschiedenen Kriterien differenziert werden. Vom Inhalt her sind Sach- oder Leistungsziele (z. B. Produktprogramm, Marktstellung), Wert- oder monetäre Ziele (z. B. Liquiditäts-, Rentabilitäts-, Ergebnisziele) und Sozialziele (Human-, Umwelt, gesellschaftliche Ziele usw.) zu unterscheiden. Je nach Bedeutung bzw. Stellung in der Unternehmung können bspw. Unternehmens-, Geschäftsfeld-, Funktionsbereichs- oder Abteilungsziele unterschieden werden. Diese Differenzierung wird im Rahmen der BSC-Entwicklung aufgegriffen, wenn Scorecards nicht nur für die gesamte Unternehmung, sondern auch für untergeordnete Organisationseinheiten definiert werden.

Zielmatrix ist eine matrixartige Gegenüberstellung einzelner Ziele, in der deren gegenseitige Wirkungsbeziehungen bewertet dargestellt werden. Damit lassen sich zum einen relevante von weniger bedeutsamen Zielen herausfiltern, zum anderen die unterschiedlichen Zielbeziehungen (komplementär, konfligär, indifferent) erkennen. Außerdem sind Ziele mit hauptsächlich beeinflussender Wirkung und solche, die eher beeinflusst werden, zu erkennen.

Zielwerte werden jeder Kennzahl zugeordnet, ggf. mehrere gestaffelt nach Jahren des zukünftigen Zeithorizontes. Sie müssen einerseits realistisch und erreichbar sein, andererseits durchaus ehrgeizig. Abweichungen zwischen vorgegebenen Zielwerten und den erreichten Istwerten sind zu analysieren und ggf. entsprechende Maßnahmen einzuleiten.

Zusatzperspektiven können in einer BSC je nach individuellen Bedürfnissen gebildet werden. In Frage kommen bspw. Logistik, Supply-Chain, Lieferanten, Umwelt oder Risiko. Grundsätzlich sind dazu zwei Varianten möglich: entweder wird eine Perspektive zusätzlich zu den klassischen eingeführt (additiver Ansatz) oder es bleibt bei den ursprünglichen Perspektiven, in denen dann aber jeweils ein Zusatzaspekt als Beurteilungskriterium aufgenommen wird (integrativer Ansatz), wie z. B. Umweltbedeutung oder Risiko.

Literaturverzeichnis

Ahn, H./Dickmeis, P. (2000): Einführung der Balanced Scorecard bei der ABB Industrie AG – Projektergebnisse und Erfahrungen, in: Weber, J./Männel, W. (Hrsg.): Balanced Scorecard, krp-Sonderheft 2/2000, S. 17–23

Alt, J. M. (2003): Balanced Scorecard an Hochschulen. Besonderheiten, Möglichkeiten und Grenzen, Vortrag an der Universität Koblenz-Landau am 25.3.03, unter: www.iuw-online.de/BSC_Hochschulen_25_03_03_extern.pdf (05.03.04)

Arnold, W./Freimann, J./Kurz, R. (2003): Sustainable Balanced Scorecard (SBS): Integration von Nachhaltigkeitsaspekten in das BSC-Konzept, in: ZfCM, H. 6, S. 391–400

Baum, H.-G./Coenenberg, A. G./Günther, T. (2013): Strategisches Controlling, 5. Aufl., Stuttgart

Bergner, M./Gminder, C.-U. (2003): Umweltschutz mit der Balanced Scorecard managen. Erfahrungen der Berliner Wasserbetriebe, in: CM controller magazin, H. 6, S. 549–553

Biebeler, H. (2002): Sustainability Balanced Scorecard, in: UWF, H. 3, S. 91–94

Bornheim, M./Stülenberg, F. (2002): Effizienz- und Effektivitätssteigerung von Kooperationen mit Hilfe der Balanced Scorecard, in: Controlling, H. 4/5, S. 283–289

Broetzmann, F./Oehler, K. (2002): Risk Enhanced Balanced Scorecard (REBS) – ein Instrument für ein strategisch orientiertes Risikomanagement, in: controller magazin, H. 6, S. 588–594

Carvajal Bravo, E. (2002): Entwicklung und Implementierung des Balanced Scorecard-Projektes „Phase V" in dem Unternehmen ENDESA-ENDITEL S. A., unveröffentlichte Diplomarbeit, Worms

Cisek, G. (2003): HR-Balanced Scorecard – Albernheit, Zwangsjacke oder Management-Tool?, in: Personal, H. 3, S. 44–47

Dimmeler, D./Sauer, D. B. (2000): Performanceorientiertes Lernen mit der Balanced Scorecard, in: io management, H. 7/8, S. 39–43

Dyllick, T./Schaltegger, S. (2001): Nachhaltigkeitsmanagement mit einer Sustainability Balanced Scorecard, in: UWF, H. 4, S. 68–73

Ehl, M. (2002): Die Balanced Scorecard zur Unternehmensgründung, unveröffentlichte Seminararbeit, FH Worms

Eigenbrodt, I./Kornmesser, C. (2000): Das Konzept der selbststeuernden Organisationseinheiten im Deutschen Herold – Ein Steuerungsmodell mit Balanced Scorecard-Applikationen, in: Weber, J./Männel, W. (Hrsg.): Balanced Scorecard, krp-Sonderheft 2/2000, S. 33–41

Ehrmann, H. (2007): Kompakt-Training Balanced Scorecard, 4. Aufl., Ludwigshafen

FAZ (2004): Magath leitet die F&E-Abteilung. Erwin Staudt trimmt den VfB Stuttgart auf modernes Management, in: FAZ vom 6.1.04, S. 20, unter: www.kraus-und-partner.de/knowledgebase/faz-artikelFD1200401262183445.html (26.05.04)

Ferrari, E./Tausch, C. (2002): Balanced Scorecard – und die Verwaltung findet ihren Weg, in: Controlling, H. 4/5, S. 245–255

Feuerstein, S. (2001): Unternehmensstrategien im Handel, Vorlesung an der FH Worms am 7.12.2001 (unveröffentlichter Foliensatz)

Fink, C. A./Heineke, C. (2002): Die Balanced Scorecard mit dem Zielvereinbarungssystem verbinden, in: zfo, H. 3, S. 155–167

Fisch, I. H./Schäfer, C. (2001): Ganzheitliche Unternehmenssteuerung mit der Balanced Scorecard. Konzeption eines Executive Information Systems nach kybernetischen Prinzipien, in: Controlling, H. 6, S. 307–413

Fischer, T M. (2001): Implementierung von Balanced Scorecards in Handelsunternehmen, in: Controlling, H. 1, S. 5–13

Fitz, M. (2003): Balanced Scorecard (Vorlesungsunterlagen), unter: http://uf.ilb.uni-bonn.de/Lehre/Vorlesungseinheiten/uf2OOSSO3stratUF/Balanced_Score.pdf (27.10.03)

Friedag, H. R./Schmidt, W. (2002a): Balanced Scorecard. Eine Bestandsaufnahme, unter: www.home.t-online.de/homeariedag/bsclitl4.html (15.7.02)

Friedag, H. R./Schmidt, W. (2002 b): Taschenguide Balanced Scorecard, Leseprobe, unter: www.home.t-online.de/home/frie-dag/bsclitl9.html (31.10.03)

Früh, H.-J./Mentges, H.-P./Erning, I. (2003): Professionelle Steuerung von Fußballvereinen, in: BFuP, H. 5, S. 571–582

Gehringer, J./Michel, W. J. (2001): Frühwarnsystem Balanced Scorecard. Unternehmen zukunftsorientiert steuern, 2. Auflage, Düsseldorf/Berlin

Gerberich, C. W./Stephan, M. (2002): Balanced Scorecard – ein innovatives Beratungs- und Managementtool, in: controller magazin, H. 1, S. 60–61

Gerberich, C. W. (2004a): Die Balanced Scorecard. Das Six Loop Concept der BSC, Vortrag am 7.5.2004 an der FH Worms

Gerberich, C. W. (2004 b): Was haben die Lufthansa, der Kölner Karneval, der VfB Stuttgart und die Studiengänge Handel/EBM gemeinsam?, Vortrag am 7.5.2004 an der FH Worms

Gräf, I. (2003): Balanced Scorecard. Unternehmenssteuerung und Früherkennung von Chancen und Risiken, unter: www.controlling-institut.de/Download/Graef BSC.pdf (31.10.03)

Guldin, A. (2000): Balanced Scorecard: Erfahrungen mit einem Instrument zur ganzheitlichen Unternehmenssteuerung, Vortrag am 9.11.2000 an der FH Worms

Hahn, D./Hungenberg, H. (2014): PuK, 6. Auflage, Wiesbaden

Helm, R./Meckl, R./Strohmayer, M./Bernau, A. (2004): Ein Wissensmanagementansatz auf Basis der Balanced Scorecard, in: Controlling, H. 3, S. 133–140

Hobi, A./Hochuli, T./Zellweger, S. (1999): Balanced-Scorecard ein Führungssystem auch für KMU, in: io management, H. 12, S. 58–65

Hoffmann, O. (2000): Balanced Scorecard-basiertes Controlling in einem Internet-Start-up, in: Weber, J./Männel, W. (Hrsg.): Balanced Scorecard, krp-Sonderheft 2/2000, S. 25–32

Horváth & Partner (2007): (Hrsg.): Balanced Scorecard umsetzen, 4. Aufl., Stuttgart

Horváth, P. (2000): Umsetzungserfahrungen mit der Balanced Scorecard. Echtes Lernen erfordert mehr als die Beschreibung einzelner Success Storys, in: Weber, J./Männel, W. (Hrsg.): Balanced Scorecard, krp-Sonderheft 2/2000, S. 125–127

Horváth, P. (2001): Wissensmanagement steuern: Die Balanced Scorecard als innovatives Controllinginstrument, unter: http://www.innovation-aktuell.com/fb990715.htm (02.10.01), S. 1–7

Horváth, P./Gaiser, B. (2000): Implementierungserfahrungen mit der Balanced Scorcard im deutschen Sprachraum – Anstöße zur konzeptionellen Weiterentwicklung, in: BFuP, H. 1, S. 17–35

Jähnig, M. (o. J.): Die S-Bahn Hamburg: Mit der Balanced Scorecard auf Erfolgskurs, unter: www.symposium.de/bsc/bsc_09.htm (15.10.03)

Jenny, H. (2002): Unternehmenskultur und Balanced Scorecard. Was zu tun ist, damit die BSC von Führung und Mitarbeitern akzeptiert wird, in: controller magazin, H. 3, S. 252–253

Jossé, G. (2003): Balanced Scorecard, in: Vollmuth, H. J./Pepels, W. (Hrsg.): Kosten senken und Leistungen steigern durch marktorientiertes Kostenmanagement, Renningen, S. 137–151

Jossé, G. (2004a): Controlling, in: Blom, E/Jossé, G./Krüger, K.-H./Pepels, W: FAQ – betriebswirtschaftliche Formeln und Kennzahlen, Troisdorf 2004

Jossé, G. (2004 b): Kostenrechnung, in: Pepels, W. (Hrsg.): Kennzahlen, Landsberg/Lech 2004 (unveröffentlicht)

Jossé, G. (2004 c): Strategische Frühaufklärung in der Touristik. Aufbau eines zielgebietsorientierten Frühaufklärungssystems für Reiseveranstalter, Wiesbaden

Jossé, G. (2006): Balanced Scorecard-Entwicklung für die Apotheke, in: Anzag-Magazin, Ausg. Okt./Nov., S. 26–28

Jossé, G. (2010): Projektmanagement – aber locker!, 4. Auflage, Hamburg

Jossé, G. (2018): Basiswissen Kostenrechnung. Kostenarten, Kosten-stellen, Kostenträger, Kostenmanagement, 7. Auflage, München

Jossé, G./Ziegelmeyer, A.-C. (2013): Ein Instrument zur Krisenerken-nung für den mittelständischen Einzelhandel, in: Controller Maga-zin, H. 5, S. 80–87

Kaplan, R. S./Norton, D. P. (1993): Putting the Balanced Scorecard to Work, in: Harvard Business Review, Sept./Okt. 1993, S. 134–147

Kaplan, R. S./Norton, D. P. (1997): Balanced Scorecard. Strategien erfolgreich umsetzen, Stuttgart

Kaplan, R. S./Norton, D. P. (2018): Balanced Scorecard. Strategien erfolgreich umsetzen, Stuttgart

Kappler, A. (2000): Balanced Scorecard. Werkzeug zur Umsetzung von Strategien – ein Refresher, in: io management, H. 7/8, S. 34–38

Kaufmann, L. (2002): Der Feinschliff für die Strategie, in: Harvard Business manager, H. 6, S. 35–41

Kemper, 0./Sachse, D. (1999): Die Balanced Scorecard als Bestandteil eines Frühwarnsystems, in: Henckel v. Donnersmarck, M./Schatz, R. (Hrsg.): Frühwarnsysteme, Bonn et al., S. 49–68

Klingebiel, N. (1997): Leistungscontrolling im New Public Manage-ment, in: BFuP, H. 6, S. 629–652

Klingenberg, C. (2000): Die Bedeutung der Balanced Scorecard für die Strategieentwicklung der Deutschen Lufthansa AG, in: BFuP, H. 1, S. 67–71

Kötzle, A./Weiss, I. (2002): Integration der Balanced Scorecard in das Berichtswesen. Systemkonzeption, Leistungsprofil und Erfahrungen bei der Infineon Technologies AG, in: Controlling, H. 11, S. 633–642

Krey, A. (2003): „Wunderwaffe" BSC im Spiegel der Branchen, in: CM controller magazin, H. 4, S. 325–333

Kumpf, A. (2001): Balanced Scorecard in der Praxis. In 80 Tagen zur erfolgreichen Unternehmung, Landsberg/Lech

Kunz, G. (2002): Kundenorientierte Steuerung des Personalbereichs mit der Balanced Scorecard, in: Weber, J./Männel, W. (Hrsg.): Balanced Scorecard, krp-Sonderheft 2/2000, S. 61–69

Küpper, H.-U. (2013): Controlling. Konzeption, Aufgaben und Instrumente, 6. Aufl., Stuttgart

Macharzina, K./Wolf, J. (2015): Unternehmensführung, 6. Auflage, Wiesbaden

Moßmann, M. (1999): Die Sicht der Praxis – die BSC im Unternehmen erfolgreich implementieren, in: Klopp, M./Hartmann, M. (Hrsg.): Das „Fledermaus-Prinzip". Strategische Früherkennung für Unternehmen, Stuttgart, S. 154–163

Müller-Hagedorn, L./Büchel, D. (1999): Zur Steuerung von Handelsunternehmen mit der Balanced Scorecard, in: Der Verbund, H. 3, S. 17–23

Müllner, M./Zupancic, D. (2002): Scorecard für Schlüsselkunden. Mehrdimensionale Erfolgsmessung im Key-Account-Manage-ment über die Balanced Scorecard, in: New Management, H. 5, S. 49–54

Niemann, I. (2000): Die Rolle des Personalmanagements bei der Einführung der BahnStrategieCard, in: Ackermann, K.-E (Hrsg.): Balanced Scorecard für Personalmanagement und Personalführung. Praxisansätze und Diskussion, Wiesbaden, S. 149–159

Oepping, H./Siemes, A. (2003): Strategisches Risikomanagement mit der Balanced Scorecard, in: CM controller magazin, H. 3, S. 229–238

o. V. (1998): Welche Vorteile können Unternehmen durch Visionen erlangen und wie erfolgt die Visionsimplementierung in Unternehmen? (Seminararbeit WS 1998/99), WU Wien, unter: www.wu-wien.ac.at/usr/h95d/h9550387/Seminare/Change-Management.htm (16.07.02)

Paul, I. (2002): 10 Jahre Balanced Scorecard: Was haben wir gelernt? Die Fallen bei der Implementierung der Scorecard – und wie sie zu umgehen sind, in: controller magazin, H. 1, S. 51–59

Pedell, B./Schwihel, A. (2002): Balanced Scorecard als strategisches Führungsinstrument in der Energiewirtschaft – dargestellt am Beispiel der Erdgas Südbayern GmbH, in: Controlling, H. 1, S. 45–53

Pedell, B./Schwihel, A. (2004): Integriertes Strategie- und Risikomanagement mit der Balanced Scorecard – dargestellt am Beispiel eines Energieversorgungsunternehmens, in: Controlling, H. 3, S. 149–156

Pfaff, D./Kunz, A./Pfeiffer, T. (2000a): Balanced Scorecard als Bemessungsgrundlage finanzieller Anreizsysteme – Eine theorie-und empiriegeleitete Analyse der resultierenden Grundprobleme, in: BFuP, H. 1, S. 36–55

Pfaff, D./Kunz, A./Pfeiffer, T. (2000 b): Zu Risiken und Nebenwirkungen eines Ausbaus der Balanced Scorecard vom Planungs-zum Anreizinstrument, in: Weber, J./Männel, W. (Hrsg.): Balanced Scorecard, krp-Sonderheft 2/2000, S. 129–132

Philipps, G./Windheim, I. (2003): Balanced Scorecard zur Cost Center Steuerung von Unternehmen. Das Beispiel HR-Scorecard, in: Personal, H. 9, S. 48–50

Preißner, A. (2002): Balanced Scorecard in Vertrieb und Marketing. Planung und Kontrolle mit Kennzahlen, 2. Aufl., München/Wien

Reichmann, T. (2017): Controlling mit Kennzahlen und Managementberichten, 9. Auflage, München

Rohm, H. (o. J.): A Balancing Act, in: Perform. Performance Measurement in Action, Vol. 2, Issue 2, unter: www.balancedscore-card.org/files/per-form.pdf (17.10.03)

Scharioth, I./Huber, M. (2002): Balanced Scorecard als Werkzeug für den Controller, in: Der Controlling-Berater, H. 1/02, S. 43–62, unter: www. balancedscorecard.de/pdfcb02.pdf (17.10.03)

Schmitt, D. (2003): Der Einsatz der Balanced Scorecard in einem mittelständischen Großhandelsunternehmen, in: Handel im Fokus – Mitteilungen des IfH, H. I, S. 8–23

Siepmann, C. (2003): Die Balanced Scorecard in der Logistik, in: CM controller magazin, H. 4, S. 318–324

Strobel, B. (2004a): AFS – Das Apotheken-Frühwarnsystem, unveröffentlichtes Skript, Worms 2004

Strobel, B. (2004b): Balanced Scorecard für die Apotheke (1): Seismograph für Stärken und Schwächen, in: beraten & verkaufen, H. 3, unter: www.beratenundverkaufen.de/archiv/2004–03/2004–03–2. htm (22.05.04)

Sturm, N. (2003): Environmental Scorecard. Ein Konzept zur Unterstützung der Implementierung und Aufrechterhaltung von Umweltmanagementsystemen, in: Controlling, H. 11, S. 597–605

Töpfer, A./Lindstädt, G./Förster, K. (2002): Balanced Score Card Hoher Nutzen trotz zu langer Einführungszeit, in: Controlling, H. 2, S. 79–84

Vester, F. (2015): Die Kunst vernetzt zu denken: Ideen und Werkzeuge für einen neuen Umgang mit Komplexität, 10. Aufl., München

VfB Stuttgart (2004): BalPlan – der VfB als Vorreiter, News vom 20.1.04, unter: wwwvfb-stuttgart.de/aktuell/news.php?id=5502 &rubrik=fans&langcok=deu (26.05.04)

Waldkirch, R. (2002): Balanced Scorecard als strategisches Managementsystem einer strategiefokussierten Organisation, in: krp, H. 5, S. 319–325

Wall, F. (2001): Ursache-Wirkungsbeziehungen als ein zentraler Bestandteil der Balanced Scorecard. Möglichkeiten und Grenzen ihrer Gewinnung, in: Controlling, H. 2, S. 65–74

Weber, J. (2000): Balanced Scorecard – Management-Innovation oder alter Wein in neuen Schläuchen?, in: Weber, J./Männel, W. (Hrsg.): Balanced Scorecard, krp-Sonderheft 2/2000, S. 5–15

Weber, J. (2001): 10 Jahre Balanced Scorecard. Wie viele Jahre sind noch erforderlich, bis sie funktioniert?, unter: wwwscorecard.de/ pdfwebe.pdf (31.10.03)

Weber, J./Bacher, A./Groll, M. (2002): Konzeption einer Balanced Scorecard für das Controlling von unternehmensübergreifenden Supply Chains, in: krp, H. 3, S. 133–141

Weber, J./Schäffer, U. (2000a): Balanced Scorecard & Controlling. Implementierung – Nutzen für Manager und Controller – Erfahrungen in deutschen Unternehmen, 3. Aufl., Wiesbaden

Weber, J./Schäffer, U. (2000 b): Balanced Scorecard für den Controllerbereich, in: Weber, J./Männel, W. (Hrsg.): Balanced Scorecard, krp-Sonderheft 2/2000, S. 53–58

Weigand, A. (1998): Strategien in Aktionen umsetzen – der Einsatz der Balanced Scorecard, Gastvortrag an der Universität Kaiserslautern, unter: www.balanced-scorecard.de/intern/docs/Horvath_BSC.pdf (23.11.03)

Weigand, A. (1999): Die Balanced Scorecard – ein innovativer Ansatz, in: Klopp, M./Hartmann, M. (Hrsg.): Das „Fledermaus-Prinzip". Strategische Früherkennung für Unternehmen, Stuttgart, S. 145–153

Wilke, K. (2002): Controlling im E-Commerce. Die Balanced Scorecard zur Steuerung des E-Commerce, in: Handel im Fokus – Mitteilungen des IfH, H. IV, S. 274–294

Zimmermann, K./Flotow, P. v./Seuring, S. (2003): Supply Chain Balanced Scorecard. Eine Fallstudie zum Management von Wertschöpfungsketten mit der Balanced Scorecard, in: Controlling, H. 10, S. 555–563

Zwingmann, L./Dieninghoff, P./Meyer, I. (2003): Performancemessung für Internal Audit mittels einer Balanced Scorecard, in: Controlling, H. 5, S. 235–244

Anmerkungen

1. Kapitel. Grundlagen der Balanced Scorecard

1 Die BSC ist – je nach Blickwinkel – Konzept und Instrument gleichermaßen.
2 Vgl. Weber (2000), S. 5.
3 Vgl. Scharioth/Huber (2002), S. 49.
4 Vgl. Dimmeler/Sauer (2000), S. 39 f.
5 Vgl. Horvàth & Partner (2007), S. 3 f.
6 Vgl. Kaplan/Norton (1993), S. 142.
7 Vgl. Weber/Schäffer (2000a), S. 14 f.; Kaplan/Norton (2018), S. 8 ff.
8 Vgl. Alt (2003), Folie 3.
9 Und nachfolgend vgl. Weber (2000), S. 5.
10 Vgl. Weber (2000), S. 6.
11 Vgl. Weber (2000), S. 6.
12 Vgl. Reichmann (2017), S. 25.
13 Vgl. Jossé (2004a).
14 Vgl. Hahn/Hungenberg (2014) S. 156 ff.
15 Vgl. Reichmann (2017), S. 30 f.
16 Vgl. Reichmann (2017), S. 32 ff.
17 Eine Ausnahme hierzu bildet das in Frankreich seit längerem gebräuchliche „Tableau de bord", einem Instrumentenbrett mit den wichtigsten kritischen Erfolgsfaktoren; vgl. Kaplan/Norton (1997), S. 28.
18 „Finanziell" wird hier im weiteren Sinne verstanden und schließt ergebniswirksame Vorgänge mit ein.
19 Macharzina/Wolf (2015), S. 163.
20 Vgl. Weber/Schäffer (2000a), S. 3 ff.
21 Vgl. Weber (2000), S. 6.
22 Vgl. Kap. 1.4.3 und 2.3.
23 Vgl. nachfolgend Horvàth (2001), S. 3; Jossé (2003), S. 138.
24 Vgl. nachfolgend Horvàth (2001), S. 3 f.
25 Vgl. ausführlich in Kap. 2.3.
26 Vgl. Horvàth & Partner (2007), S. 10.
27 Vgl. Horvàth & Partner (2000), S. 13; Rohm (o. J.), S. 1.
28 Vgl. ausführlich in Kap. 3.1.
29 Vgl. Horvàth (2000), S. 127.
30 Vgl. Kap. 2.3.5 und Kap. 5.
31 Vgl. Jossé (2003), S. 139.
32 Vgl. Horvàth & Partner (2007), S. 5 ff.

2. Kapitel. Architektur einer BSC

1 Vgl. Horvàth & Partner (2007), S. 47 f.; vgl. Kap. 3.1.
2 Vgl. Kaplan/Norton (2018), S. 16 f.
3 Vgl. Weber/Schäffer (2000a), S. 49 ff.
4 Vgl. o. V. (1998), o. S.
5 Vgl. Kumpf (2001), S. 24.
6 Vgl. Gehringer/Michel (2001), S. 29.
7 Vgl. Macharzina/Wolf (2015), S. 197 ff.
8 Vgl. Macharzina/Wolf (2015), S. 203 ff.
9 Zu Alternativbezeichnungen vgl. Kap. 1.4.3.

10 Vgl. Kaplan/Norton (2018), S. 9.
11 Nachfolgend vgl. Kaplan/Norton (2018), S. 50 ff.
12 Zu Inhalten der einzelnen Kennzahlen vgl. Jossé (2004a). Vgl. ergänzend Jossé/Ziegelmeyer (2013), S. 85 ff.
13 Vgl. Ahn/Dickmeis (2000), S. 20; vgl. ähnlich Horvàth & Partner (2007), S. 199.
14 Vgl. Kaplan/Norton (2018), S. 49 f.
15 Die Konditionenpolitik wirkt natürlich auch als Attraktivitätsfaktor auf die Kunden – also könnte sie auf Ziele der Kundenperspektive wirken. Im Rahmen der Zieldefinierung müssen solche Rückkoppelungen vermieden werden. Stattdessen sind solche Ziele so zu formulieren, dass sie in übergeordneten Zielen enthalten sind bzw. diese mit beeinflussen; vgl. Kap. 2.4.
16 Diese Möglichkeit der Visualisierung gilt für die anderen Perspektiven analog. Zur Grafik vgl. Friedag/Schmidt (2000a).
17 Vgl. zu dieser Problematik Kap. 2.4.
18 Vgl. Kaplan/Norton (2018), S. 24 f.
19 Nachfolgend vgl. Kaplan/Norton (2018), S. 66 ff.
20 Vgl. Kap. 2.4 sowie das Beispiel in Kap. 6.3.
21 Die MCE misst die Effektivität des Fertigungszyklus. Sie wird ermittelt, indem die Beoder Verarbeitungszeit durch die Durchlaufzeit dividiert wird. Da letztere außerdem Prüf-, Transport-, Warte- und Lagerzeiten einschließt, ist der Wert grundsätzlich < 1 bzw. < 100%. Ein Wert nahe 1 bzw. 100% ist anzustreben; vgl. Kaplan/Norton (2018), S. 113 ff.
22 Break-Even-Zeit ist die Dauer, innerhalb derer die Gewinnschwelle bzgl. der Produktentwicklungskosten erreicht wird; vgl. Kaplan/Norton (2018), S. 98 ff. Mögliches Instrument zur Messung ist eine Lebenszykluskostenrechnung.
23 Vgl. ergänzend in Kap. 4.4.
24 Vgl. Ehrmann (2007), S. 35.
25 Vgl. Kaplan/Norton (2018), S. 138 f.
26 Ein ähnliches Schicksal erfährt das Controlling, das in der betrieblichen Praxis vielfach als operatives (und damit zahlenmäßiges) Controlling ausgestaltet ist, als strategisches Controlling jedoch auch mit qualitativer Information zu tun hat und daher seltener anzutreffen ist.
27 Vgl. Kaplan/Norton (2018), S. 139 f.
28 Vgl. Ehl (2002), S. 6 f.
29 Vgl. hierzu Kap. 2.4.
30 Vgl. Kaplan/Norton (2018), S. 50 ff.
31 Vgl. hierzu auch die Überblicke in Gehringer/Michel (2001), S. 31; Ehrmann (2007), S. 92; vgl. Kap. 5.
32 Vgl. Fischer (2001), S. 7 f.; Ehrmann (2007), S. 36 f.
33 Vgl. Ehrmann (2007), S. 36 f.
34 Vgl. Ehrmann (2007), S. 36 f.
35 Vgl. Waldkirch (2002), S. 322 ff.; Pedell/Schwihel (2002), S. 50.
36 Vgl. Hoffmann (2000), S. 25 ff.; Kötzle/Weiss (2002), S. 638 f.; vgl. Kap. 6.1.
37 Vgl. Friedag/Schmidt (2002b); Weber/Bacher/Groll (2002), S. 140.
38 Vgl. Bornheim/Stülenberg (2002), S. 286 ff.
39 Vgl. Jossé (2004c), S. 284 ff.; Jossé (2003), S. 149 f.
40 Vgl. Kötzle/Weiss (2002), S. 638 f.; Klingebiel (2018), S. 648, differenziert ähnlich in eine Mitarbeiter- und eine Lernen- und Wachstumsperspektive.
41 Vgl. hierzu exemplarisch Ehrmann (2007), S. 38 ff.
42 Vgl. Hahn/Hungenberg (2014) S. 17 f.
43 Vgl. Horvàth & Partner (2007), S. 141.
44 Vgl. hierzu die Beispiele zu den einzelnen Perspektiven in Kap. 2.3.1 bis 2.3.4.
45 Nachfolgend vgl. Gerberich/Stephan (2002), S. 61. Hinweise liefern auch Themen einer Früherkennungstreppe oder Checklisten; vgl. hierzu Jossé/Ziegelmeyer (2013), S. 82 ff.
46 Vgl. Küpper (2013), S. 350 ff.; Wall (2001), S. 67 ff.

47 Vgl. Weber/Schäffer (2000a), S. 34
48 Vgl. Wall (2001), S. 69; Küpper (2013), S. 371 f.
49 Grafik vgl. Vester (2015), S. 198.
50 Vgl. Vester (2015), S. 197.
51 Vgl. Jossé (2003), S. 146 f.
52 Vgl. Ehl (2002), S. 12.
53 Vgl. Kap. 2.5.
54 Diese Variante kann auch für die Zielbestimmung eingesetzt werden; sie berücksichtigt dann indifferente, komplementäre bzw. fördernde, aber auch konfligäre bzw. konkurrierende sowie antinomische (sich gegenseitig ausschließende) Ziele.
55 Vgl. Horvàth & Partner (2007), S. 208 f.
56 Vgl. Kaplan/Norton (2018), S. 223.
57 Vgl. Horvàth/Gaiser (2000), S. 27 f.
58 Vgl. hierzu vertiefend: Jossé (2010), S. 181 ff.
59 Vgl. Weber/Schäffer (2000a), S. 24 ff.
60 Vgl. Kaplan/Norton (2018), S. 156 ff. Diese Anzahl bezieht sich auf die BSC; darüber hinaus werden im Betriebsalltag natürlich weitere Kennzahlen eingesetzt.
61 Vgl. Weber/Schäffer (2000a), S. 24.
62 Vgl. Weber/Schäffer (2000a), S. 24 ff.
63 Vgl. Kaplan/Norton (2018), S. 223.
64 Vgl. Kap. 1.3.
65 Vgl. Weber/Schäffer (2000a), S. 47 f.
66 Vgl. Horvàth/Gaiser (2000), S. 25.
67 Vgl. Weigand (1998), Folie 37.
68 Und nachfolgend vgl. Waldkirch (2002), S. 321.

3. Kapitel. Entwicklung einer BSC

1 Nachfolgend vgl. Ehrmann (2007), S. 61 ff.
2 Vgl. Horvàth & Partner (2007), S. 221; vgl. Abb. 3–6.
3 Aber auch top-down- oder bottom-up-Vorgehen sind denkbar; vgl. Moßmann (1999), S. 157. Horvàth & Partner (2007), S. 127 fordern für die Einführung ein top-down-Vorgehen. Dies wird grundsätzlich bejaht, aber aus den o. a. Gründen durch bottom-up-Beziehungen ergänzt.
4 Vgl. Weigand (1998), S. 29.
5 Nachfolgend vgl. Fink/Heineke (2002), S. 156; Horvàth & Partner (2007), S. 226 ff.
6 Vgl. Horvàth & Partner (2007), S. 222
7 Und nachfolgend vgl. Feuerstein (2001), Folie 63
8 Vgl. Kap. 6.6
9 Vgl. Weber/Schäffer (2000a), S. 16
10 Vgl. Kaplan/Norton (2018), S. 298 f.
11 Bei den Real-Märkten dauerte die erste Analyse und Umsetzungsphase in den beiden Pilotfilialen 16 Wochen, danach eine erste Ausrollphase von zehn Wochen für 24 Märkte. Die weiteren Ausrollwellen für die restlichen Märkte sollten je sieben Wochen dauern; vgl. Feuerstein (2001), Folie 62.
12 Vgl. Weigand (1998), S. 35; Horvàth & Partner (2007), S. 117.
13 Vgl. Weber/Schäffer (2000a), S. 99 f.
14 Gehringer/Michel (2001), S. 218; Töpfer/Lindstädt/Förster (2002), S. 83.
15 Nachfolgend vgl. Weber/Schäffer (2000a), S. 94 ff.; Weber (2001), Folie 14 ff.
16 Vgl. bspw. Ahn/Dickmeis (2000), S. 18 ff.; vgl. das Beispiel einer „Story of the Strategy" in Kap. 6.5.
17 Vgl. Horvàth & Partner (2007), S. 141.
18 Vgl. Kap. 2.4.
19 Nachfolgend vgl. Horvàth & Partner (2007), S. 184 f.
20 Und nachfolgend vgl. Paul (2002), S. 53 f.

21 Vgl. zu diesem Kapitel: Kaufmann (2002), S. 35 ff.; Paul (2002), S. 51 ff.; Jenny (2002), S. 252 ff.; Töpfer/Lindstädt/Förster (2002), S. 82 f.; Horvàth/Gaiser (2000), S. 20 f.; Kaplan/Norton (2018), S. 274 ff.
22 Vgl. Fisch/Schäfer (2001), S. 313.
23 Vgl. Pfaff/Kunz/Pfeiffer (2000a), S. 42 ff.; Pfaff/Kunz/Pfeiffer (2000b), S. 129 ff.; Kaplan/Norton (2018), S. 209 ff.
24 Ggf. werden die Schritte (2) und (3) umgekehrt durchlaufen – das gibt eine größere Freiheit bei der Zielfindung.

4. Kapitel. Bereichs-Scorecards

1 Vgl. hierzu Kap. 3.1.
2 Vgl. Fischer (2001), S. 9 f.
3 Und nachfolgend vgl. Siepmann (2003), S. 322 ff.
4 Vgl. Müllner/Zupancic (2002), S. 50 ff.; nachfolgende Tabelle: vgl. ebd.
5 Außerdem könnte die Potentialperspektive (die üblicherweise Human Resources, Innovationen und Kommunikation umfasst) aufgespalten werden; durch ein Herauslösen der Innovation und Kommunikation wäre der Personalaspekt stärker betont.
6 Grafik vgl. Niemann (2000), S. 158.
7 Grafik in Anlehnung an Kunz (2002), S. 63 ff.
8 Und nachfolgend vgl. Cisek (2003), S. 44 ff.; Grafik nach ders., S. 45.
9 Nachfolgend vgl. Philipps/Windheim (2003), S. 49 f.
10 Und nachfolgend vgl. Zwingmann/Dieninghoff/Meyer (2003), S. 235 ff.
11 Vgl. S. 56 ff.; Grafik in Anlehnung an Zwingmann/Dieninghoff/Meyer (2003), S. 237.
12 Grafik vgl. Zwingmann/Dieninghoff/Meyer (2003), S. 243.
13 Selbstredend können die Perspektiven auch anders bestimmt werden; so kann z. B. eine Lieferanten- oder eine Innovationsperspektive definiert und durchaus sinnvoll in das Wissensmanagement integriert werden.
14 Und nachfolgend vgl. Helm/Meckl/Strohmayer/Bernau (2004), S. 135 ff.

5. Kapitel. Zusatzperspektiven und Weiterentwicklungen

1 Vgl. Küpper (2013), S. 371; Kaplan/Norton (2018), S. 33.
2 Vgl. Arnold/Freimann/Kurz (2003), S. 395.
3 Und nachfolgend vgl. Fischer (2001), S. 7 f.
4 Als spezielle Variante vgl. die Supply-Chain-Scorecard in Kap. 5.3.
5 Vgl. ergänzend die Kennzahlen des Handels in Kap. 6.4.
6 Vgl. Guldin (2000), Folie 19 f.
7 Vgl. zu diesem Kapitel Zimmermann/Flotow/Seuring (2003), S. 555 ff.
8 Einen ähnlichen Ansatz verfolgt eine BSC, die – zumindest als zusätzliche Perspektive – generell Kooperationen einbezieht.
9 Grafiken nach Zimmermann/Flotow/Seuring (2003), S. 559 f.
10 Grafik nach Zimmermann/Flotow/Seuring (2003), S. 558.
11 Vgl. Zimmermann/Flotow/Seuring (2003), S. 562 f.
12 Vgl. Dyllick/Schaltegger (2001), S. 70 f.; Biebeler (2002), S. 92 f.
13 Kaplan/Norton (2018), S. 33 f. skizzieren diese Möglichkeit bereits.
14 Und nachfolgend vgl. Jossé (2004c), S. 226 ff.
15 Vgl. hierzu Abb. 5–4.
16 Und nachfolgend vgl. Jossé (2004c), S. 283 f.; Jossé (2003), S. 147 f.
17 Zur Erfassung der relevanten Umweltindikatoren kann auf ein kybernetisches Regelkreismodell zurückgegriffen werden, in dem die Beziehungen zwischen Unternehmung und Umwelt dargestellt werden. Definierte Schwellenwerte bzw. deren Über-/ Unterschreiten wären Störgrößen, die bestimmte Aktionen auslösen. Vgl. hierzu Fisch/Schäfer (2001), S. 310 f.
18 Produkte sind in der klassischen BSC nicht explizit enthalten, sind aber bei zunehmender Bedeutung von Käufermärkten Empfänger umweltinduzierter Veränderungen und wer-

den deshalb hier besonders akzentuiert – im Klartext: ändert sich bspw. die Neigung für Konsumausgaben, so möglicherweise auch die Nachfrage nach (anderen) Produkten.

19 Stattdessen als Marktperspektive definiert, könnten auch die Lieferanten berücksichtigt werden.

20 Vgl. Sturm (2003), S. 601.

21 Vgl. Arnold/Freimann/Kurz (2003), S. 393.

22 Und nachfolgend vgl. Arnold/Freimann/Kurz (2003), S. 392 ff.; vgl. ähnlich Dyllick/ Schaltegger (2001), S. 69 ff.

23 Vgl. Arnold/Freimann/Kurz (2003), S. 396.

24 Vgl. Jossé (2004c), S. 79 f.

25 Vgl. Pedell/Schwihel (2004), S. 150 ff.; Broetzmann/Oehler (2002), S. 589 f.

26 Grafik nach Gräf (2003), Folie 23.

27 Vgl. nachfolgend Oepping/Siemes (2003), S. 231.

28 Vgl. nachfolgend Broetzmann/Oehler (2002), S. 591.

6. Kapitel. Praxisanwendungen

1 Zu diesem Kap. vgl. Kötzle/Weiss (2002), S. 633 ff.

2 Zu diesem Kapitel vgl. Carvajal Bravo (2002), S. 58 ff.

3 Vgl. zu diesem Kap. Eigenbrodt/Kornmesser (2000), S. 33 ff.

4 Grafik vgl. Eigenbrodt/Kornmesser (2000), S. 39.

5 Vgl. S. 80 f.

6 Vgl. Feuerstein (2001), Folie 73 f.

7 Vgl. Feuerstein (2001), Folie 67.

8 Vgl. Abb. 3–5.

9 Vgl. Müller-Hagedorn/Büchel (1999), S. 23; Fischer (2001), S. 6 ff.; vgl. Kap. 6.6.

10 Vgl. Krey (2003), S. 328; Fischer (2001), S. 7; vgl. ergänzend Kap. 5.3.

11 VMI = Index zur Messung der Art der Warenpräsentation.

12 Und nachfolgend zu diesem Kapitel vgl. Strobel (2004b) sowie Jossé (2006), S. 26 ff.

13 Der Istwert hier ist nicht der bei der Entwicklung der BSC ermittelte (Ausgangs-) Wert, sondern der in der laufenden Anwendung ermittelte, aktuelle Wert, der über oder unter dem angestrebten Zielwert liegen kann.

14 Nachfolgend vgl. Wilke (2002), S. 287 ff.

15 Und nachfolgend vgl. Jähnig (o. J.)

16 ZV = Zielvereinbarungen mit Führungskräften; MAG = Mitarbeitergespräche.

17 HVV = Hamburger Verkehrsverbund.

18 Vgl. Weber/Schäffer (2000), S. 83 ff.; Klingenberg (2000), S. 67 ff.; Grafik nach Weber/ Schäffer (2000), S. 84

19 Vgl. Krey (2003), S. 329 f.

20 Und nachfolgend vgl. Ferrari/Tausch (2002), S. 245 ff.

21 Im nachfolgenden Beispiel des DRK wurde der ideelle Bereich anders definiert und nimmt keine übergeordnete Stellung ein.

22 Grafik vgl. Krey (2003), S. 331.

23 Vgl. Alt (2003), Folie 29.

24 Und nachfolgend vgl. Gerberich (2004b), Folie 11 f.

25 Vgl. FAZ vom 26.01. 2004, S. 20.

26 Vgl. Gerberich (2004b), Folie 10.

27 Grafik vgl. Gerberich (2004b), Folie 9.

28 Vgl. VfB Stuttgart (2004).

29 Grafik unter Verwendung von Früh/Mentges/Erning (2003), S. 578.

30 Vgl. Früh/Mentges/Erning (2003), S. 578.

31 Vgl. Kap. 6.11.

Stichwortverzeichnis